티베트 지혜의

CHEMINS SPIRITUELS

Petite anthologie des plus beaux textes tibétains

by Matthieu RICARD

샨띠데바부터 달라이 라마까지, 행복으로 나아가는 통찰의 말씀

티베트 지혜의 書

ཁ་བོད་ཀྱི་ཤེས་རབ་ཀྱི་དེབ།

마티외 리카르 엮음 · 임희근 옮김

Chemins Spirituels

Petite anthologie des plus beaux textes tibétain

담앤북스

■ **일러두기**

1. 원서의 '붓다 사꺄무니'는 우리말 '사꺄무니 붓다'로 통일했다(원서 본문에서 '붓다'만 단독으로 표현한 경우도 많아서 다소 어색한 조합이지만 '사꺄무니 붓다'로 통일한 것이다).

2. 본문에 소개된 인용 글의 출처는 미주로 소개했다(우리말과 프랑스어, 영어로 출간된 책에 한함. 원서에는 티베트어로 출간된 책 정보도 소개됨). 출처가 책이 아닌 경우 그 내용을 각주로 소개했다.

3. 본문 각주 중 '옮긴이 주' 표시가 없는 것은 이 책의 엮은이가 단 것이다. 옮긴이 주는 주로 불교 용어에 한해 달았다.

탁룽 체툴 뻬마 왕걀 린포체께 이 책을 바칩니다.

무량한 존경과 감사를 드리며.

■ **차례**

제4장 마음수행의 장애 제거하기

· 부록

이번에 『수행의 길(Chemins Spirituels)』이 한국에서 번역 출간되니 각별히 기쁩니다. 이 책은 제가 40년 동안 읽은 티베트불교의 가르침들 중에서 저 자신의 수행 길에 가장 도움이 된 글들을 가려 뽑은 것입니다. 이는 학술적인 책이 아니라, 우리가 좀 더 현명하고 자비로운 존재가 되고 싶다면 이 생을 살아가며 내내 길잡이가 되어 줄 조언과 가르침을 모은 보물 같은 책입니다.

티베트어에서 프랑스어로 옮기는 작업은 제가 히말라야, 인도, 부탄, 네팔, 티베트 등지를 순례하면서 틈틈이 한 것입니다. 제 스승님들인 깡규르 린포체, 특히 딜고 켄체 린포체, 그 밖의 많은 훌륭한 불교 스승님들께 많은 점에 관해 설명과 주해를 부탁하여 그분들의 한량없는 박식과 지혜에 힘입어 이 글들을 번역하였습니다.

이 책에서 글들이 배치된 순서는 티베트불교, 특히 대승불교 일반이 전파된 경로의 순서를 반영합니다. 그렇지만 각각의 가르침을 그 자체로서 읽어, 나날이 우리 명상 수행의 열성과 결의를 새롭게 해도 좋을 것입니다.

저는 이 소중한 가르침이 이제 한국의 불자들과 신실한 명상 수행자들에게 읽힌다는 것이 특히 행복합니다. 한국은 기나긴, 오늘날에도 아주 생생한 명상의 전통을 가진 나라입니다.

번역자와 편집자에게 이 책의 출간에 이르기까지의 노고를 매우 치하하며, 이 책이 부디 독자분들에게 유익하기를 바랍니다.

2018년
마티외 리카르

티베트 불전 문학*의 넓디넓은 바다에서 추려낸 몇 방울의 주옥 같은 글들을 여기에 모은 의도는 그저 참고용 글 모음집을 만들기 위해서가 아니다. 단지 오랜 세월 동안 내가 접할 수 있었던 글들 중에 그 명징성과 진정성을 기준 삼아 우리에게 길잡이가 될 만한 글들을 추려 모은 것이다.

이 책에 인용된 글들은 티베트의 다양한 정신적 전통에서도 될 수 있는 대로 가장 폭넓은 범주를 포괄한다. 나는 여러 차례에 걸쳐 큰스승들의 글 중에서도 빼어난 것들만 길어 올렸다. 그 글들은 특히 맑고 투명하며 마음의 갈증을 풀어 주는 샘으로서 그중에도 특히 내가 운 좋게도 조우할 수 있었던, 오늘날까지 고스란히 보존돼 온 전통을 모범적으로 생생히 보여 주는 것들이다. 또 붓다의 말씀에서도 골랐고, 티베트 서적에 자주 인용된 인도불교 큰스승들의 가르침에서도 뽑았다.

이 책은 모든 것을 다 담으려 하지 않았다는 점에서 '작은' 책이라 하

---

* 여기서 불전 문학이라 함은 소설이나 문학적 산문을 말하는 것이 아니다. 불교 가르침에 따라 수행한 현자들이 체험을 바탕으로 마음에서 우러나와 쓴 글을 총칭한다. – 옮긴이 주

겠다. 이는 나의 지식에 한계가 있는 탓이기도 하다. 하지만 꿀 한 방울이 비록 작디작아도 그 안에는 꿀 한 통의 단맛이 그대로 들어 있다. 그처럼 이 책이 불교 수행, 그중에도 특히 가장 실천적인 측면에서 수행의 핵심인 깨달음으로 나아가기 위해 삶의 매 순간을 어떻게 쓸 것인가 하는 문제를 담은 책으로 읽히기를 바란다.

1981년 부탄에서 티베트의 위대한 정신적 스승인 딜고 켄체 린포체 (1910~1991)는 두 달 동안 나에게 『정신적 가르침의 보물(담각 죄Damngak Dzo)』을 전했다. 모두 13권으로 된 이 책에서 19세기의 가장 위대한 스승 중 한 사람인 잠괸 콩툴은 티베트에서 꽃핀 불교 전법의 주요한 법맥들 – 닝마빠, 까담겔룩빠, 사꺄빠, 까규빠, 샹빠까규빠, 칼라차크라빠, 오겐넨드 룹빠, 죄–쉬체빠(〈부록〉 428~433쪽 참조) – 즉 티베트불교의 계보를 대표하는 8대 종파의 핵심 가르침을 모아 놓았다.

어느 날 켄체 린포체가 내게 말씀하셨다. "이 여덟 가지 위대한 전통이 지닌 견해의 깊이를 깨닫고 이 전통들의 목표는 모두 같으며 서로 모순되는 점이 없음을 안다면, 분파적 태도를 취하게 만드는 것은 오직 무명(無明)일 뿐임을 자인하게 될 것이다."

나는 이러한 켄체 린포체의 말씀을 널리 알리기 위해 이 위대한 전통에서 전승되는 글들을 추려서 번역하겠다는 서원을 세웠다. 이제 그 원이 이 책으로 미미하게나마 실현된 것이다.

이 책에 실린 글들은 대부분 내가 티베트 등에서 보낸 35년간 직접 티베트어에서 프랑스어로 옮긴 것이다. 원전이 책으로 출간되지 않은 경우는 그 내용을 각주로 명기했다. 원전을 티베트어로 옮긴 텍스트를 다시 손에 잡고 최초의 번역을 내 손으로 수정한 경우도 있었다.

　내가 속한 파드마까라 번역위원회(30여 년 전에 창립된 이 위원회는 티베트불교를 대표하는 위대한 글들을 가능한 한 원전에 충실하게 번역하고 서양의 대중이 읽을 수 있도록 출판하는 것을 목표로 한다)에서는 지금도 유효한 전통에 따라 나의 번역문을 다른 역자(나의 친구 크리스티앙 브뤼야)가 티베트어 원전과 대조해 오역 여부를 확인했다. 크리스티앙 브뤼야는 다른 많은 글들의 번역도 검토·수정한 바 있다.

　이 책의 이전 판본들 역시 카리스 뷔스케와 마들렌 크레앵 두 사람이 주의 깊게 재독했으며 장 프랑수아 랑베르, 얀 르투플랭, 그밖에 파드마까라 번역위원회 다른 회원들의 소중한 조언을 참고했다.

마티외 리카르

우리가 '마음'이라 부르는 것은 매우 신기한 하나의 현상이다. 마음은 때로는 딱딱하고 어떤 변화도 못마땅해한다. 이와 동시에 우리가 마음을 변화시키려는 노력을 꾸준히 기울이고 깊은 성찰을 통해 변화가 가능하며 꼭 필요한 것임을 확신한다면 매우 유연해질 수 있다. 그러기 위해서는 서원이나 기도만으로는 부족하다. 체험에 기반을 두고 이성이 개입해야 한다. 이러한 변화가 하루 이틀 사이에 이루어지기를 기대해서는 안 된다. 왜냐하면 우리의 해묵은 습관은 어떤 신속한 해법에 대해서도 저항하기 때문이다.

- 제14대 달라이 라마 -

불교란 근본적으로 괴로움[苦]에서 해방되어 자유로워지게끔 이끄는 앎의 길이다. 그 지향점인 깨달음은 현실의 바른 이해에 기반을 둔 지혜이며, 우리 마음을 어지럽히는 여러 감정을 극복하고 무명(無明)이 만들어 낸 너울들을 벗겨 내는 일이다. 불교의 실제 수행은 삶에서 좋은 것들을 무조건 단념하라고 요구하는 것이 아니다. 단지 우리가 종종 마약(중독성 물질)처럼 집착하는 고통의 원인들을 털어 버리라고 요구한다. 그러므로 불교를 공부하는 것은 수많은 정보로 마음을 가득 채우는 일이 아니다. 윤회 ― 무명과 괴로움으로 조건 지어진 존재 ― 의 회로에서 벗어나는 데 필요한 앎(알아차림), 오직 그것을 습득하는 일이다.

불교 수행의 길은 내면이 점진적으로 변화한다는 특성을 염두에 둔 방식으로 구조화되어 있다. 그래서 각 단계는 자연스럽게 다음 단계로 이어진다. 이는 마치 집을 지을 때 먼저 기초를 쌓고 벽과 뼈대가 되는 틀을 세운 후에야 비로소 지붕을 씌울 수 있는 것과 같다.

이런 변화를 돕는 요소가 몇 가지 있다. 중심이 되는 요소는 자기 안에 변화의 잠재력이 이미 있음을 깨닫는 일이다. 이 잠재력을 불교에서는 '본성(本性)' '종자(種子)' '불성(佛性)'이라 부른다. 그다음에 진정한 정신적 스승과의 만남을 통해 촉발되는 관심이 있고, 그것에 이어 이타심과 연민 등 그 스승이 몸소 보여 주는 핵심적 덕성을 계발하려는 열성적인 결심이 따른다. 마지막 요소는 진정한 변화를 이루는 데 꼭 필요한 불굴의 정진심이다.

이 여정을 이루는 성찰, 명상, 마음수행은 행위·말·생각[身·口·意]을 대상으로 한다. 하지만 결국 우리가 자신의 고통과 모든 존재의 고통을 치유하려 할 때 바꾸어야 하는 것은 마음이다. 그래서 붓다는 이렇게 선언했던 것이다.

> 악한 행위는 아무리 작은 것이라도 피하고
> 선을 온전히 실천하라.
> 그리고 마음을 다스리라.
> 이것이 붓다의 가르침이다.*

그러면 어디서 시작해야 할까? 변화의 길에 진정으로, 효과적으로 몸을 실으려면 우선 자기 자신의 조건을 성실하게 그리고 깊이 생각하는 일부터 시작해야 한다. 나는 내 삶에서 지금 어디만큼 와 있는가? 지금까지 내가 우선적으로 생각했던 것은 어떤 일들인가? 생의 남은 시간 동안 나

---

* 게송의 형태로 된 이 가르침은 오늘날까지 '칠불통계게(七佛通戒偈)'라는 이름으로 전해지는 불교의 핵심 가르침이다. 한자로는 "제악막작(諸惡莫作) 중선봉행(衆善奉行) 자정기의(自淨其意) 시제불교(是諸佛敎)"라고 한다. - 옮긴이 주

는 어떤 일을 구상할 수 있는가? 물론 이런 성찰은 변화라는 것이 바람직하고 가능한 것이라고 생각할 때에만 의미가 있다. 바람직하다 함은 '나의 삶과 나를 둘러싼 세상에서 나아져야 할 것이 아무것도 없다고 확실히 말할 수 있는가?' 하는 것이다. 가능하다 함은 '사실상 나아져야 할 게 있는지 여부를 결정하는 것은 오직 나 자신일 뿐'이라는 사실이다.

또 남은 것은 우리가 어떤 쪽으로 변화하고 싶은지 아는 일이다. 만약 내가 사회적 계층 상승을 이루어 부자가 되고 싶다거나 즐기면서 살기만을 원한다면 나는 과연 그런 것을 성취했을 때 완전히 만족한다고 마음 깊이 확신할 수 있는가?

내가 나의 목표들에 대해 자문하는 이 지점, 여러 길이 서로 교차하는 지점에서 나는 나 자신에게 정직해야 하며, 피상적인 답으로 만족하지 말아야 한다.

이 문제에 대해 불교는 이렇게 답한다. 인간의 삶은 무엇보다 소중하다고. 때로 환멸이 엄습할지라도 그건 인생이 살 만한 가치가 없다는 뜻이 아니라 우리가 삶에 의미를 줄 수 있는 것이 무엇인지 아직 명확히 파악하지 못했다는 뜻이라고. 달라이 라마는 "문제는 삶에 의미가 있는지 없는지를 아는 것이 아니라 우리 각자가 삶에 어떻게 의미를 부여할 수 있는가, 그것이다"라고 말했다. 무엇보다 소중한 우리의 삶은 만일 우리가 심신의 모든 능력을 한껏 발휘할 수 있다면, 스스로의 행위에서 자유로울 수 있다면, 이런 좋은 조건들을 활용해 우리 안에 있는 변화의 잠재력을 활성화할 수 있다면 더욱더 소중한 것이 된다. 우리가 무슨 수를 쓴다 해도 살아갈 시간은 한정돼 있다. 사고, 질병 그리고 피치 못할 죽음은 예고 없이 닥친다. 그래서 불방일(不放逸), 즉 게으르지 않은 생활이 강조되는 것이다.

여기 묶은 글들은 티베트불교의 전통, 즉 인도에서 시작된 불교에 토대를 둔 전통에 따른 마음수행 길의 여러 여정을 보여 준다. 우선 우리의 세계관을 바꾸게 만드는 그리고 우리 마음의 방향을 수행 쪽으로 잡아 주는 성찰 주제 네 가지를 소개한다.

　첫째는 사람 몸을 받아 태어난 이 삶이 부여하는 특별한 가능성에 대한 성찰이다. 두 번째는 모든 것의 무상함에 대한 성찰이다. 무상에 대한 성찰은 특히 인생의 무상함을 지켜보도록 우리를 이끌어 주고 우리에게 주어진 많지 않은 시간을 가능한 한 최선을 다해 활용하도록 자극을 준다. 셋째는 연기법에 관한 것이다. 어떤 목표든, 그것을 이루기 위해서는 해야 할 일이 있고 하지 말아야 할 일이 있다. 고통을 벗어나 깨달음에 이르기 위한 길도 마찬가지다. 왜냐하면 우리의 행위 하나하나가 반드시 우리 자신 또 외부 세계에 영향을 미치기 때문이다. 이런 성찰은 우리 행동의 결과와 우리가 거기서 얻어내야 할 결론을 이해하는 데 도움이 된다. 네 번째 주제는 윤회의 불완전함에 관한 것이다. 윤회란 무명을 조건으로 하며 고통을 특성으로 하는 삶을 말한다.

　이 네 가지 성찰 주제는 우리가 닦을 만한 가치가 있는 행위·말·생각[身·口·意]은 어떤 것인지 또 불행을 초래하거나 시간을 낭비하게 하는 행위·말·생각은 어떤 것인지 알아차리는 데 도움이 된다.

　불교 큰스승들의 가르침은 자의적인 방편이 아니다. 그들의 가르침은 오랜 수행을 거쳐 얻은 수승한 지혜이다. 또 행복과 고통의 기제를 명확히 깨친 생생한 체험에 기반을 둔, 진정한 실천의 길잡이인 것이다.

　이 네 가지 주제를 훑고 나면 우리는 '귀의(歸依)'라는 개념을 다루게

17

될 것이다. 귀의라는 말은 어떤 비의적(祕義的)이고 신비스러운 힘이 비호해 주기를 빈다는 뜻이 아니다. 깨달음으로, 즉 마음과 실상의 본성에 대한 바른 알아차림으로 이끄는 가르침을 온전히 받아들인다는 뜻이다. 왜냐하면 우리를 고통에서 해방시키는 것이 바로 이러한 알아차림이기 때문이다. 우선 이미 이러한 지혜를 지니고 그것을 행동으로 보여 주는 존재들에게 의지하는 것이 필수적이다. 그런 스승의 완벽한 예가 붓다이다. 그다음으로 수행 길의 핵심을 이루는 것은 이타심과 연민에 대한 가르침이다. 주변의 모든 존재가 계속 고통을 겪고 있다면 혼자만 고통을 벗어난들 무엇하겠는가? 이처럼 한계가 있는 방식이라면 실패할 수밖에 없다. 왜냐하면 우리의 괴로움과 즐거움은 어쩔 수 없이 타인의 괴로움이나 즐거움과 연결돼 있기 때문이다. 다시 말해 우리는 다 같이 이 '고해'를 건너야 하는 것이다.

여행을 시작하기 전에 꼭 해야 할 일이 있다. 우리가 목표에 도달하도록 그리고 가는 길에 반드시 맞닥뜨릴 장애에 맞설 수 있도록 도와줄 몇 가지 요소를 모아서 갖추는 일이다. 정신적 모험에서도 이는 마찬가지다. 한편으로 우리는 정신의 진보를 막는 마음의 독(毒)들을 없애야 한다. 또 한편으로는 내적으로 성숙하는 과정에 필요한 생생한 힘을 공급해 줄 공덕 혹은 긍정적 에너지를 모아야 한다. 또 우리에게 필요한 것은 선한 벗들의 소중한 도움이다. 특히 수행 체험이 깊으며 수승한 자비로움을 갖추어 지치지 않고 우리의 길을 밝혀 줄 훌륭한 스승이다.

마음공부의 스승이 우리에게 줄 수 있는 최상의 선물은 우리 마음의 본성을 보여 주고, 우리가 그 본성을 알아차릴 수 있도록 해 주는 것이다.

일반적으로 '정신' '의식'이라 하면 마치 우리의 인지, 정서, 기억, 상상과 연계된 숱한 생각의 집합체처럼 보기 쉽다. 그러나 이러한 생각의 장막 뒤에서 우리는 마음의 근본 구성 요소를 분간할 수 있는가? 일체의 정신 활동의 근저에 자리한 '지금 이 순간'의 순수 의식을 분간할 수 있는가? 이 책에 인용된 위대한 명상가들의 말씀은 우리가 마음의 참본성을 알아차리게 해 줄 것이다. 또 지금까지 끝없이 이어지며 우리를 혼돈 속에 머물게 하던 생각과 감정의 진행 과정을 주인답게 다스릴 수 있게끔 도울 것이다.

그다음에는 계속 옛 현자들의 가르침에 의거하면서 우리 스스로 내적 변화 과정에 온전히 집중할 수 있는 기간을 마련하는 일이 꼭 필요함을 알게 될 것이다. 한편으로는 일정 기간 세상에서 은둔한 수행자의 수행을, 또 한편으로는 일상생활에서 수행을 이어 간 수행자의 예를 보며 다음의 세 가지를 살펴볼 것이다. 하나, 양자가 어떻게 세상을 좀 더 명료하게 인지하는 수련을 했는가. 둘, 양자가 어떻게 모든 존재에 대한 자애와 연민을 키우는 수련을 했는가. 셋, 양자가 자신의 선(善)과 타인의 선을 이루기 위해 어떤 견해로 어떤 명상을 했으며 어떤 행동을 했는가.

마지막으로 나태, 허영, 고삐 풀린 정열 등 '자아'라는 마귀가 우리가 가는 길에 반드시 파 놓을 함정을 피하게 해 줄 몇 가지 조언을 인용할 것이다. 이 조언들은 겸손하기 때문에 종종 스스로를 경책하는 모습을 띠는데, 장애 없이 나아가는 데에 소중한 도구들이다.

이 책의 각 장 앞에는 도입 역할을 하는 몇몇 구절을 넣었다. 이 책에 나오는 어휘와 문체가 누구에게나 익숙한 것은 아닌지라 이 구절들은 글과 독자 사이를 잘 이어 주는 소박한 오솔길 역할을 할 것이다. 옛 티베트 불교 현자들이 남긴 이 몇 가지 소중한 보물들이 우리가 지닌 풍요로움, 즉 사람 몸을 받아 사는 이 삶에서 부여받은 특별한 잠재력을 가장 잘 활용하게 해 주기를 바라는 마음 간절하다.

제1장

마음수행의 길로
들어서기

1. '사람 몸을 받아 태어난 일'의 소중함

마음수행의 길을 따르기를 열망하는 사람의 첫 행보는 사람으로 태어난 이 삶이 얼마나 소중한 것인지를 깨닫는 일이다. 분별 있게 잘 활용하면 이 삶은 우리 모두의 내면에 있지만 우리가 모르거나 낭비하기 쉬운 깨달음의 잠재력을 발휘할 수 있는 유일한 기회를 준다. 불교 교리에 따르면, 돌고 도는 윤회의 굴레에서 우리는 온갖 삶의 모습을 취한다. 그중에서 사람 몸으로 태어난다는 것은 정말 희귀한 일이다. 비유하자면, 수백 년간 굶주리다가 큰 잔치에서 드디어 실컷 먹을 수 있게 된 것과 같다.

인간의 삶이 이토록 소중한 이유 중 하나는 그것이 우리에게 의식 있는 모든 존재의 근본 본성인 불성(佛性)의 정수 혹은 잠재력을 인정하고 계발할 가능성을 주기 때문이다. 이 본성은 정신적 혼란과 갖가지 어지러운 감정에 의해 당장은 가려져 있지만 우리 내면에 보물처럼 묻혀 있다. 불교의 실천 수행 혹은 다르마(dharma, 법法)*는 본성을 가린 이 베일을 제거하

---

* 다르마(또는 법)라는 말은 불교에서 크게 두 가지 의미로 쓴다. 넓은 의미로는 '진리', 세상의 이치 그 자체를 뜻한다. 좁은 의미로는 붓다의 가르침, 즉 불법(佛法)을 뜻한다. - 옮긴이 주

는 일이다. 수행은 불성을 '구축하는' 일에 도움이 되는 것이 아니다. 단지 이미 있는 그것을 드러내는 데에 도움이 된다. 왜냐하면 우리 마음의 토대 그 자체인 본성에는 우리가 덧붙이거나 뺄 것이 전혀 없기 때문이다. 깨달음으로 가는 길에서 얻어지는 품성들은 조각조각 짜 맞추어 완성되는 것이 아니라 우리의 본성이 차츰차츰 드러나는 것일 뿐이다. 진흙탕에 파묻혀 있던 보석을 꺼내어 진흙을 닦으면 차츰 그 본래의 광채가 드러나는 것과 마찬가지다.*

---

* 불교 일부 주석가들의 견해는 이와 조금 다르다. 그들은 '여래장(如來藏)' 혹은 불성의 정수는 존재 각각에 온전히 갖추어져 있는 것이 아니고, 마치 씨앗이 무르익어 마침내 열매를 맺는 것처럼 수행에 힘입어 발전하는 것이라고 본다.

✵

뱃사람은 배를 지니고 있는 한, 바다를 건너야 한다. 장군은 군대를 휘하에 거느리고 있는 한, 적을 무찔러야 한다. 가난한 이는 '풍요의 암소'*가 가까이 있는 한, 그 젖을 짜야 한다. 머나먼 고장에 이르고자 하는 나그네는 훌륭한 말을 탈 수 있는 한, 타고서 여행을 계속해야 한다. 그대, 일정 기간 동안 소중한 인간의 삶을 받아 지녔으며 삼세제불(三世諸佛)**의 화현인 큰스승의 가르침을 받은 그대여. 기쁘게 열성을 다하여 더없이 높은 법의 대로(大路)를 걸어, 궁극의 목표 – 깨달음과 해탈 – 에 언제나 좀 더 가까이 다가갈 생각을 하라.

– 샵까르(1781~1851)***

---

* 불교 신화에 '아무리 짜내도 젖이 마르지 않는 암소'가 나온다. 이 암소는 풍요의 상징, 일체의 바람이 성취되는 것의 상징이다.

** 과거, 현재, 미래의 모든 붓다를 말한다. 대승불교 교리에 따르면, 한 겁(劫) 동안 1,001붓다가 나타날 것이라고 한다. 겁이란 특정 우주의 지속 기간을 말한다. 지금부터 약 2,600년 전에 태어난 사꺄무니 붓다는 이 붓다들 중 네 번째 붓다라고 불린다.

*** 여기에 그 가르침이 수록된 도 높은 수행자(현자)들에 관한 소개는 책 뒤에 나오는 〈이 책에 소개된 주요 인물〉을 보라.

지금 우리는 소중한 인간의 삶을 누리고 있다. 그 덕에 진정한 스승을 만나 심오한 가르침을 받았으며, 해탈로 가는 길에 발을 들여놓았다. 그렇지만 우리가 보물이 가득한 섬에서 빈손으로 돌아오는 탐험가처럼, 이 삶에서 더없이 높은 '법'이라는 보물을 가져가지 못한 채 소중한 생을 그저 얼마간 누릴 뿐이라면 우리의 여행은 무용한 것이 될 것이다. 또 일상의 여러 활동에 몰두하여 해탈에 이르는 가르침을 소홀히 한다면 틀림없이 우리는 인간의 삶이라는 이 더없이 귀중한 삶을 살면서도 거기서 손톱만 한 이득도 얻어내지 못할 것이다.

붓다의 가르침, 즉 법을 실천한다는 것은 주로 마음에 관련된 일이다. 그런데 마음은 몸에 의존하며, 몸과 마음의 관계가 완벽한 경우는 드물다. 만약 우리가 운 좋게도 심신이 건강하고 누구에게도 예속되지 않았다면 우리는 마음수행에 필요한 자유를 온전히 누리는 것이다. 더 미루지 말고 이 기회를 잘 잡아 우리의 열의를 더없이 높은 그 길에 온전히 바치도록 하자.

— 셰첸 걀삽(1871~1926)

❖

이 땅에 사는 수십 억 인구 중에, 사람 몸을 받은 이 삶을 누리는 것이 지극히 드문 일임을 아는 사람이 몇 명이나 될까?* 그것을 아는 사람들 중에도, 사람으로 태어난 이 귀한 기회를 놓치지 않고 가르침대로 실천하는 사람은 몇이나 될까? 또 이 길에 들어선 사람들 중에 꾹 참고 꾸준히 정진하여 마침내 궁극의 성취에 이르는 사람은 몇이나 될까? 그런 사람은 실제로 맑은 밤하늘에 빛나는 무수한 별들 중 새벽별의 수만큼이나 희귀할 것이다.

오직 사람 몸을 받아 사는 삶만이 윤회의 굴레에서 벗어나고자 하는 마음이 들 만큼 고(苦)가 많으면서도 깨달음의 성취 쪽으로 마음이 끌리는 상황들이 없지 않은, 유일한 생이다.** 가치를 매길 수 없을 만큼 소중한 이 기회를 만났을 때 잘 활용하지 않으면 우리에게 남은 선택은 단 하나다. 윤회라는 굴레의 더 낮은 세상으로 이르는 비탈길로 돌멩이처럼 굴러 떨어지는 길뿐이다.[1]

— 딜고 켄체 린포체(1910~1991)

---

* 딜고 켄체 린포체가 여기서 하고자 한 말은, 비록 인간의 수가 셀 수 없이 많은 듯해도 이 세상에 사는 중생 전체로 보면 극히 일부분에 지나지 않는다는 것이다. 그러므로 사람으로 태어난 삶은 가능한 다른 형태의 삶에 비해 극히 희귀한 것이다.

** 예를 들어 중생이 윤회하는 여섯 세계, 즉 육도(六道) - 지옥, 아귀, 축생, 아수라, 인간, 천상의 여섯 세계 - 에서 만약 인간보다 한 층 위인 천상에 태어나면 윤회의 굴레를 벗어나고자 하는 마음이 우러날 만큼 고통이 심하지 않을 것이다. 또 만약 인간 세상보다 낮은 축생계나 아수라계, 지옥계에 태어난다면 우리 마음을 깨달음의 성취 쪽으로 이끌어 가는 데 필요한 여건이 부족할 것이다. - 옮긴이 주

❖

우유에서 버터를 얻을 수 있는 이유는 오직 하나다. 우유 속에 이미 크림이 들어 있기 때문이다. 지금까지 물을 휘저어 버터를 만든 사람은 없었다. 사금을 채취하는 사람은 금을 광물에서 찾지 대팻밥 속에서 찾지 않는다. 마찬가지로 순수하고 온전한 깨달음에 이르고자 노력하는 일이 의미 있는 까닭은 오직 깨달음의 본성이 이미 모든 존재 안에 있기 때문이다. 그렇지 않다면 일체의 노력은 헛수고가 될 터이다.

− 잠괸 콩툴 로되 타예(1813~1899)

❖

우리는 이렇게 자문할 수 있다. "만약 불성(佛性)이 내 안에 있는 것이라면, 어째서 그것을 즉시 알아차릴 수 없지?"라고. 그 이유는 폐석(廢石) 속에 파묻힌 금처럼, 우리가 무량한 세월 동안 쌓아 온 성향 때문에 불성이 가려져 있기 때문이다. 마음의 독(毒)이 그런 성향을 유발하고, 이어서 어지럽혀진 마음이 벌인 행위들이 그것을 강화하기 때문이다.

『법계찬(法界讚)』*에 이런 구절이 있다. "사파이어의 광채는 언제나 손닿지 않은 그대로 현현할 준비가 되어 있지만, 사파이어가 원석(原石) 속에 묻혀 있는 한 나타나지 않는다. 구경(궁극의 차원)도 이와 같이, 전혀 때 묻지 않았기에 번뇌라는 두터운 베일 속에 감추어져 있다. 그 광채는 윤회, 즉 고통 가득한 세상 속에서는 나타날 수 없으며 고통을 넘어선 열반 속에서만 드러난다."

그러니 사람들은 갸우뚱할 것이다. 모든 존재, 심지어 개와 돼지조차 의식의 가장 깊은 심층에는 불성의 여러 품성 – 예컨대 붓다만이 갖춘 열 가지 지혜의 능력인 '십력(十力)' – 을 지닐 수 있다는 것인지, 그것이 궁금할 것이다. 이 품성들은 실제로 살아 있는 모든 존재가 지닌 '깨달음'의 잠재력, 즉 의식의 토대인 본성 속에 존재한다. 존재들의 속성은 그 품성과 떼어 놓을 수 없다. 마치 열과 불을 떼어 놓고 생각할 수 없는 것과 같다. 그러나 이 품성들은 겉으로 나타나지 않는다. 칼이 칼집 속에 있는 한 칼날이 보이지 않는 것과 같고, 거울이 모습과 색깔을 비출 힘을 지니고 있지만 어둠 속에서 끄집어내 환한 곳에 두었을 때에

---

* 나가르주나(한역명 '용수龍樹')가 지은 논서. 산스크리트로 *Dharmadhatu stava*.

만 그런 힘을 발휘하는 것과 마찬가지다.

'깨달음'의 품성으로 말하자면, 그것은 의식에 내재해 있지만 오랫동안 인지되지 않은 채 있을 수 있다. 그러므로 마음의 궁극적 본성, '깨달음'의 지고한 모든 품성을 고루 갖춘 공(空)은 항상 우리 안에 있다. 그러나 우리가 그것을 발견하지 못하고 친해지지 못하는 한은 그저 잠재해 있을 뿐이다.

– 셰첸 걀삽

❖
바구니 짜는 가장에게 주는 조언

삶에 목표가 전혀 없다고 말하는 사람들이 있다. 그렇지만 누구나 그
렇듯이 그들에게도 최소한 한 가지 목표는 있다. 행복하게 살겠다는
목표다. 우리는 모두 좋은 것을 원한다. 이렇게 좋은 것을 원하는 원초
적, 근본적인 감정이 있다는 것은 사람의 내면에 잠재력, 즉 끌어내어
쓸 만한 풍성함이 있다는 증거다. 마음 깊이 진정 자신에게 나쁜 것을
원하는 사람은 아무도 없다. 심지어 피학(被虐)을 즐긴다고 말하는 매
저키스트조차 그 피학에서 쾌락을 느끼기에 그러는 것이다.

　옆 사람들에 대해 책임을 느끼는 것은 칭찬할 만한 일이지만, 우리
는 좀 더 마음을 활짝 열어 더 큰 책임, 존재들이 불사(不死)의 경지를
체득하게 할 책임을 기꺼이 맡을 수 있다. 우리의 깊은 자애심을 모든
존재에게 널리 펼 수 있는데, 어째서 굳이 몇몇 사람에게 국한하겠는
가? 게다가 우리 친구와 친지들에게 우리는 진정 유용한 무언가, 죽
는 순간 나 스스로 잘했다는 생각이 들 만한 그런 것을 주어야 할 것이
다. 예를 들면 그들을 크루즈 여행에 데려가서 즐겁게 해 주는 것? 그
런 것만으로는 부족하다. 그런 것이 그들에게 진정 무엇을 가져다준다
는 말인가? 만약 그들에게 무슨 문제가 있다면 크루즈 여행으로 얼마
동안은 마음이 풀리겠지만, 그들 대부분은 여행지에 근심거리를 그대
로 지닌 채 갈 것이다. 마음에 슬픔이 있거나 배우자와 헤어졌거나 누
군가에게 마음의 상처를 받았다면, 그들은 배를 타고 그 비통한 마음
을 조금 달래기는 할 테지만 여행이 끝나도 그 아픔은 여전히 마음속

에 생생히 남아 있을 것이다. 주변 사람들을 돕기 위해서는 이보다 훨씬 좋은 방법이 있다.

잘 생각해 보자. 우리는 자식들에게 무엇을 전하고 싶어하는가? 자신에 대한 좋은 이미지를 전해 자식들이 우리를 볼 때 실제보다 훨씬 더 잘생겼다고 느끼게 하고 싶은가? 그래 본들 무슨 소용인가? 재산? 그건 그들 손에 문제 덩어리를 쥐어 주는 셈이다. 자식들은 우리가 죽으면 재산 때문에 서로 다툴 것이며, 설령 생전에 나누어 준다 해도 어떤 자식들은 자기 몫이 적다고 생각하며 다른 형제를 시기할 것이다. 물질적 편의는 다른 방법으로, 예컨대 일을 해서 얻을 수 있다. 우리가 세상에 있다는 것? 우리가 원하든 원치 않든, 우리가 죽으면 자식들은 떨어져 나갈 것이다. 그때 자식들이 아무리 슬퍼한들, 우리가 다시 살아날 수도 없고 그들에게도 그런 슬픔은 아무 쓸모도 없을 것이다.

반면 우리가 자식에게 물려줄 수 있는 것. 그것은 영감의 원천, 즉 사물을 보는 의미 있는 안목, 자식들 인생의 매 순간 그들에게 자신감을 줄 수 있는 그런 견해이다. 이를 위해 우리는 물론 우리 스스로 일정 정도 흔들림 없는 마음, 내면의 확신을 갖추어야 한다. 그런데 이런 감정은 물론 오직 우리 마음에서만 얻을 수 있다. 그러므로 바로 지금 마음을 잘 챙겨야 한다.

태어나서부터 우리는 마음이 멋대로, 마치 변덕스러운 아이처럼 작용하도록 놓아두었다. 그 결과 어떤 긍정적인 것도 생기지 않았으며, 그것을 속수무책으로 겪을 수밖에 없었다. 그러나 마음의 고삐를 다시 쥐는 것은 필수적인 일이 되었다. 매일 조금씩이라도 그 일에 시간을 할애할 가치가 충분히 있다.

그러므로 생각을 고쳐먹고, 선한 양식(良識)을 드러내 보이는 것이 좋다. 마음이 우리를 함부로 다루도록 그냥 놓아두고 우리 스스로 고통 속에 살며 주변 사람들을 괴롭게 한다면, 그것은 우리에게 바로 그 양식이 부족하다는 신호다. 흐트러진 마음에서 나오는 생각과 말들은 '부정적'으로 볼 수 있다. '내 팔자가 왜 이러냐'라고 탄식하는 대신 이타심과 연민을 기른다면, 이러한 '긍정적' 마음 상태가 우리와 남을 더욱 편안하게 한다면, 이는 우리 마음에 양식이 살아 있다는 증거이다.

우리가 빠진 곤경은 실제로 아주 좋은 기회다. 그 곤경이 우리의 감수성의 증거가 되기 때문이다. 조금의 절망도 겪지 않고 일생을 산 사람은 아무 생각이 없다. 절망이란 우리가 살면서 의식을 하기 때문에 생겨나는 것으로서 무한한 변화의 잠재력을 감추고 있다. 이 잠재력은 에너지의 보고(寶庫)로, 그 안에서 우리는 마음껏 힘을 끌어낼 수 있고 그것을 활용해 좀 더 나은 무언가, 무관심으로는 이루어 낼 수 없는 그 무엇을 구축할 수 있다.

'온 세상이 원수처럼 나에게 대적한다'는 생각이 든다면 바구니 짜는 그대여, 상상해 보라. 당신 앞에 엄청나게 많은 버들가지가 쌓여 있다고. 바구니를 짜려면 이 가지들을 제대로 엮어야 한다. 마찬가지로 이 모든 어려움에 직면하여, 그대가 완벽하게 엮어 낼 마음의 바구니는 삶의 온갖 우여곡절을 그 안에 다 담을 만큼 커야 한다. 그러면서도 거기 담긴 우여곡절들에 압도되지 말아야 한다. 요컨대 그대가 분별력 있게 마음을 다루는 것이 핵심이다.*

— 직메 켄체 린포체(1964~)

---

* 말로 했던 내용을 직메 켄체 린포체가 나중에 글로 적은 것이다.

❖

육파 룽 출신으로 소남 팔된이라는 이름을 가진
고귀한 여성의 고통을 위로하기 위한 조언
나모 구루 라트나야!(보석 같은 스승님께 귀의합니다!)
스승님들과 삼보(三寶)에 귀의합니다!

한없이 선하신 스승의 마음과
단단히 이어진 나의 마음
스승님께 간절히 청합니다.
우리 위에 그분의 축복의 물결이 빗물처럼 내리기를
그래서 모든 괴로운 상황이
자연스레 커다란 행복 속에 녹여지기를.

행복과 괴로움, 좋다 싫다는 생각이
번갈아 찾아드는 것은
오직 빛나는 마음*의 공성(空性)**의 장난일 뿐
겉으로 드러나는 것을 바꾸려 말고
그 본성을 곰곰이 응시하라.

---

* 다른 글들에서도 설명하겠지만 마음이란 구체적 실체를 지닌 하나의 단위가 아니며 그렇다고 순수한 무
(無)도 아니라서 앎의 '빛나는' 특질을 지닌다는 사실을 말하고자 한 것이다.

** 한자 그대로 보면 '비어 있음' '없음'을 뜻한다. 그러나 이것이 나를 비롯한 현실의 모든 존재가 '완전히 없
음' '어떠한 현상도 일어나지 않음'을 의미하는 것은 아니다. 공성은 우리 눈으로 보이는 존재나 현상이
어떤 고정불변하는 실체가 아니라, 인연(因緣)에 따라 생기고 끊임없이 변화하며 소멸하는 것임을 뜻한
다. 고정불변하는 실체가 없다는 의미에서 '비어 있다' '없다'고 표현하는 것이다. – 옮긴이 주

그러면 그것이 커다란 행복임을 알아차리게 되리라.

사람 몸 받아 사는 동안
수승한 다르마의 실천에 오롯이 전념하라.
할 일이 많고 많아 한도 끝도 없으니
실없고 어리석은 잡일들은
모두 다 놓아 버리라!

적 하나를 굴복시켰다 해도
또 다시 물리쳐야 할 적들이 많고 많으니
차라리 마음속에서
부정적 감정이라는 적들을 쳐부숴라.

친족들과 친구들이 아무리 사이좋다 하여도
쉽사리 불화가 싹트게 마련
금생에 곁에 있는 사람들이
또한 고통의 원인도 되는 것

그대 부자가 될 수도 있으나
그것으로 만족하기는 힘들지니
탐욕의 매듭을 단칼에 쳐 버릴 줄 아는 것
이것이 훨씬 더 본질적인 일

믿었던 이들에게 속을 때,

그대 마음이 흠 없는 삼보에 귀의하기를!

애지중지하던 자식 잃고 절망에 빠진 여인이여

괴로움의 궁극적 본성을 확실히 깨달으라.

그리하여 자유롭고 열린 마음으로 머무르라.

형언할 길 없는 빛나는 공성(空性) 그 자리에.

깊은 혈연으로 엮여 있는

육도(六道) 중생을 향해

집착과 증오를 키우는 일은 당치 않다.

육도의 온갖 중생이 모두 평등함을 알지니

그것 자체가 해탈이요 더없는 행복 아닌가?

행이건 불행이건 모두

마음 자체의 본질로 보면 조작에서 자유로운 것인지라

무지개가 뜬다 해도 하늘은 전혀 달라질 바 없는 것과 같으니

집착에서 놓인, 탁 트인 그 자리에 모든 것을 두라!

— 민링 떼르첸 규르메 도르제(1646~1714)

더위와 거름과 습기. 이 요소들이 모두 합쳐지면 온갖 방법을 다 동원해 씨를 뿌린다. 금광이나 은광이 발견되면, 무슨 수를 써서라도 채굴을 한다. 가을걷이를 할 준비가 되면, 있는 힘 다해 추수를 한다. 위험한 길을 갈 때 안내자가 함께하면 한결 힘이 난다. 어떤 일이건 돕는 손길이 있을 때 잘 끝마칠 수 있다. 모든 장애에서 자유로우며, 유리한 조건을 모두 구비한 소중한 사람 몸을 받은 이번 생. 이번 생에 마음 닦는 일에 끊임없이 힘써라!

잘 생각해 보라. 이제는 잠잘 때도 아니고, 잠시 쉬며 숨 고를 때도 아니며, 끊임없이 노력할 때다. 걷든, 먹든, 앉든, 무엇을 하든 게으름, 무사안일, 무기력, 태만, 방일을 멀리하자. 우리의 몸, 말, 마음에서 그리고 하잘것없는 활동에서 그 어떤 변화도 뿌리치게 만드는 경향성을 극복하자. 일단 해탈을 향한 길로 들어서면, 평소처럼 행동하는 것이 불편해질 것이다. 우리 마음을 꾸준히, 부지런하고 명징하게 관찰해 보자. 만약 나쁜 행위를 범했다면, 참회하고 다시는 되풀이하지 않겠다고 스스로 약속하자. 그리고 악행을 전혀 범하지 않았다면, 그것을 기껍게 생각하자.

수행에 전념하자. 형식을 갖춘 수행이든 아니든, 굶주린 자가 음식을 가리지 않고 달려들듯 그렇게 간절하게 수행하자. 평상시의 선행을 낮추어 보지 않도록 주의를 기울이고, 모든 사물이 환상(幻想)이라는 견해를 잃지 않으면서, 복덕과 지혜를 다 증득하는 길을 걸어 보자. 이 길은 성취한 이들을 기쁘게 하는 길이다. 그리고 남들도 이 길에 들어서도록 격려하자. 밤낮으로 가르침을 실천하는 데에 힘을 기울이며, 행복한 내생의 길도 미리 그려 보자. 이것이 삶에 진정한 의미를 부여하는 길이다.

– 셰첸 걀삽

2. 그 무엇도 피할 수 없는 무상과 죽음

"이미 이룬 일과 아직 남은 일, 그런 것을 죽음은 천천히 봐주지 않는다."

– 샨띠데바

우리 삶의 순간순간은 무한한 가치가 있다. 그런데도 우리는 이번 생의 남은 시간을, 마치 손가락 사이로 금가루가 빠져나가듯 그냥 흘러가게 놓아두고 있다. 삶의 마지막에 이르러 빈손임을 확인한다면, 이보다 더 서글픈 일이 무엇이겠는가? 생의 매 순간이 헤아릴 수 없을 만큼 소중하다는 것을 깨닫자. 현명하게 결정해 삶을 최선의 방식으로 활용하자. 우리 자신을 위해 그리고 남을 위해 무엇보다 '아직 살날이 얼마든지 남아 있다'고 믿게 만드는 환상을 깨 버리자.

이번 생은 언제 스러질지 모르는 꿈처럼 흘러간다. 그러니 더 미루지 말고 본질적인 것에 전념하자. 죽음이 다가왔을 때 회한에 사로잡히지 않도록.

우리 내면의 고귀한 품성을 계발하기 위해 마음을 수행하는 일은 아무리 일찍 시작해도 이르다고 할 수 없다.

만물의 무상(無常)한 본성은 우리에게 두 가지 측면으로 나타난다. 한편으로는 거친 무상, 즉 계절의 변화, 산의 침식, 육체의 노화, 감정의 출렁임이 있다. 또 한편으로 미세한 무상이 있다. 미세한 무상은 우리가 생각할 수 있는 시간의 최소 단위에서 나타난다. 극미한 순간순간에, 지속적으로 존재하는 것처럼 보이는 것들은 어느 것이나 변화를 피할 수 없다. 이 미세한 무상 때문에 불교는 세상을 꿈이요, 환상이요, 붙잡을 수 없고 끝도 없는 흐름이라고 보는 것이다.

사람들의 마음속에 죽음에 대한 생각이 끊임없이 깃들어 있어야 한다 해서, 삶을 서글퍼하거나 침울하게 생각해서는 안 된다. 오히려 반대로, 우리가 열망하는 변화를 성취하기 위해 매 순간을 잘 쓰도록 분발할 수 있어야 한다. 우리는 스스로 이렇게 말하는 경향이 있다. "우선 지금 당면한 일들을 좀 해결하고" "계획한 일들을 다 끝맺고" "이 모든 게 일단 마무리되면 좀 더 확실하게 정신적 삶에 전념할 수 있을 거야"라고. 하지만 이런 식으로 생각하는 것은 최악의 착각에 빠지는 셈이다. 죽음은 반드시 갑자기 닥쳐오기 때문이다. 그뿐만 아니라 어떤 순간, 어떤 상황이 죽음을 촉발할지 결코 미리 알 수 없기 때문이다. 일상생활의 모든 상황, 걷고 먹고 자는 등의 단순한 일이 갑자기 죽음의 원인이 될 수 있다. 성실한 사람이라면 항상 이를 염두에 두어야 한다. 티베트의 은거 수행자들은 아침에 일어나 불을 피우면서 '내일은 이 자리에서 다시 불을 피우지 못할 수도 있다'고 생각하는 수행을 한다. 그들은 심지어 매번 숨을 내쉬고 나서 다시 숨을 들이쉴 수 있으면 행운이라고 여기기까지 한다. 그들에게 죽음과 무상에 대한 생각은 수행을 이어 나가도록 날마다 용기를 북돋우는 자극제인 것이다.

숱한 악(惡)의 바람 몰아치는 이 생이

물 위의 거품보다 꺼지기 쉬운 것이라 하여도,

잠자고 깨어나 들숨 날숨 쉬며

거뜬히 일어나는 것, 기적이어라![2]

— 나가르주나(1세기)

냇물이 졸졸 흘러 바다로 가듯

해와 달이 산 너머로 져 버리듯

밤과 낮이 시시각각이 달음질치듯

인간의 삶은 가차 없이 지나간다.

— 파드마삼바바(8~9세기)

곧 꺼져 버릴 등잔의 기름처럼, 세상 만물은 조금씩 조금씩, 가차 없이 종말을 향해 가고 있다. 지금 벌여 놓은 여러 일들을 우선 다 마친 다음 은퇴하여 남은 생을 수행에 전념한다고? 그것은 치기 어린 생각이다.

그럴 만큼 오래 살 거라고 확신할 수 있는가? 죽음은 청년이건 노인이건 가리지 않고 불시에 찾아오지 않던가? 무엇을 하건, 자신이 언젠가는 죽을 존재임을 기억하고 마음을 수행의 길에 집중하라. […] 쫓기는 범인은 단 한순간도 마음 편히 있을 틈이 없다. 항상 경계 태세로 지내며 자기를 기다리는 징벌을 피할 방도를 수도 없이 상상한다. 이런 사람은 당연히 나중에 살게 될 집의 설계도를 그리는 일 따위에 몰두하지는 않을 터이다. 죽음이 순간순간 위협하는데 어떻게 쉴 수 있겠는가? 지금부터 가능한 단 하나의 구원은, 죽음을 친구 삼는 다르마를 실천하는 일이다. […]

만사에는 때가 있다. 농사짓는 사람들은 그것을 잘 안다. 그들은 밭갈기, 씨 뿌리기, 추수하기에 적절한 시기를 기다리다가 때가 오면 해야 할 일을 놓치지 않고 한다. 그대에게 여러 방도가 충분히 있으며 활용할 수 있는 지금, 수행을 이끌어 줄 참된 스승을 만나 그분의 소중한 가르침을 받는 지금, 어찌 해탈로 가는 마음밭을 갈지 않고 황무지로 놓아두려는가?

우리에게는 다음에 만날 여러 생에 걸어야 할 기나긴 길이 있다. 금생의 죽음은 넘어서야 할 하나의 관문일 뿐이다. 우리는 그 관문을 홀로 넘어서며, 그때 기댈 것이라고는 스승을 믿는 마음과 수행에 대한 신심(수행이 유일한 길임을 굳게 믿고 정진하는 마음)뿐이다. 부모와 형제, 친구, 권력, 부, 이처럼 평소 우리가 믿고 의지했던 것이 죽는 순간에는 모두 곁에 없다.

끝없이 밀려드는 사소한 일거리를 처리하느라 시간을 다 보낸다면, 죽음의 순간 번뇌에 휩싸이고 후회의 눈물을 흘리게 될 것이다. 마치 감옥에 갇힌 도둑이 앞으로 자신에게 어떤 운명이 닥칠지 속으로 자문하듯이 말이다. 그래서 밀라레빠는 사냥꾼 곤뽀 도르제에게 이렇게 말한 것이다. "스승과 삼보(三寶)에 대한 흔들림 없는 헌신을 키워 가면, 비록 가진 것이 없더라도 고요하고 기쁨에 찬 마음으로 살다가 그렇게 죽을 것이다.[3][4]

— 딜고 켄체 린포체(1910~1991)

❖

생은 가을날 구름처럼 빨리 흘러간다.

친지나 친구들은 장터를 배회하는 행인들 같다.

죽음의 악마는 해질녘 땅거미처럼 몰래 어슬렁거린다.

피안(彼岸)은 탁한 물속의 투명한 물고기와 같다.

세상은 간밤 꿈같고

감각적 쾌락은 덧없는 축제와 같으며

일상의 활동들은 수면에 끊임없이 일렁이는 물결만큼 하찮은 것.

— 파드마삼바바

❖

봄에는 씨앗들이 싹을 틔운다. 여름이면 움튼 새싹들이 줄기, 잎, 꽃으로 변한다. 가을이면 곡식이나 열매들이 무르익어 추수를 한다. 겨울이면 사람들은 이듬해 봄을 위해 땅을 고른다. 한 달을 주기로 하여 달은 찼다 이울고, 해는 아침에 떠서 저녁에 진다. 만물은 늘 변한다. 저녁이면 초대받은 무수한 손님들이 춤추고 노래하는 소리가 울려 퍼진다. 새벽이면 모든 것이 적막하고 조용하다. 축제의 짧은 시간 동안 먹고 마시며 놀던 사람들은 죽음의 순간에 조금 더 다가간 셈이다.[5]

— 딜고 켄체 린포체

❖

허망함과 덧없음의 구름 사이로
삶의 섬광이 번득이며 춤춘다.
단언할 수 있는가. 내일 그대가 죽지 않고 살아 있으리라고?
그러니 법대로 수행하라!

— 셰첸 걀삽(1871~1926)

❖

쉬지 않고 찰싹대는 물결 속에
춤추는 청옥빛 물은
한겨울 얼음에 갇혀 꼼짝 못 하면서도
억눌린 소리로나마 고함치는 처녀와 같다.

벌이 잉잉대는, 눈부시게 꽃 핀 초원은
머지않아 가을 아침 살얼음 끼고
유령같이 휑한 들판으로 변해
싸락눈 몰아치기 전에 지레 근심하는 신음소리 들린다.

흰 들쥐와 검은 들쥐가 밤낮으로
인생이라는 약해 빠진 밀짚을 돌아가며 갉아먹는데
우리는 순간순간
우리의 적, 죽음 쪽으로 한 걸음씩 다가간다.

자식 잃은 노인이
구부린 활처럼 몸을 떨며
소라고둥처럼 하얗게 센 머리로 슬피 울어댈 때,
그 누가 주장하랴. 늙은이가 젊은이보다 먼저 죽는다고?[6]

— 군땅 뗀뻬 된메

❖

무상에 관한 명상

이렇게 상상해 보자. 우리는 어디서 왔는지 어디로 갈지, 여기가 어디
인지도 모르는 채 낯선 곳에 서 있다. 여기는 을씨년스러운 북향(北向)
골짜기다. 시커먼 땅바닥에는 불그스레한 폐허의 흔적들만 나뒹군다.
인간의 자취라고는 어디에도 보이지 않고, 바위투성이 시커먼 산에서
폭포가 쏟아져 내리는 소리만 귀를 찢을 듯이 크게 울린다. 산비탈에
마구잡이로 자란 잡초들 틈으로 바람이 윙윙 울부짖는데, 불안정하게
무너져 쌓인 흙더미 때문에 산비탈은 엉망진창이다.

맹수들은 시체를 찢어발기며 서로 먹겠다고 다툰다. 자칼의 날카로
운 울음소리가 까마귀의 깍깍 소리와 올빼미 울음소리와 섞인다. 바위
투성이 산꼭대기가 하늘을 찌를 듯 높이 솟아 있고, 바람은 윙윙 불어
대고, 해는 산 너머로 막 지려 하고, 그림자는 점점 짙어진다.

동행도 없이, 아무런 지표도 없이, 나는 도대체 갈 바를 모른다. 나는
지독한 절망의 나락에서 탄식한다. "불쌍한 나, 대체 여기가 어딘가?
길을 잃었구나. 아이들은, 부모님은, 내 재산은, 나 살던 고향은 어디에
있는가? 두렵다!"

나는 황망한 채로 비틀거리며 걷기 시작하지만 얼마 못 가 협곡에
떨어지고 만다. 추락하다 간신히 오른손으로 바위틈을 비집고 솟아난
풀 한 포기를 부여잡았다. 허공에 매달린 나는 필사적으로 그 풀을 거
머쥔다. 저 아래쪽에 보이는 것이라고는 바닥도 없는 심연, 위쪽으로
는 거대한 절벽뿐이다. 거울처럼 매끄러운 그 절벽은 하늘에 닿을 듯

높이 솟아 있다. 바람이 양쪽 귀를 때린다. 손으로 거머쥔 풀 더미의 오른편에서 흰 생쥐 한 마리가 절벽의 갈라진 틈새에서 문득 나타나더니 어느샌가 풀 한 줄기를 이빨로 갉고 있다. 왼쪽에서는 검은 생쥐 한 마리가 나타나 저도 풀 줄기 하나를 그렇게 갉다가 사라진다. 생쥐 두 마리는 번갈아 가며 이 짓을 반복한다. 그러자 내가 간신히 쥔 그 풀포기는 조금씩 조금씩 줄어든다.*

생쥐들이 풀을 갉지 못하게 할 도리가 없는 데다, 이제 죽는구나 하고 공포에 사로잡혀 나는 탄식한다. "아! 내 인생의 마지막 순간이 왔구나!" 도와달라 외쳐도 내 목소리를 들을 사람은 아무도 없다. "죽을 거라는 생각은 미처 못 하고, 다르마의 가르침을 실천하는 것을 게을리하며 살아왔다. 이렇게 빨리 죽음이 닥칠 줄은 상상도 못했는데, 갑자기 죽음이 바로 앞에 다가왔다. 아들딸, 친구들, 내가 가진 것들, 내 나라, 다시는 못 보겠지. 돈 모을 생각만 하느라 선행 쌓을 생각은 염두에도 없었는데, 이제 모든 것을 놓아둔 채 죽음이라는 낯선 행선지로 혼자 떠나야 하는구나. 무서워라! 비극적인 이 운명을 어찌 피할까? 죽음을 면할 행운이 조금이라도 있으려나?"

이때 하늘에 홀연히 나의 스승이 나타나셨다. 그분은 연꽃과 둥근 달 방석 위에 앉아, 뼈로 만든 여섯 개의 장식을 두르고, 종을 울리며 작은 북**을 두드리며*** 허공에서 장중하게 춤을 춘다.

---

* 여기서 흰 쥐와 검은 쥐의 출현은 낮과 밤이 번갈아 찾아오면서 시간이 흘러 우리 삶이 끝난다는 것을 말한다.

** 티베트불교 의식 때 사용하는 '다마루'라는 북을 말하는 듯하다. - 옮긴이 주

*** 연꽃은 진흙탕에 뿌리를 두고 꽃을 물 밖으로 내민 식물로 세상에 몸담고 살면서도 그 탁함에 물들지 않

그리고 이렇게 탄식한다. "불행한 자여! 모든 것은 무상하니, 너라는 존재도 곧 사라진다. 계절은 바뀌고, 원수이건 친구이건 모든 존재는 늙어 결국 죽는다. 젊음도 나날이 다달이 조금씩 시들어간다. 죽음을 면할 도리란 결코 없다. 만약 네가 죽음을 모면할 수 있다고 생각한다면 우선 네가 어떤 상황에 처해 있는지를 보라. 그리고 지금 당장 미루지 말고, 네 스승이 하는 말을 공경하는 마음으로 귀담아 듣고 스승에게 열렬히 헌신하는 마음을 길러라."

이 말에 나는 소리친다. "아아! 나는 이미 죽음의 문턱에 와 있구나. 마음을 닦지 않았던 것을 통렬히 후회합니다. 내가 여기서 죽든 살아남든, 스승께 그리고 삼보(三寶)께 온전히 귀의합니다. 자비로우신 스승과 삼보께서 윤회의 심연에서 저를 해탈시킬 수 있기를!"

'오 스승이시여, 삼보를 당신의 한 몸에 구현하는 분이시여, 그 품에 귀의합니다!'

당신이 마음 깊은 곳에서 이렇게 지극한 공경심으로 스승을 부르는 동안, 스승의 심장에서 한 줄기 빛이 솟아나고 그 빛이 당신의 심장에 닿는다. 바로 그 순간 당신의 목숨이 걸려 있던 그 풀포기가 마침내 버티지 못하고 떨어져 나간다. 그 빛은 당신을 절벽에서 끌어내고, 당신은 지복의 순수 영역에 와 있다. 당신의 가슴에서 무수히 많은 빛줄기가 뿜어 나와, 그 빛이 윤회하는 삼계(三界)*의 모든 존재를 하나도 빠

음을 상징한다. 방석처럼 깔고 앉은 둥근 달은 연민을 나타낸다. 뼈로 만든 여섯 개의 장식은 초월적인 여섯 가지 덕(육바라밀)을 의미한다. 좋은 지혜를, 북은 지극한 행복을 상징한다. 이처럼 여기 등장하는 상징물들은 제자에게 각각의 덕을 시각적으로 환기시키는 역할을 한다.

* 생사윤회가 되풀이되는 세 차원의 세상. 즉 욕계, 색계, 무색계를 말한다. - 옮긴이 주

짐없이 바로 이 땅 쪽으로 이끈다. 집중적인 연민을 키우면서 이와 같이 명상하라.

－ 떼니 링빠(1480~1535)

❈

별똥별처럼, 신기루처럼, 불꽃처럼, 환각처럼, 이슬방울처럼, 수면에 이는 물거품처럼, 꿈처럼, 번개처럼, 구름처럼 일체의 만들어진 것*에 대해 이처럼 생각할지어다.[7]

— 사꺄무니 붓다(기원전 5세기)

❈

삶의 짐을 죽음의 입구에다
내려놓을 시간이 오면
친족, 친구, 하인, 재산을
가지고 갈 사람 아무도 없네.
그때에도 집착을 놓지 못한 마음은 비참할지라.
그러니 그대의 모든 인연을 단호히 끊으라![8]

— 제7대 달라이 라마, 켈상 갸초(1708~1757)

---

* 『금강경』에서는 '만들어진 것'을 '유위법(有爲法)'이라 표현한다. 『금강경』의 사구게 중 유명한 어구 '일체유위법 여몽환포영(一切有爲法 如夢幻泡影)'. - 옮긴이 주

❖

몸은 봄날 안개처럼 무상한 것

마음은 빈 하늘만큼 실체 없는 것

생각은 불어오는 산들바람처럼 사라지는 것

끊임없이 생각하라. 이 세 가지를.[9]

— 코닥빠(1170~1249)

❖

처음에 당신은 태어남과 죽음의 두려움에 쫓겨 다녀야만 한다. 마치 함정에서 빠져나와 도망치는 사슴처럼 도망치는 도중에는, 당장 그 자리에서 죽는다 해도 후회할 일이 없어야 한다. 정성껏 땅을 갈아 놓은 농부처럼. 마지막에는 중대한 과업을 끝마친 사람처럼 행복해야 한다. [···] 특히 알아야 할 것은, 낭비할 시간이 없다는 점이다. 마치 몸의 급소에 화살을 맞았을 때처럼.[*]

— 감뽀빠(1079~1153)

---

*   감뽀빠의 말을 딜고 껜체 린포체가 인용한 것이다.

❖

죽음이 두려워 나는 산으로 갔다네.

언제 닥칠지 모를 죽음의 시간에 대해 명상한 덕분에

불굴의 진리, 그 불멸의 보루를 정복했다네.

이제, 나는 죽음에 대한 두려움을 훌쩍 뛰어넘었네![10]

　　　　　　　　　　　　　　　　－ 밀라레빠(1040~1123)

❖

여름 더위에 고생한 사람들은

가을 달빛 비치어도 나른하다.

그들 마음속에 두려움이 들지 않는 건

여생이 또 백날이나 줄어들었다는 것을

전혀 생각하지 못하기 때문이다.[11]

　　　　　　　　　　　　　　　　－ 직메 링빠(1729~1798)

❖

환상에 집착하며 사는 우리는 얼마나 불행한가.
괴로움투성이인 세상을 영원한 실상인 줄 알고 사네!
비할 데 없이 높으신 스승의 선(善)함에 감복하여
살아 만나는 모든 것에서 생생한 가르침을 얻는 축복
그것을 우리가 알아차릴 수 있으려나?

누구나 태어나면 바로 자유로운 길로 달려가느니
그 길은 좁은 문을 통해 죽음의 마왕에게 이르는 길
고삐 풀리고 성난 마왕의 눈길에 우리는 무서워 얼어붙고
마왕은 칼을 휘두르며 검은 올가미를 흔들어댄다.
그러나 보라, 산 자들의 나라에서 온 우리들
언젠가는 우리가 존재하지 않을 것임을 한 번도 생각하지 않았으니.

우리는 하얀 씨앗을 자루에 담아 잘 간직하여
때 되면 파종하고 추수를 기다린다.
그러나 언제가 생의 끝이 될지 모르는 농부인 우리,
과연 추수 때 살아서 술 한잔할 수 있다고 장담할 수 있는가?

죽음이라는 생각이 잠시 스쳐 본 적도 없는 젊은 수탉들이여
조심하라!
산목숨과 죽은 목숨은 숨 한 번 차이일 뿐.
젊은이가 숨 거두면 몸과 정신은 너무도 쉽게 나뉜다!

그러나 사람들은 그 분리를 보며, 두려움과 슬픔으로 가득 차 무겁다
하네.

그런데 그대, 보석과 꽃으로 꾸며 싱싱한 아름다움 뽐내는 그대여,
머리가 하얗게 세고 머잖아 노인이 되는 것을 예상하는가?
노령이 찾아오는 것은 어디에 숨는대도 당할 수 없어!
어찌하랴? 늙음이 때로 죽음보다 더 잔인한 것을!

그토록 공들여 보살핀 이 몸은 병(病) 주머니일 따름.
예고 없이 역경이 몸에 닥쳐오니,
병고의 날카로운 화살은 몸과 마음 이은 끈 끊어 버리고
자신을 죽음의 마왕에 바치는 제물로 만들어 버리네.
그토록 두려움을 자아내는 시체, 사실 머잖아 그대가 바로 그 시체인
것을.

오 자비로운 스승이시여 연민의 눈길로
지켜보아 주십시오. 불행한 저희를.
세세생생 오래오래 윤회의 쳇바퀴를 못 벗어나 돌고 도는 저희를.
환(幻)의 매듭을 끊는 행복을 저희가 알 수 있기를 발원합니다!12
　　　　　　　　　　　　　　　　　　　　　― 빠뚤 린포체(1808~1887)

❖

빠뚤 린포체와 최잉 랑돌, 두 사람의 만남

빠뚤 린포체는 19세기의 이름난 은거 수행자이자 유행승(遊行僧)이다. 어느 날 그는 함께 수행하던 도반 뻬마 도르제와 함께 카톡에 있는 수도원에 가기로 했다. 그는 천천히 '검은 호수' 가장자리를 따라 걸어가 트롬고 성채(城砦)의 빙하에 이르렀다. 빙하를 지나니 성산(聖山)이 나왔는데, 이 산의 한쪽 비탈은 '험한 암벽의 여왕'으로 불리는 매우 가파른 절벽이었다.

축복받은 이 외진 산비탈에 최잉 랑돌이라는 위대한 명상가가 살고 있었다. 그는 거의 일생을 은거 수행을 하면서 보냈다. 세속의 공부를 그리 많이 한 것도 아니지만 대원만 수행*에서 가장 수승한 단계에 이른 사람이었다. 몸에 따뜻하게 걸칠 것이라고는 닳아빠진 양가죽 하나뿐인지라, 소매 없이 무릎까지 내려오는 헐렁한 옷 위에 그것을 걸쳤다. 그 옷은 목 부분과 아랫단을 꿰맨 바느질 자국이 밖으로 그대로 드러나 보였다. 그는 어디도 여행한 적이 전혀 없고, 밤이나 낮이나 댓자리 위에 앉은 채 깊은 명상에 잠겨 있었다.

빠뚤 린포체는 그곳에 도착하자마자 은거 수행자 최잉 랑돌에게 삼배(三拜)를 하고 카톡 수도원을 이끌어 온 역대 스승들이 남긴 수행의 계보에 따라 '빛나는 허공의 정수(精髓)'에 대한 가르침을 청했다.

---

* 티베트어로 '족첸'이라 불리는 이 수행은 온전한 깨달음에 이르기까지 점수적으로 닦아 가는 티베트 수행을 말한다. - 옮긴이 주

첫날, 최잉 랑돌은 양손을 가슴 앞에 겹쳐 팔짱 낀 자세로, 가르침이 담긴 게송을 몇 구절 읊은 다음 천천히 다음과 같은 첫 게송을 세 번이나 반복했다.

"오호라! 온전히 깨어나는 데에 적합한 조건들과 자유를 결합시킨다는 것은 얼마나 어려운 일인가."

이 게송을 듣는 빠뚤 린포체의 두 볼에 눈물이 흘러내렸다. 게송을 읊는 최잉 랑돌 자신도 눈물을 흘리기 시작했고, 그러면서 잠시 묵묵히 앉아 있었다. 그날의 가르침은 이것이었다.

다음 날 최잉 랑돌은 전날과 똑같은 방법으로, 어떤 글에 의지하지 않고 개인적 증득(證得)을 원천 삼아 직접 이야기를 끌어내는 방식으로 가르침을 베풀었다. 그가 한 말은 다음과 같다.

"중생의 삶은 산중의 폭포처럼 흘러내리는도다!"

그는 또다시 양손을 가슴 앞에 가위표 모양으로 모으고 울면서, 잠시 침묵하더니 말을 이었다.

"당신에게 주어진 이 자유 그리고 이 좋은 조건을 함부로 낭비 마시오. 삶을 헛되이 소진해 버리지 마시오!"

이때 뻬마 도르제는 속으로 이렇게 혼잣말을 했다.

'참으로 놀랍구나! 모든 가르침을 완벽하게 아는 스승 빠뚤 린포체가 이렇게도 기초적인 가르침을 받고 있다니! 인간 몸을 받아 태어나는 것이 얼마나 희유한 일인지 일러 주는 말 한마디에 스승과 제자가 함께 울기 시작하다니. 놀라운 일이다!'*

---

* 뇨슐 켄 린포체와 잠양 도르제가 들려준 이야기다.

3. 씨앗이 자라 열매가 되는 법칙, 인과(因果)

허공에 던진 돌은 다시 땅에 떨어진다. 이는 전혀 놀랄 것이 없는 일이다. 마찬가지로 누구든 어떤 행위를 하면 그 행위는 조만간 어떤 결과를 낳을 수밖에 없다. 그러므로 사람이 고통에서 벗어나기를 원한다면 해야 할 일과 하지 말아야 할 일이 있다는 것을 알아야 한다. 이것은 이치에 합당한 이야기다. 행위의 인과법은 붓다 가르침의 기본이다. 붓다는 이렇게 말했다.

> 악한 행위는 아무리 작은 것이라도 피하고
> 선을 온전히 실천하라.
> 그리고 마음을 다스리라.
> 이것이 붓다의 가르침이다.

모든 현상은 무수한 원인과 끊임없이 변하는 조건들이 합쳐져서 생긴 결과다. 비가 오다가 해가 나면 문득 생겨나는 무지개를 보자. 무지개는 그것을 뜨게 한 요소들이 사라지면 바로 없어진다. 이와 같이 현상은 오직 여러 요인의 상호 의존에 의해서만 생겨난다. 그러므로 어떤 현상에도 독립적이고 영원한 실체란 없다.

만약 여러 현상이 역동적이고 창조적이며 방대한 과정에서 다른 현상들의 조건이 되는 것이라면, 역으로 생각할 때 아무렇게나 갑자기 일어나는 일은 없다. 반드시 인과의 법칙이 작용하는 것이다.

행위와 그 결과를 동시에 가리키는 말 '카르마(업業)'는 이 인과법의 특별한 측면이다. 우리가 받을 몫의 행복과 고통을 결정하는 것이 바로 카르마이다. 즉 우리는 과거에 우리가 한 행동의 결과를 지금 받고 있는 것이며, 마찬가지로 앞으로 몸 받을 내생(來生)을 우리 스스로 짓고 있는 것이다.

이런 시각에서 보자면 우리의 운명은 외부의 어떤 힘, 예를 들면 신의 뜻에 달린 것이 아니다. 우리의 운명은 우리 행위가 맺은 열매다. 우리는 스스로 뿌린 씨를 거둘 뿐이다. 어느 누구도, 그 무엇도 일개인에게 이러이러한 방법으로 다시 태어나라고 강요할 수 없다. 오직 그가 지금까지 해온 행위의 힘만이 그렇게 할 수 있다.

여기서 '행위'란 단지 몸으로 하는 행동만 뜻하는 것이 아니다. 말과 생각 또한 선하거나 악하거나 선하지도 악하지도 않을 수 있다. 선과 악은 절대적 가치가 아니다. 같은 행동도 그 밑에 숨은 의도─이타적 의도인가, 악의인가─에 따라 또 그 결과─자신에게나 남에게 행복이 되는가, 불행이 되는가─에 따라 '선행' 혹은 '악행'으로 여겨진다. 살면서 순간순간 우리는 과거가 낳은 결과를 거두어들이며, 생각과 말과 새로운 행위로 우리의 미래를 지어낸다. 새로이 짓는 행위란 씨앗과 같다. 한번 뿌려지면 그에 상응하는 좋은 열매나 나쁜 열매를 맺는다.

　이런 시각에서 보자면 우리가 겪는 고통─겉으로 볼 때 우리 책임이 아닌 듯한 고통, 예컨대 남들이 가하는 악행, 질병이나 자연 재해 등─은 신의 뜻 때문에 일어나는 일도 아니고, 피치 못할 숙명이나 순전한 우연 탓도 아니다. 그건 마치 언젠가 공중에 쏘아 올리고 잊어버렸던 화살이 우리에게 되돌아오는 것과 같다. 세상일을 이렇게 보는 것이 서양인의 입장에서는 당혹스럽게 느껴질 수도 있다. 특히 아무 잘못도 없는 사람이 고통을 받을 때나, 더없이 착한 사람이 살면서 연달아 속상한 일만 당할 때 그럴 수 있다. 불교 교리에 따르면 모든 존재는 여러 원인과 조건, 과거에 뿌려진 좋고 나쁜 씨앗이라는 복합적 덩어리 전체가 낳은 결과다. 이런 여러 요인의 조합이 우리 삶에서 차츰차츰 하나씩, 때가 되면 결과로 드러나는 것이다. 이를 깨닫게 되면 삶에 대해 좀 더 책임 있는 태도를 취할 수 있다. 이런 태도를 지닌다면 못마땅한 일이 닥쳤을 때 남을 탓하는 일 등을 피할 수 있다.

사물의 본성에 따라 우리에게 일어나는 일에 대해 저항하지 않는다 함은 숙명론자가 된다는 뜻이 아니다. 우리는 항상 어떤 좋지 않은 상황에서도 가장 좋은 몫을 끌어낼 가능성을 지니고 있다. 미래의 행복을 만들기 위해, 더 이상 고통의 원인을 지어내지 않기 위해 해야 할 일, 하지 말아야 할 일을 정하는 것은 우리 몫이다.

해로운 행위들이 우리(자신과 남까지)를 괴롭게 하는 온갖 나쁜 것으로 이끌어 간다는 사실 그리고 선행이 행복을 자아낸다는 사실을 깨닫는다면, 분별 있게 행동할 것인가 아닌가는 우리가 자유롭게 택할 일이다. "손을 불 속에 넣은 채로 화상을 입지 않기를 기대하는 것은 소용없는 일이다"라는 말도 있다. 결론적으로, 우리가 거둬들이는 것은 '보상'도 '징벌'도 아니다. 우리에게 일어나는 일은 단지 인과법에 따라 일어나는 것일 뿐이다.

❖

그들은 말한다. 고통에서 놓여나고 싶다고.

그런데 보라. 다들 고통을 만나러 달려가는 모습을!

모두가 행복을 갈망하지만

행복의 원인이 무엇인지 모르며

행복을 마치 적처럼 파멸시킨다.[13]

― 샨띠데바(685~763)

❖

우리가 고통에서 아주 놓여나고 싶다면, 해야 할 일과 하지 말아야 할 일을 잘 구분하는 것이 중요하다. 자기가 하지도 않은 선행의 열매를 맛보기를 기대할 수는 없다. 자기가 저지른 악행의 결과를 피할 수 없기 때문이다. 일단 죽으면 우리는 자기가 했던 행위들의 자취를 그대로 따라가게 된다. 두 길이 있어 하나는 위쪽으로 또 하나는 아래쪽으로 인도한다. 그중 하나를 택할 수 있는 지금, 우리 마음속 가장 깊은 곳에서 자신이 바라는 바와 모순되게 행동하지 말자. 아무리 미미한 일이라도 할 수 있는 선행은 다 실천하자. 작은 물방울도 계속 떨어지면 결국은 커다란 함지박을 가득 채우지 않는가? 그러니 작은 선행들을 최고의 치료약처럼 활용하자. 모든 좋은 품성의 발단이 되는 것이 바로 그런 작은 선행들이니까.

마찬가지로 해로운 행위는 어떤 것이든 피하라. 아무리 미미한 행위일지라도. 아주 작은 불씨가 바람을 만나면 삽시간에 산더미처럼 쌓인 마른 풀을 모조리 태울 수 있다. 마찬가지로 한번 버럭 화낸 것이 그간 쌓았던 복덕(福德)의 산을 다 무너뜨릴 수도 있다. 해로운 행동은 고통의 원인임을 깨달아, 독약처럼 던져 버리라. 그리고 선하지도 악하지도 않은 행위들은 긍정적 행위로 변화시키라.*

마지막으로 다른 모든 것도 그러하지만 심지어 선행조차도 궁극적인 실체가 없는 것임을 깨닫게 되면, 그 선행 또한 당신이 존재의 수레

---

* 씻고 걷고 옷 입는 일처럼, 그 자체로는 선하지도 악하지도 않은 중립적 행위들에 긍정적인 생각을 갖다 붙인다면 그런 행위들도 선행으로 바뀔 수 있다. 예를 들면, 우리가 몸을 씻으면서 자신의 부정적 업과 모든 존재의 업을 씻어낸다고 생각할 수 있다는 식이다.

바퀴*에서 벗어나는 데에 도움이 될 것이다. 가을걷이를 할 때 낟알도 거두지만 지푸라기도 얻듯이, 이렇게 하면 궁극적 해탈뿐만 아니라 일시적 행복도 체험하게 될 것이다. 그러니 어찌 게으름 피우지 않고 순간순간 알아차리며 정진하지 않겠는가?

— 젯쭌 밍규르 팔된(1699~1769)

---

* 윤회를 말한다. - 옮긴이 주

중생의 숫자는 허공만큼이나 무한하다. 마찬가지로 우리가 과거에 살았던 생도 수없이 많다. 따라서 우리는 무수한 생을 살며 각각의 존재들과 갖가지 관계를 맺는다. 누구든 어느 생엔가 적어도 한 번은 내 어머니였을 수도 있다. 그런데 존재들은 아무리 작은 벌레라도 모두 저마다 행복하고 자유롭고자 애쓴다. 괴로움을 바라는 존재는 없다. 불행히도 그들 중 대다수는 행복이 긍정적 행위의 결과이고 고통이 부정적 행위의 결과라는 것을 모른다. 그리하여 중생은 행복을 찾겠다고 애쓰면서도 해로운 행위를 저지른다. 그 악행으로 말미암아 늘 더 많은 고통이 생겨난다. 이는 그들이 원하는 바와 정반대이다. 이를 생각하면 커다란 연민을 느끼지 않을 수 없다.

실제적으로 표현해 보자. 그들을 돕기 위해 우리는 무엇을 할 수 있는가? 연민을 느끼는 것만으로는 부족하다. 그런데 당신은 수행하기에 좋은 조건을 갖춘 인간으로 태어나 살고 있다. 특히 더없이 수승한 불법(佛法)을 만났다는 크나큰 행운을 누리며, 그 불법을 삶 속에 실천하기 시작했다. 또 당신을 이끌어 주는 참스승을 만났고 그의 가르침을 받았으며, 그 가르침을 통해 바로 이번 생에 불성(佛性)에 이를 수 있다. 이 소중한 행운을 충분히 활용하려면 가르침을 듣는 것만으로는 모자라고, 실제로 수행해야 한다. 그러면 연민을 행위로 바꿀 수 있고 꾸준히 그렇게 하다 보면 언젠가는 모든 중생을 깨달음으로 이끌 수 있다. 우선 당장 남들을 구하고 싶은 마음이 굴뚝같더라도, 이제 겨우 길의 초입에 들어섰을 뿐이니 아직은 남들에게 진정한 도움을 줄 수는 없는 단계이다. 남을 도울 능력을 얻기 위한 첫걸음은 자신의 마음을

닦고 전환시켜 더 나은 존재가 되는 일이다. […]

큰스승 파드마삼바바는 이렇게 말씀하셨다.

"내 견해가 하늘보다 더 높다 하더라도 내가 행위와 그 결과에 기울이는 주의는 밀가루보다 더 섬세하다."

모든 현상이 공함을 체득하여 그 깨달음이 하늘만큼 광대해질 때, 인과법에 대한 믿음도 그에 비례하여 커질 것이며, 자신의 행동이 진정 얼마나 중요한지 실감하게 될 것이다. 실제로 상대적 진리는 절대적 진리와 떼어 놓고 생각할 수 없다. 만물이 공하다는 것을 깊이 체득한다면 긍정적 행위가 행복으로, 부정적 행위가 고통으로 이어지지 않는다는 생각으로 이끌리는 법이 결코 없다.[14]

— 딜고 켄체 린포체(1910~1991)

❖

마음은 유연하기 때문에 언제든 변할 수 있다. 그러므로 우리가 어디까지 마음을 변화시킬 수 있는지 잘 보고, 그렇게 하는 방도는 무엇인지 확인하고 그것을 실천하자. 반복되는 존재의 굴레인 윤회 그리고 그 윤회를 뛰어넘는 열반은 서로 멀리 떨어진 두 개의 장소 같은 것이 아니다. 이는 바로 마음의 두 상태이다. 윤회란 알아차림으로 바로 가지 않고 다른 길로 우회하는 것이다. 즉 실상을 보는 왜곡된 시각인데, 이러한 시각을 가지면 마음은 부정적 감정에 굴복한다. 반면 열반은 개념적 · 정서적 장애를 모두 넘어선 내면적 자유의 상태다.

열반을 포함해 모든 것은 원인과 조건에서 생겨난다. 행복을 찾기 위해서는 반드시 마음과 세상의 본성에 대해 정견(正見)을 가져야 한다. 이 본성을 제대로 알지 못하는 사람은 스스로 변화하여 해탈에 이를 수 없다. '정견'이라 함은 어떤 신앙이나 특정 교리에 대한 집착을 말하는 것이 아니라 실상을 이치에 맞게 점검하여 얻게 되는 명철한 이해이다. 정견으로 점검하면 사물이 눈에 보이는 대로 실제로 저렇게 존재한다는 믿음을 물리칠 수 있다. 우리가 세상을 보는 왜곡된 견해는 바로 이러한 믿음(사물이 정말 존재한다는 믿음)에 뿌리를 두고 있다. 그러나 우리는 앞에 말한 점검을 통해 이 왜곡된 견해, 즉 사견(邪見)을 정견으로 바꿀 수 있다.

또 정견을 얻는다는 것은 붓다의 본성이 우리 마음의 핵심에 있음을 깨닫는 것이다. 불성은 우리 마음의 핵심에 있으며, 마음의 빛나고* 순

---

* 빛남이란 여기서, 무명과 정신이 쌓아올린 것의 베일에 싸여 어두워진 의식의 근본 본성의 맑고 투명함을

수하고 일체 혼란에 물들지 않은 근본 인지 능력이다. 정견을 갖추는 것은 우리로 하여금 이 본성을 깨닫지 못하게 하는 장애에 손가락을 대는 것이다. 그리하여 본성을 깨닫지 못하는 장애를 고치는 방편들을 실행할 수 있게 되는 것이다.*

— 제14대 달라이 라마, 뗀진 갸초(1935~)

❖

물 한 잔에 소금을 조금만 집어넣어도 그 물은 전부 짠물이 된다. 그러나 갠지스강처럼 큰 강에 소금을 조금 집어넣으면 그 맛은 변하지 않는다. 마찬가지로 평소에 쌓은 공덕이 미미한 사람은 아무리 작은 부정적 행위라도 그것을 저지르면 영향을 받는다. 그러나 선을 자주 행하는 사람은 거의 영향을 받지 않는다. 그러니 선행을 많이 하도록 힘써라.[15]

— 깡규르 린포체(1897~1975)

반영한다.

* 1998년 독일 슈베네딩엔에서 한 법문이다.

4. 고통에 관한 네 가지 진리

　실제로는 고통의 원천일 뿐인 것을 우리는 종종 '행복'이라 부른다. 우리는 부, 권력, 영예를 갈망하고 그런 것들이 우리를 행복으로 이끌어 준다고 상상하며 집요한 쾌락 추구에 무릎을 꿇고 만다. 일상생활에서 사물은 우리에게 '좋은 것' 아니면 '안 좋은 것'으로 나타나고, 사람들은 '좋은' 사람 아니면 '나쁜' 사람으로 보인다. 그리고 이렇게 좋다 나쁘다 하는 장점이나 결점이 그들에게 내재한다고 우리는 확실히 믿는다. 우리의 '자아', 즉 이 모든 것을 인지하는 주체로 말하자면, 그 자아는 우리에게 구체적이고 실재하는 것처럼 보인다. 하지만 사물이 우리에게 보이는 것과 그들의 실상 사이에는 깊은 간극이 있다.

　우리는 잠시 지나가는 현상들을 보고서 영원히 존재하는 것처럼 생각하고, 우리 마음이 지어낸 것들을 견고한 실체인 것처럼 생각한다. 그러나 우리에게 자립적이며 실체적인 단위로 보이는 것은 사실 끝없이 변하는 연기(緣起)의 무한한 망일 뿐이다. 이러한 것을 제대로 알지 못하기에 집착과 혐오(좋다고 끌어당김과 싫다고 밀어냄)의 강한 반사 작용이 생겨나고, 그러한 반사 작용은 좌절과 고통으로 이어진다.

붓다는 초전법륜(初轉法輪)* 설법에서 '사성제(四聖諦)'를 가르쳤다. 사성제, 즉 네 가지 진리란, 무명(無明)을 조건으로 하여 이루어진 이 세상에 널리 퍼진 고통[苦]의 진리, 고통이 어디에서 오는가 – 정신적 혼란, 부정적 감정, 행위와 그 불가피한 결과(혹은 카르마) – 에 관한 진리, 고통을 멸함 – 즉, 고통을 끝낼 수 있다는 가능성 – 에 관한 진리, 고통의 소멸로 이끄는 도 닦음의 진리이다(사성제를 '고집멸도苦集滅道'라고도 말한다).

'고(苦)'란 모든 형태의 불만족, 고통스러운 체험을 포함하는 일반적 표현이다. 태어남, 늙음, 병, 죽음, 싫어하는 사람과 만나는 것, 사랑하는 존재를 잃는 것 등이 그런 괴로움이다.

붓다는 고통을 세 가지로 구분했다. 눈에 보이는 고통[고고苦苦], 무엇이든 변하고 무너진다는 고통[괴고壞苦], 보편적 괴로움인 행고(行苦). 이 중에 행고는 그때그때 인연 따라 모여 있을 뿐이고 본래는 잠시 스치는 요소들

---

* 처음으로 법의 바퀴를 굴림. 즉 깨달은 붓다가 녹야원에서 최초로 다섯 비구에게 법을 설한 것을 말한다. – 옮긴이 주

로 구성된 것으로 모든 현상에 내재한다. 눈에 보이고 느껴지는 고통은 여기저기에서 뚜렷이 나타나는 괴로움, 즉 병·죽음·전쟁·자연 재앙 등이다. 변하는 고통이란 우리 눈에 영원히 지속될 것같이 보이나 조만간 정반대로 바뀌어 버리는 다양한 쾌락 안에 이미 배태되어 있다. 맛있게 먹고 나서 식중독으로 갑자기 위경련이 난다. 가족끼리 모여 소풍을 갔는데 아이가 갑자기 뱀에 물린다. 놀기 좋아하는 사람들이 즐겁게 춤추고 있는데 지붕 서까래에 갑자기 불이 붙더니 무너져 그들을 덮친다. 이런 유형의 고통은 삶의 매 순간 언제라도 닥칠 수 있다. 하지만 우리는 결코 그런 생각을 하지 않는다. 겉모습의 신기루에 홀린 우리는 존재들과 사물들이 끊임없이 변한다는 것을 잊어버린다.

마지막으로 보편적 고통, 즉 행고는 셋 중에 가장 인지하기 어려운 괴로움이다. 왜냐하면 이 고는 우리 마음의 눈먼 상태와 공존하며, 무명과 아집에 사로잡혀 있는 한 끊임없이 생겨나기 때문이다. 행고는 우리가 고통을 면하기 위해 해야 할 일을 제대로 알아차리지 못하기에 생긴다. 이러한 혼란과 거기에 연관된 성향들 때문에 우리는 괴로움을 자아내는 행위를 끊임없이 반복하게 된다. 이 세 가지 고통을 해소하기 위해서는 무명의 잠에서 깨어나 행복과 고통의 기제를 이해해야 한다.

❖

우리는 고통을 두 유형으로 구별할 수 있다. 하나는 병이나 굶주림, 그 밖에 우리 의지로 어찌할 수 없는 문제로 생겨나는 육체적 고통이다. 다른 하나는 공포, 슬픔 등의 정신적 고통이다. 많은 경우, 우리는 정신의 힘에 의해 육체적 고통을 감내하고 극복할 수 있다. 그러나 마음의 고통은 단지 몸에 어떤 작용을 가하는 것으로는 달랠 수 없다. 왜냐하면 행복이나 불행은 궁극적으로 마음에 달려 있기 때문이다.

끊임없이 "나! 나! 나!"라는 생각만 하고 자기 자신에 대한 얘기만 하고 있으면, 우리 것이 되기를 바라는 세상의 크기를 현저히 축소하는 것이 된다. 이기주의의 좁은 영역에서 일어나는 사건들은 우리에게 깊고 큰 영향을 주고 마음의 평화를 흔들어 놓는다. 우리가 자기 자신보다 남들에 우선적인 관심을 둔다고 느낄 때는 관심을 둘 '남'이 너무도 많기에 그것에 비하면 나 개인의 관심사는 무시해도 좋을 만한 것이라는 생각이 든다. 이럴 때 상황은 아주 달라진다. 게다가 우리가 남들의 고통을 없애 주고 싶어 한다면, 남들의 고통 앞에 낙담하기는커녕 그것이 오히려 우리의 용기와 결의를 부추길 것이다. 스스로를 불쌍히 여기는 마음 때문에 우울에 빠지고 용기가 움츠러드는 것과는 정반대이다.*

— 14대 달라이 라마, 뗀진 갸초(1935~)

---

* 1998년 독일 슈베네딩엔에서 한 법문이다.

맛난 음식, 춤과 노래, 그 밖의 다른 감각적 쾌락들은 결코 우리를 온전히 만족시키지 못한다. 그 이유는 여러 가지다. 우선 그런 쾌락들은 몸과 마음을 동시에 충족시키지 못한다. 그리고 그런 쾌락들은 외부적 상황에 의존하는데 우리는 결코 그런 외부적 상황을 절대적으로 통제할 수 없다. 그 외부적 상황들은 언제든 원하면 바로바로 얻을 수 있는 것이 아니며, 우리가 갈망할 때마다 아무 데서나 찾을 수 있는 것도 아니다. 게다가 그런 쾌락들은 믿음, 너그러움, 윤리, 즉 '가장 높은 일곱 가지 덕'으로 불리는 품성을 증장시키는 데에 전혀 도움이 되지 않는다. 또 우리는 쾌락의 원인들을 죽는 순간에 가져가서 다음 생까지 연이어 누릴 수 없다. 그리고 쾌락은 그 자체로서 궁극적 목표가 되지 못한다. 게다가 무엇을 누리는 과정 자체의 특징은 그 누림의 대상이 언젠가 반드시 사라지고 만다는 것이다. 마치 성냥에 불이 붙으면 언젠가 그 불이 꺼지고 성냥개비가 없어지는 것과 같다. 그리고 작은 역경이라도 닥치면 그 쾌락을 누리는 즐거움은 끝나 버리고 만다. 이런 쾌락이 자아낸 기분 좋음은 완전한 만족을 가져다주기는커녕 언제나 좀 더 진한 갈망을 일으킬 뿐이다. 잘 생각해 보면, 쾌락은 심대한 좌절과 되풀이되는 고통의 원인이다. 쾌락은 우리의 괴로움을 증대시킬 수밖에 없다. 이는 마치 상처를 긁는 행위가 당장은 가려움을 면하게 해 주는 것 같지만 실은 환부를 악화시켜 더욱 심한 통증을 초래하는 것과 마찬가지다.

반면 법열(法悅, 다르마가 주는 행복)은 전혀 다르다. 그 행복은 매 순간, 어떤 상황에서든 몸과 마음에 스며든다. 그 행복을 맛보면 맛볼수록 우리의 만족은 더욱 깊어진다. 어떤 적도, 어떤 사건도 우리에게서 그 행복을 앗아가지 못하며 그 행복의 좋은 영향은 내생까지 확장된다. 이런 점에서 행복은 우리가 실현할 궁극적 목적이 된다. 다르마의 길은 모든 고통을 해소하면서 진정한 행복으로 이끌어, 우리를 어지럽히는 감정들과 일체의 해로운 행동들을 모두 사라지게 한다.

— 아상가(한역명 무착無着, 6세기)

❖

보통 쾌락은 처음에는 기분 좋지만 시간이 가면서 점점 더해가는 괴로움의 원천으로 바뀐다. 이는 마치 누가 자신의 손목을 축축이 젖은 가죽으로 동여매는 것과 같다. 처음에는 기분이 좋지만, 차츰 물기가 마르고 가죽이 바싹 줄어 관절을 아프게 조여 온다. 그럴 때 단칼에 그 가죽을 탁 끊어 내면 얼마나 시원하겠는가! […]

세속의 길이라는 것들이 얼마나 그릇되며 속임수가 많은지 당신은 뚜렷이 보게 될 것이다. 그리고 그 길들에 지치게 될 것이다. 마치 노인이 억지로 아이들 놀이에 끼어들어 같이 하다가 지치듯이. 친구에게 집착하고 적이나 경쟁자를 없애려는 음모를 꾸미느라 세월을 보내는 짓거리가 미친 짓일 뿐임을 깨달을 때, 그런 행동들에 더 이상 사로잡히지 않을 것이다. 당신이 끊임없이 습관적 성향에 이끌리고 스스로 그것들에 의해 형성되도록 놓아두는 부질없음에 충격을 받으면 넌더리가 나게 될 것이다. […] 이 넌더리나는 마음으로 인해 당신은 해탈을 찾게 될 것이며, 그런 방향으로 노력한다면 언젠가 해탈에 이르게 될 것이다. 윤회의 쳇바퀴는 결코 저절로 사라지지 않는다. 그 쳇바퀴에서 벗어나겠다는 의지를 굳게 세워야 한다.[16]

— 딜고 켄체 린포체(1910~1991)

감관(感官)의 여러 의식 기능은 단순히 특정 대상 - 모양, 소리, 냄새, 맛 등 - 을 아무것도 덧붙이지 않고 그대로 인지하는 것이다. 반면 마음은 이 인식에서 출발해 온갖 개념을 지어낸다. 그러므로 마음의 지어내는 작용과 그 작용에 따라다니는 카르마의 원천은 외부의 모양도, 눈도, 안식(眼識, 시각적 의식)도 아니고 마음이다.

우리가 인지하는 것은 그 자체로 아름답지도 추하지도 않다. 추함과 아름다움은 마음의 투사일 뿐이다. 어떤 존재나 대상도 그 자체로서 우리를 즐겁게 또는 슬프게 하는 능력이 없다. 그렇기에 똑같은 사람이 누구에게는 마음에 들고 누구에게는 마음에 안 드는 것이다. 다시금 말하거니와, 그 원인이 되는 것은 오로지 마음이다.[17]

– 딜고 켄체 린포체

만약 사람이 고통에서 벗어나는 방법을 안다면
순간순간 그 방법을 적용함이 순리이다.
더욱더 괴롭기를 바라는 자는 어리석은 자
독약인 줄 알면서 그걸 마시다니 슬픈 일 아닌가.[18]

– 제7대 달라이 라마, 켈상 갸초(1708~1757)

❖

불교는 기본적으로 두 가지로 귀결된다. 하나는 만물의 연기를 확실히 이해하는 정견(正見) 그리고 정업(正業, 바른 행동). 또 하나는 대략 비폭력으로 정의할 수 있는 행동이다.

그러나 만약 붓다의 가르침을 단 한마디로 간추려야 한다면 '연기(緣起)'라고 하겠다. 비폭력은 연기의 자연스러운 결과의 하나라 할 것이다. 우리 모두가 서로에게 의존하고 있고 모든 존재가 우리 자신처럼 행복을 원하며 고통을 원치 않기에, 우리의 개인적 행복과 불행은 남들의 그것과 뗄 수 없이 이어져 있다.

이 비폭력은 약함, 수동성과 같은 것이 아니다. 이는 우리의 모든 생각과 행위에서 이타주의의 신중한 결정이다. 그래서 의식적으로 남에게 해를 끼치는 것은 생각할 수 없는 일이 되는 것이다.*

— 제14대 달라이 라마, 뗀진 갸초

---

* 2005년 인도 아마라바티에서 한 법문이다.

❖

고통은 어떻게 영속되는가

욕망이라는 마군(魔軍)이 고개를 빳빳이 쳐들며
대상이라는 독약과 녹아 하나 되어 불행을 초래하네.
빠져나갈 도리가 없는 고통의 감옥을 짓네.
이 얼마나 슬픈 일인가!

행복을 갈망하고 행복을 한사코 찾는 이들은
무명(無明) 때문에 무기의 날카로운 연줄에 기대네.
바로 그 무기가 그들의 고통의 원인이 될 터인데
그들은 이처럼 해로운 일을 열렬히 하네.

불꽃에 속아 날아드는 나비처럼
소리와 냄새와 맛과 감촉에 속는
사슴, 꿀벌, 물고기, 코끼리처럼
그렇게 사람은 욕망의 대상에 의존하게 되네.[19]

– 직메 링빠(1729~1798)

❖

윗 글에 대한 주석

밤에 날아드는 나방이 등잔불의 불꽃에 이끌려 날아들어 가서 결국 죽
듯이 사람도 찬사의 간드러진 선율, 담배의 향, 고기 맛, 여자 몸의 부
드러움, 비단의 보드라운 감촉 등에 이끌린다. 그러나 그릇되게 이런
집착에 이끌리는 자는 자기 자신이 해탈할 수 있는 길을 파괴해 버리
는 셈이다.

　삼현금이 울려대는 음악에 이끌린 사슴은 독화살에 맞아 쓰러진다.
벌레잡이꽃의 향기에 혹한 꿀벌은 그 꽃에 갇힌다. 낚싯밥의 맛에 혹
한 물고기는 낚시찌를 물어 낚인다. 암코끼리의 접촉에 이끌린 수코끼
리는 진흙탕에 빠져 죽는다. 이렇게 우리는 욕망하는 대상의 덫에 걸
려 그 대상에 의존하게 된다.

바수반두(한역명 세친世親)는 이렇게 썼다.

　모두들 끊임없이
　다섯 가지 감각에 붙들려
　밤이나 낮이나 헤어나지 못한다면
　대체 어찌 행복할 수 있으랴[20]

　　　　　　　　　　　　　　　　　　– 깡규르 린포체(1897~1975)

5. 고통의 원인 끊기, 놓아 버림

　진정한 포기란 속박이 아니라 자유다. 진정한 놓아 버림의 원천은, 삶의 일상적 관심사들에서 숙명적으로 생겨나게 마련인 불만에 마침표를 찍기를 간절히 원하는 마음이다. 환의 감옥에서 탈출하기 위해 세상을 놓아 버린 사람은, 마치 하늘로 훨훨 날아가기 위해 새장을 빠져나온 새와 같다. 빠져나온 새장이 황금 새장인지 철제 새장인지는 중요치 않다. 어쨌든 모두 감옥인 것이다. 마찬가지로 부자든 가난하든, 유명인사든 이름 없는 사람이든, 성공했든 실패했든, 쾌락을 누리며 살았든 고통받으며 살았든 그건 중요치 않다. 수명의 길고 짧음은 모두 달라도 불행하게, 좌절 속에 삶을 마감하는 사람들이 숱하게 많다.

　'포기한다(끊는다)' '놓아 버린다'는 말의 핵심은, 내면의 자유에 장애되는 것을 훌쩍 뛰어넘음으로써 마음과 말과 행위를 단출하게 한다는 것이다. 삶이 강요하는 속박은 사람을 침울하게 만들지만, 놓아 버림은 부정할 길 없는 기쁨을 자아낸다.

　그러니까 포기(끊음)란 삶에서 진정 좋고 유용한 것을 끊고 그것 없이 지낸다는 뜻이 아니라, 잉여의 짐들을 덜어 낸다는 뜻이다. 어느 은거 수행자가 "나는 아무것도 필요 없다"는 주문을 열 번 되풀이할 때, 그는 자기 삶을 맥 빠진 것으로 만들려는 것이 아니다. 마음을 온통 사로잡아도 결국 지나간 다음엔 낭비한 시간의 씁쓸한 뒷맛만 남기는 갖가지 오락거리를 털어 버리는 것이다. 그는 진정 자신을 풍부하게 만들어 줄 것에만 오롯이 전념하기 위해 복잡한 삶을 간결하게 만드는 것이다.

다음에 나오는 조언들은 종종 직설적으로, 듣기 좋은 수사법을 쓰지 않고 하는 말들이다. 아마 일부러 그렇게 표현한 것인지도 모른다. 삶의 복잡한 것들을 털어 버리고 싶다는 마음은 사람들 대부분의 경우, 그냥 두어도 자연스레 우러나오는 충동이 아니기 때문이다.

❖

이 생의 여러 일에 쏠리는 마음을 줄여야 한다고 조언할 때, 그건 생활
의 여러 일을 아주 단념하라는 뜻이 아니다. 삶의 격랑에 따라 때로는
뛸 듯이 기뻤다 우울해졌다 하고, 이득을 보면 좋아서 어쩔 줄 모르다
가 꼭 얻고 싶은 것을 얻지 못하면 당장 창밖으로 뛰어내릴 듯이 속상
해하는 마음의 자연적 성향을 조심해야 한다는 것이다. 이 생의 일들
에 덜 몰두한다 함은 삶에서 풍파를 만나더라도 넓고 안정된 마음을
지킨다는 말이다.*

　　　　　　　　　　　　　　　　　　－ 제14대 달라이 라마, 뗀진 갸초

❖

사람들은 평생 세속적 목표를 추구해 달리면서, 마치 바싹 말라붙은
강바닥에 그물을 던지는 어부처럼 시간을 낭비한다. 이것을 잊지 말
고, 쓸데없는 것을 좇느라 삶을 탕진하지 않도록 조심하라![21]

　　　　　　　　　　　　　　　　　　　　　　－ 딜고 켼체 린포체

---

*　　1998년 독일 슈베네딩엔에서 한 법문이다.

❖

다르마가 유용할 뿐만 아니라 꼭 필요하다는 것은 어떤 점에서 그러한 가? 이 물음에 답하려면 우선 주변을 둘러보고, 이 세상을 살아가는 우리 모두의 상황을 가식 없이 있는 그대로 깊이 살펴보자. 모든 존재에게 공통된 점이 고통이라는 것이 보이지 않는가?

우리 모두는 어떤 방식으로든 고통을 받고 있다. 사장은 사장대로, 직원은 직원대로 고충이 있다. 사장이 길에 지나가는 것을 보면 이런 생각이 들 것이다. "저 사장은 사회적으로 높은 지위를 누리고 큰 집에 살고 멋진 차를 타고 다니니 행복하겠지." 그러나 실제로 그런 경우는 드물다. 그 사람도 고통받고 있다. 그에게는 어쩌면 지금의 자리를 잃을까 하는 두려움이 있을 것이고, 무리하고 있다는 두려움도 있을 것이다. 그의 내면에는 야심이 그를 갉아먹고 있으며 그는 사회적으로 좀 더 높은 지위에 오르고 싶다는, 장관이 되고 싶다는 생각을 하고 있다. 또 그는 가정적으로도 심각한 고민이 있을 것이고, 그 밖의 다른 문제들이 숱하게 있을 것이다. 심지어 미국처럼 큰 나라의 대통령도 사람들의 동의를 받지 못할까 봐 혹은 다른 나라들에 영향을 끼치지 못할까 봐 걱정한다. 그런 것에 성공했다 하더라도, 여전히 여러 일을 관리하고 통제하느라 촌각을 다투며 정신이 없다. 보통 월급쟁이 직원은 상사의 지시에 따라 종일 이리 뛰고 저리 뛰어야 하며, 일은 지겹고 보수는 적다.

이런 문제들에 해법을 찾는 것이 가능한가? 일반 세상에서는 아마 '아니다'라는 답이 나올 것이다. 당신은 아마도, 거지에게 백만 원을 주면 거지가 행복해질 거라고 생각할 것이다. 얼마 동안은 행복할지 모른다. 하지만 얼마 안 가, 거지는 백만 원에 만족하며 배고플 때 먹을 수 있고 옷을 입을 수 있다는 사실에 감사하는 대신 이백만 원을 원하게 될 것이다. 소유를 좇아 달려서는 결코 행복해질 수 없다. 왜냐하면 재산을 획득하고 지키고 더 늘리기 위해 기울이는 노력 그 자체가 이미 고통이기 때문이다. 부와 권력은 결코 사람을 만족시킬 수 없다. 만약 만족시키는 경우가 있어도 언젠가 만족이 안 된다는 것을 알게 될 것이다.

또 신체에 장애가 있거나 아파서 병원에 입원했거나 굶주려 죽어 가거나 전쟁에서 부상당해 고통받는 이들의 숫자를 생각해 보라. 싸움으로 깨진 가정, 사랑하는 식구를 방금 잃은 가정을 생각해 보라. 지금 당장은 그게 당신의 일이 아닐지 몰라도 언젠가 당신 차례가 오지 않으리라고 누가 장담할 수 있는가?

현대 세계의 과학 기술 분야는 상상을 초월하는 발전을 이루었지만, 불행을 끝내고 행복을 만들어 낼 수 있는 기계나 특별한 수단은 어디에도 없다.

고통을 끝내는 것, 단지 그 고통의 증상을 치료하는 것에 그치지 않고 고통의 제1 원인을 뿌리 뽑는 것이 붓다 가르침의 목적이다.

그렇다면 어떻게 해야 할까? 우선, 고통의 진짜 원인은 밖이 아니라 자기 안에 있다는 것을 깨달아야 한다. 사람은 집착, 욕망, 악의, 증오, 자만, 시기, 그 밖의 부정적 감정 때문에 고통받는다. 이러한 감정들은 그야말로 마음의 독약이다. 왜냐하면 경멸에 기반을 두고 있으며 오직 고통으로 귀결될 뿐이기 때문이다. 붓다의 가르침이 그것을 명확하게 보여 주지만, 성실하고 명철하게 깊이 생각해 보면 우리도 그것을 알 수 있다. 그래서 진정한 정신적 수행은 자기 마음을 살피는 데 있는 것이다.

마음은 아주 강해서 행복도 불행도, 천국도 지옥도 지어낼 수 있다. 만약 불법(佛法)의 도움으로 당신이 내면의 독약을 근절하기에 이른다면 바깥의 그 어떤 것도 더 이상 당신에게 부정적 영향을 미칠 수 없을 것이다. 그러나 이 독약이 당신 마음속에 계속 섞여 남아 있는 한, 당신이 원하는 행복은 세상 어디서도 찾을 수 없을 것이다.

수행은 다르마의 핵심 목표다. 마음수행이라는 이 방대한 과업은 이렇게 요약할 수 있다. 우리가 일상적 습관으로 계속 키워 가는 '나'와 '내 것'에 대한 강한 집착은 사물에 대한 그릇된 인식을 토대로 한다. 이 집착이 만드는 숱한 개념, 감정, 성향들 자체가 멸시와 고통의 원인이다. 이 집착이 '나'를 고통스럽게 만든다. 왜냐하면 나는 '내'가 원하는 것을 절대 진정으로 얻지 못하며 나는 끊임없이 '내'가 원치 않는 것과 부딪치기 때문이다.

마음의 본성을 발견하고 그것에 대해 수없이 명상하다 보면, 차츰차츰 '나'에 대한 집착이 녹아 없어진다. 그런 경지에 이르게 하는 모든 방법 중 가장 심오한 것이 깨어 있는 마음, 다른 말로 '보리심(菩提心)'을 닦는 것이다. 보리심의 특징은 남들에 대한 자비심이다. 모든 존재에 자애로 가득 차 있고 남을 자기 자신보다 더 중요하게 생각하는 것이 이 수행길의 기본 토대가 된다.*

― 뇨슐 켄 린포체(1932~1999)

* 1987년 부탄의 파로에서 한 법문이다.

❖

참된 놓아 버림의 의미

사성제, 즉 고집멸도를 깊이 그리고 완전히 이해하고 이 이해가 공의 체득에 토대를 두고 있다면 우리는 일반적 고통의 순환이란 무엇인지 그리고 특히 그 고유한 조건은 무엇인지도 이해할 수 있다. 그렇게 되면 신실하고 깊은 마음으로 해탈을 열망하게 된다. 참된 놓아 버림이란 바로 이것이다.

반대로 만약 모든 수단과 방법을 동원하여 사회에서 한자리를 차지하려고 애쓰다 실패한 다음 절망에 빠진 상태에서 더 이상 할 것이 없어 홧김에 "나는 모든 것을 놓아 버리겠다"라고 하면, 이는 진정 놓아 버리는 것이 아니다. 단지 패배주의자의 외침일 뿐이다. 참된 수행자의 놓아 버림은 용기 있게 그리고 온전히 깨어 있는 마음으로 놓아 버리는 것이다.

붓다의 만트라[眞言] 중에 이런 것이 있다. '옴 무니 무니 마하무나예 스바하.' '무니'는 유능하며 자기가 지닌 방도에 대한 믿음이 있는 사람을 말한다. 돌고 도는 고통의 쳇바퀴를 끊어 버릴 때는 이런 식으로 해야 한다. 낙담해서 "이제 지쳤다"며 긴 한숨을 내쉬는 식으로 놓아 버려서는 안 된다.

참된 놓아 버림이란 우리의 진짜 적, 무명을 극복하겠다는 결심을 내포한다. 우리가 정신적 혼란의 노예임을 깨닫고 삶에서 참된 행복이 차지한 자리가 거의 없다는 것을 제대로 알 때 이 결심은 시작된다. 이런 느낌이 참을 수 없을 만큼 강해질 때, 우리는 어서 여기서 벗어나 해탈해야겠다고 서두를 수밖에 없다.

그다음에는 모든 중생도 우리와 마찬가지로 행복해지고 싶어 하고 더 이상 고통을 원치 않는다는 것을 충분히 알아차리면서 이런 느낌을 너른 우주의 숱한 존재와 공유하는 것이 중요하다. 그렇게 되면 남들을 향한 자비심이 우러나온다. 자비와 연민은 남들을 고통에서 해방시키고 싶다는 깊은 원을 말한다. 이 자비심은 모든 중생을 무명과 무명이 자아내는 고통에서 건지고자 깨달음에 이르고 싶다는 원력에서 그 절정에 이른다.*

— 제14대 달라이 라마, 뗀진 갸초

---

* 2004년 캐나다 토론토에서 한 법문이다.

❖

윤회의 고통의 원천으로 거슬러 올라가 보면, 거기에는 무명이 있다. 무명이란 무엇인가? 무명이 무지(無知)와 같은 말이라면 대체 무엇을 모른다는 말인가? 존재와 사물들이 실체가 없다는 사실, 즉 자기 스스로 홀로 존재하는 것이 아니라는 사실을 모른다는 것이다.

무명은 어떻게 나타나는가? 어느 날 저녁 우리가 어둑어둑한 곳을 지나가다가 땅에 떨어진 밧줄 한 가닥을 보고 똬리를 튼 뱀인 줄 알았다고 치자. 그러면 너무 놀라고 겁먹어서 심장이 쿵쿵 뛸 것이다. 마찬가지로 무명의 어둠에 빠져 있는 한, 우리는 몸과 의식이 임시로 합해져 나를 이룬다는 사실을 모른다. 그 진정한 본성을 명철히 분간하지 못하고 우리는 그것이 '나'인 줄 안다. 그러나 실제로 그것은 어떤 실체도 갖지 않는다.

그때부터 우리는 '나'와 타인을 구분 짓고 타인에 관한 것은 내치고 나에 관한 것에는 집착한다. 집착과 혐오(달라붙음과 내침)의 이 두 가지 움직임의 토대 위에 그 밖의 정신적 독약들도 나타난다. 그것들이 지배하는 왕국에서 우리는 인간보다 낮거나 높은 다른 세상에 다시 태어난다. 이 윤회의 과정에서 우리는 선행도 하고 악행도 하는데, 그렇게 뒤섞인 행위들이 불행한 결과를 낳는다.

— 샵까르(1781~1851)

❖

천둥소리는 귀가 멍멍해질 만큼 크지만, 실제로 귀에 와서 닿지는 않는다.

무지개는 찬란한 빛을 발하지만 오래가지 않는다.

이 세상이 아무리 좋아 보여도 꿈과 같은 것.

감각의 쾌락이 즐겁다 하여도 결국은 환멸뿐인 것.[22]

— 밀라레빠(1040~1123)

❖

죽음과 무상(無常)의 관점에서 보면

우리가 일상에서 이루려는 일들은 속임수에 불과하다.

세상의 관심사인 여덟 가지 일들*

무지개 색깔만큼이나 덧없는 그것들을 어찌 믿으랴.

— 디궁 직뗸 곤뽀(1143~1217)

❖

다음에 나오는 말은 은거 수행자 왼뗀 갸초가 홀로 산에서 수행할 때 간절히 바라는 바를 기도의 형태로, 자기 자신에게 조언하고 지혜의 신들의 자비를 불러일으키기를 바라면서 발원한 것이다.

구전(口傳)으로 법을 전하신 스승들이시여, 승리하신 붓다들과 보살들이시여,

위신력을 갖춘 관세음보살, 소중한 타라 보살,*

보살의 연민으로 안아 주소서.

죽음을 잊어버리고 금생의 세속 일들만 생각하며

사람 몸 받은 좋은 조건과 자유를 낭비해 버리는 사람을!

인생은 꿈처럼 덧없는 것

행복한들 어떠하며 불행한들 어떠하리.

제가 기쁨과 고통에 연연치 않고

일심으로 위없는 불법(佛法)을 실천할 수 있기를!

인생은 바람 앞의 불꽃과 같은 것

이번 생이 길든 짧든, 저의 자아가

뭐든지 손에 쥐려는 마음을 한껏 내도록 두지 말고

일심으로 위없는 불법을 실천할 수 있기를!

---

* 관세음보살(아발로키테슈바라)은 이타적 자애와 연민(자비심)을 구현하는 보살이다. 타라는 일반적으로 관세음보살의 여성적 표상으로 간주된다. 타라 보살은 깨달음에 이를 때까지 계속 여성으로 환생하게 해 달라는 원을 세운다. 타라는 모든 붓다의 '자비(연민) 활동'을 표현하는 보살이다.

지성의 추론은 눈을 속이는 환상이니

그런 희론이 맞든 틀리든

제가 세속의 여덟 가지 관심사를 하찮게 여기며

일심으로 위없는 불법을 실천할 수 있기를!

주변의 존재들은 나무에 앉은 한 무리 새들 같아서

그들이 모여 있든 뿔뿔이 흩어져 있든

제 운명의 고삐를 손에 단단히 쥐고

일심으로 위없는 불법을 실천할 수 있기를!

덧없는 이 몸은 오래된 폐허 같아

몸이 튼튼하든 쇠약하든

옷과 음식과 약을 구하느라 스스로를 속박하지 않고

일심으로 위없는 불법을 실천할 수 있기를! […]

정작 필요할 때 사슴뿔처럼 쓸데없이 많은 것

내가 그것을 알든 모르든 상관없으니

세상의 알음알이에 믿음을 두지 말고

일심으로 위없는 불법을 실천할 수 있기를! […]

'라마'라는 이미지가 내게

개똥에 비단 씌운 듯한 외모를 부여하니

그런 겉모습이 내 것이건 아니건

내 모습 썩어 빠진 것을 내가 알아차려
일심으로 위없는 불법을 실천할 수 있기를!

친구와 친지들은 모두 장터에 온 구경꾼과 같아
그들이 다정하든 심술궂든
내가 마음 깊은 곳에서 집착의 밧줄을 잘라 내고
일심으로 위없는 불법을 실천할 수 있기를!

이 물질적 재화들은 꿈에서 찾은 보물 같은 것
물질이 풍족하든 부족하든
내가 듣기 좋은 아첨으로 주위 사람들을 속이지 않고
일심으로 위없는 불법을 실천할 수 있기를!

사회적 지위란 어린 새가 날아가 앉는 가지 끝 같은 것
그 자리가 낮건 높건
내가 바로 내 고통의 원인이 되는 것들을 바라지 않고
일심으로 위없는 불법을 실천할 수 있기를! [⋯]

이리도 재빨리 분석하는 마음은 꿀꿀대는 돼지 소리를 연상케 하니
그 꿀꿀 소리 날카롭든 무디든
내가 공연히 분노나 열광의 거품을 일으키지 않고
일심으로 위없는 불법을 실천할 수 있기를!

여름날 급류처럼 출렁이는 이 명상 체험

늘어나든 줄어들든 아무 상관 없어

내가 무지개를 좇아 냅다 뛰는 아이처럼 덤벙대지 않고

일심으로 위없는 불법을 실천할 수 있기를! [...]

(인간으로 태어난) 이 자유와 좋은 조건은 발원(發願)의 보석과 같아

그것이 없다면, 내가 가르침을 삶에 적용할 수 없을 테니

이 자유와 호조건을 누리는 동안에 함부로 낭비 않고

일심으로 위없는 불법을 실천할 수 있기를!

해탈의 길을 밝혀 주는 영광스러운 스승님

그분을 만나지 않았다면 나는 사물의 지고한 본성을 깨달을 길이

전혀 없었을 터이니

내가 가는 길 나 스스로 아는 동안, 낭떠러지를 건너뛰지 않고

일심으로 위없는 불법을 실천할 수 있기를!

이 수승한 가르침은 만병통치의 묘약 같아서

법을 듣지 않고는 할 것과 하지 말 것을 가려 알 방도가 없네.

이로운 것 해로운 것을 구별할 줄 아는 지금

지독한 독약을 삼키지 않고

내가 일심으로 위없는 불법을 실천할 수 있기를!

기쁨과 고통이 번갈아 찾아드는 것은 마치 계절이 바뀌는 것과 같아

그것을 깨닫지 못하고서야, 어찌 무상한 변전(變轉)에 넌더리낼 수 있으랴?
고통도 다시금 내 몫이 되리라는 확신을 갖고
내가 일심으로 위없는 불법을 실천할 수 있기를!

사람은 가라앉은 돌처럼 윤회의 밑바닥에 잠겨 있네.
삼보(三寶)께서 내밀어 준 연민의 밧줄을 지금 당장 잡지 않으면
나중에는 영영 잡지 못하게 되리니
일심으로 위없는 불법을 실천할 수 있기를!

해탈의 이 미덕들은 보물섬처럼 소중하니
그것을 모르고는 용기를 북돋울 방도가 없네.
승자들의 변함없는 성취를 인정하고
일심으로 위없는 불법을 실천할 수 있기를!

깨어난 중생의 이 삶은 감로수 같아
그것 없이는 신심을 일으킬 수 없네.
승리와 패배가 어디 있는지 알아서,
스스로 고통을 자초하는 일을 멈추고
일심으로 위없는 불법을 실천할 수 있기를!

남들도 깨닫기를 바라는 이 간절한 원은 마치 기름진 밭과 같아
그런 발원 없이는 불성(佛性)에 이를 길이 없네.

고귀한 목표의 달성을 무심히 팽개치지 않고
일심으로 위없는 불법을 실천할 수 있기를!

부잡스러운 원숭이를 닮은 이 마음,
그 마음 길들이지 않고는 부정적 감정을 바로잡을 길이 없으니!
어리석은 무언극 놀이를 멈추고
일심으로 위없는 불법을 실천할 수 있기를!

'나'라는 것에 대한 믿음이 그림자처럼 따라다니니
그것을 떨치지 않고는 비옥한 땅에 이를 길 없네.
한번 정복한 이 적과 다시 화해하지 않고
일심으로 위없는 불법을 실천할 수 있기를!

다섯 가지 마음의 독약은 잿더미 아래 살아 있는 불씨와 같은 것
그것을 꺼 버리지 않고는 마음의 본성을 지키며 살 수 없으니
내가 독사를 가슴에 품어 기르는 짓을 멈추고
일심으로 위없는 불법을 실천할 수 있기를!

낡아 빠진 가죽처럼 뻣뻣한 이 성정을
길들이지 않고는 내 마음을 법에 합치시킬 수 없으니
내가 낳은 자식 같은 내 성품을 제멋대로 방치하지 않으며
일심으로 위없는 불법을 실천할 수 있기를!

강물의 흐름처럼 흐물흐물한 이 나쁜 성향
그것을 멈추지 않는다면 항상 다르마에 역행할 뿐인 것을
적들에게 무기를 대 주는 짓을 멈추고
일심으로 위없는 불법을 실천할 수 있기를!

끊임없는 이 산만함, 수면에 끝없이 이는 파문과 같아
그걸 단념하지 않고는 내 마음을 평정시킬 수 없어
내가 자유로이 선택할 수 있는 동안, 윤회를 초래하기를 멈추고
일심으로 위없는 불법을 실천할 수 있기를!

스승께서 내려 주시는 축복은 땅과 물을 따뜻이 데우는 온기와 같아
그 축복이 내 안에 스며들지 않고는, 나 자신의 본성을 깨달을 수 없으니
지름길이 보일 때, 더 이상 숱한 우회로를 거치지 않고서
일심으로 위없는 불법을 실천할 수 있기를!

이 외로운 곳은 마치 여름날 약초들이 자라는 골짜기와 같아
거기 머물지 않고는 마음의 수승함이 생길 리 없다.
내가 산중에 있는 동안 을씨년스러운 이 마을 저 마을
부질없이 쏘다니지 않고
일심으로 위없는 불법을 실천할 수 있기를!

편한 것을 바라는 이 마음은 마치 내 집에 둥지를 틀고 들어앉은 궁상

스러운 악마 같아
그 악마를 떼어 버리지 않고는 계속 괴로움을 만들어 내느라 애쓰게
될 터이니.
굶주린 악마에게 마치 신에게 바치듯 헌공하는 짓을 피하며
일심으로 위없는 불법을 실천할 수 있기를!

주의와 게으르지 않은 생활은 요새의 잠금 장치와 같아
그것 없이는 오락가락하는 환상이 멈출 수 없도다.
도둑들이 있는데 문고리 걸쇠를 잠그지 않은 채 두지 말고
일심으로 위없는 불법을 실천할 수 있기를!

마음의 이 본래 상태는 마치 불변의 허공 같아서
그것을 만나지 않고는 해독제를 쓰며 애를 써도 결코 끝이 없으리니
나 자신의 두 발에 족쇄 채우는 일 없이
일심으로 위없는 불법을 실천할 수 있기를!

순수 의식의 이 본성은 마치 흠결 없는 수정 같아서
그것을 깨닫지 못하고는 그 본성에 뿌리도 토대도 없다는 확신을 얻지
못한다.
본성은 항상 내 안에 있음에도 굳이 다른 데서 찾는 일을 그만두고
일심으로 위없는 불법을 실천할 수 있기를!

마음의 자연스러운 이 단순함은, 마치 늘 함께하는 벗 같아서

만약 그 얼굴이 내게 낯설다면
모든 실천은 거짓스러운 환에 불과한 것
더 이상 두 눈감고 더듬더듬 걸어가지 말고
일심으로 위없는 불법을 실천할 수 있기를!

아티샤가 전하고, 입에서 입으로 전승 실천된
붓다의 핵심 가르침에 힘입어
내 마음에 깨달음의 두 측면이 나타나기를!
또 내가 짓는 모든 행위가 수승한 다르마와 조화를 이루기를! [⋯]

우리의 일상 행위는 모두 사막을 이리저리 걸어가는 일처럼 헛된 것
이니
갖가지로 애쓰며 살아도 결국 그 결과로 마음은 굳어질 뿐
우리의 모든 생각은 경멸심을 조장할 뿐
또 모두가 다르마라 주장하는 것은 말짱 얽매임의 원인일 뿐

결코 아무 결실도 없는 수많은 행동
전혀 목적 없는 숱한 생각
일일이 다 채워 줄 겨를 없는 그 많은 욕구
내가 이 모든 번잡한 움직임을 놓아 버리고 구전의 가르침을 실천할
수 있기를!

만약 내가 행동하고 싶다면, 승리자의 말씀을 증거로 삼으리라.

만약 내가 뭔가를 하고 싶다면, 내 마음을 다르마와 합치시키리라.

만약 내가 실천하고 싶다면, 구전으로 가르침을 전승한 스승들의 삶의 기록을 읽으리라.

나의 음울한 성향들이여, 너희들과 더불어 이밖에 무슨 일을 하랴.

더없이 겸손한 자리를 차지하고, 마음만은 누구보다 풍족하게 가지며

일상에서 골몰하던 여덟 가지 관심사의 사슬에서 벗어나 오로지 용맹 정진하며

스승의 축복을 받고 허공만큼 너른 증득에 이르며

내가 한량없는 구전 가르침의 계보를 모두 포용할 수 있기를!*

– 잠괸 콩툴 로되 타예(1813~1899)

---

* 은거 수행자 왼뗀 갸초가 스스로를 경책하고 지혜의 천신들의 연민을 불러일으킬 목적으로, 산중에서 홀로 수행하면서 기도 형식으로 했던 말들이다.

❖

빼마 링빠는 '황금 계곡의 언덕'으로 불리던 지역 산중의 은거 수행처로 들어가서 오랫동안 대나무로 만든 오두막에서 홀로 살았다. 그는 산 위에서 골짜기에 사는 사람들을 내려다보며 명상했다. 아침부터 저녁까지 종일 바삐 움직이는 세상 사람들을 보면서 그는 깊은 슬픔에 잠겼다.

"아, 저 밑에 사는 마을 사람들만큼이나 나도 세상일에 빠져 방일한 것 같구나!" 그가 혼잣말을 했다. 그리고 스스로를 경책하고 격려하는 다음과 같은 게송을 지었다.

나모 구루 스바스티 싯담!
스승님께 귀의합니다. 마음의 성취가 그 무엇보다 먼저이기를!

오 연꽃에서 태어난 스승이여, 당신께 기도하오니
붓다의 가르침이
스승님의 축복에 의해 널리 퍼져 가기를!

빼마 링빠, 이 오탁악세의 건달 같은 놈아
어머니가 너를 세상에 낳아 주신 뒤로
죽음에 대한 생각은 잊어버리고
온갖 잡다한 생각으로 정신이 없구나.
육도 윤회하는 모든 중생은
윤회의 수레바퀴 속에, 욕심과 집착에 빠져 헤매며

어떤 것은 원하고 어떤 것은 내치며 산다.

모든 것을 물거품처럼 보라.

아니면 하늘 한복판의 신기루처럼 보라!

영속하는 것은 아무것도 없음을 생각하라, 뻬마 링빠!

온 세상 네 대륙에 태어난 중생은

결국은 죽는다는 것이 확실하다.

지난 모든 세대에서

죽지 않은 사람은 단 하나도 없다.

현재 인간의 운명도 이러할 것이며

우리 뒤를 잇는 인간의 운명도 그러할 것이다.

숙명의 시간은 언제 올지 모른다. 그래서 마음이 동요되면,

죽음을 생각하라, 뻬마 링빠!

너는 윤회의 진흙탕에서 태어났으니 거기가 네 고향

아홉 살까지는 부모님이 너를 거두어 주셨지.

그다음엔 인간 세상을 헤매 다니다가

누가 가르쳐 주지도 않았는데 꽤나 솜씨 좋은 보석 세공인으로 일했다.

그러나 실상 너는 비루하고 쓸모없는 인간에 지나지 않아.

성스러운 것을 여기저기 져 나르는 천박한 인간

오디야나*의 말씀을 받아 지니고도

---

*   파드마삼바바의 별칭이다.

104 · 티베트 지혜의 서

집착과 혐오의 덫에 걸려 네 마음은 산만하다!

모든 해이한 방황을 없애라! 뻬마 링빠!
네 생의 서른일곱 번째 해인 원숭이 해가 시작되었을 때
너는 오디야나의 예언대로 심오한 보장을 발견했다.
수많은 깊은 가르침을 받아 지닌 자가 되어
그 가르침을 게으름과 무심히 방치해 두고
온전히 실천에 옮기지 않았다.
동굴 바닥 밑에서 보이지 않게 흐르는 물처럼
네가 모르는 새에 부정적 감정이 들끓고 있었다.
그러니 네 마음을 바꾸어라, 뻬마 링빠!

음식과 부귀에 대한 갈증을 끊어 버리지 못하고
너는 인색함과 자아에 대한 집착이라는 굴레 속으로 미끄러져 들어
갔다.
자아에 꽉 들러붙어 욕망의 노예가 되어, 너 자신을 속이고 있다.
재물과 음식으로 덫을 놓는
벗들과 측근에게 듣기 좋은 찬사를 흩뿌리며
너는 덕성과 지혜를 쌓지 못하는 어리석은 자에 불과하다.

집착을 끊어 버리라, 뻬마 링빠!

너는 네 몸을 갖가지 장식으로 치장한다.

네 가지 원소에서 빌려 온 이 환(幻)

그리고 감각의 여섯 가지 영역*의 대상들

네 감각이 인식하는 이것들이 네 마음을 가지고 논다.

헛것인 네 몸을, 언제 닥칠지 모르는

생로병사가 괴롭히는데, 너는 그 몸이 영원할 것을 바란다.

그러나 몸은 사라진다. 몸을 그만 아껴라, 뻬마 링빠!

너는 일반 사람들에게 천박하게 군다.

수많은 업연이 그들과 너를 잇고 있다 하여도

도 닦는 수행자들에 대해, 너는 순수한 견해가 없다.

너를 가르치는 스승들과의 거룩한 관계도 소중히 하지 않는다.

지혜로운 존재들에 대한 존경심이 전혀 없고

너에게 잘해 주는 이들에 대한 감사도 전혀 없다.

윤회의 악순환, 그게 너는 전혀 슬프지 않다.

그러니 이 모든 걸 끝내라, 뻬마 링빠!

그들은 대승(大乘)의 수레 안에 확고히 자리 잡았다.

그들은 공부와 성찰과 명상으로 자신의 마음을 다스렸다.

그들은 창조와 온전함의 단계 속에서 완벽한 확신을 얻었다.

---

* 눈, 귀, 코, 혀, 몸, 뜻, 이렇게 여섯 가지로 통틀어 '육근(六根)'이라고 한다. 보고 듣고 냄새 맡고 맛보고 만
지고 의식하는 근원을 말한다. - 옮긴이 주

그리고 삼 단계의 수행 길*에서 전문가가 되었다.

그런데 너는, 이 현자들에게서 결함만 보고 있구나.

그리고 남을 무시하고 있구나.

너는 마치 두 눈을 번히 뜬 채 벼랑으로 걸어가는 미친놈 같다.

너의 순수한 견해를 키워라, 뻬마 링빠!

너의 고향은 장애를 만들어 내는 마라의 감옥

네 벗과 측근들은 마라에게 손님을 몰아다 주는 사람들

음식과 재물은 마라의 패거리 악당들

윤회는 마라가 너를 묶어 매 놓은 말뚝

마라의 밧줄은 너의 게으름

마라가 기운을 얻는 원천은 너의 자아에 대한 집착

자기 본성을 모르고 끊임없이 미루기만 하는 너,

그러니 속세의 여덟 가지 관심사를 놓아 버려라, 뻬마 링빠!

너는 오직 눈앞의 욕망에만 관심이 있다.

네 삶이 날마다 밤마다 소진되어 가는데도

네 몸이 달마다 해마다 늙어 가는데도

네 마음은 무명의 진창에 깊이 빠져

수행은 나중으로 미루고 있다!

너 자신에게 좋은 것이 어디 있는지 결코 깨닫지 못한 채

---

*   『보리도차제론』에 나오는 본격적 수행의 단계로 하사도, 중사도, 상사도의 3단계를 말한다. - 옮긴이 주

뻣뻣하게, 법도 증득하지 못한 채 너는 너 자신을 속이고 있다.
잘 생각해 보라, 뻬마 링빠!

짐짓 세속을 단념한 자의 모습을 하지만
태어나지 않은 자에 대해서는 조금도 깨닫지 못했으니
너는 그저 깨달은 자인 척할 뿐, 깨달은 자가 될 수 없다!
방일하지 말고 감각에 마음을 모아 전념해 보라.
이해하는 것만으로는 부족하다.
이해한다고 바로 터득할 줄 아느냐.
마음 깊숙이까지 다 밝히지 못하면
너는 개념의 너울을 벗기지 못할 것이다.
끝까지 밀고 나가라, 뻬마 링빠!

세상의 헛된 일들을 놓으라.
그리고 모든 것을 멀리 떠나 분주한 일에서 놓여나
산중의 고요하고 외딴 곳에서
밖을 향해 뚫린 널찍한 동굴에 들어앉아
홀로 너의 몸과 마음을 놓아 버리라.
비로자나불의 일곱 가지 요점을 갖춘 자세*를 취하라.

---

*   비로자나불의 일곱 자세란 1) 두 다리는 연꽃 자세로 포갠다. 2) 양손은 평정한 상태로 무릎 위에 놓되,
왼손 위에 오른손을 놓고 양손 엄지를 맞닿게 한다. 3) 어깨를 펴고 팔의 윗부분은 몸통에서 약간 띄운다.
4) 척추는 곧추 세운다. 5) 턱을 목 쪽으로 약간 당긴다. 6) 혀끝은 입천장에 댄다. 7)시선은 앞을 보거나
조금 숙여 코끝을 본다. 눈은 뜨거나 반쯤 감는다. – 옮긴이 주

그리고 모든 중생을 돕겠다는 생각으로

네 마음을 스승의 마음과 하나 되게 하라. 마음을 시각화하라.

네 머리 바로 위에 마음이 있다고 계속 생각하라, 뻬마 링빠!

본래 마음은 꾸밈이 없는 것.

고유의 성질이 없음, 그것이 근본 마음

어디에나 두루함, 그것이 밖으로 나타난 마음

육근의 대상을 포착하는 것, 그것이 육경(六境, 여섯 가지 인식 영역)의 마음

카르마에 의해 움직여진 것, 육도 중생의 마음

'나'에 집착하는 것, 길을 못 찾고 헤매는 마음

불순함으로부터 자유로운 것, 마음 그 자체.

이걸 온전히 믿으라, 뻬마 링빠!

네가 내면의 고요함을 증장할 때

어떤 생각이 떠오르건

아주 예리하게 그걸 알아차리고

그 생각을 주의 깊게 살피고 있는 그대로 놓아 버리라.

그리고 그 상태에 그대로 자리 잡으라.

형식을 갖춘 명상과 그 후의 명상을 번갈아 하면,

내면의 평화에 희열과 지극한 행복이 더해질 것이며,

너는 네게 스며드는 통찰의 더할 나위 없는 참맛을 보게 될 것이다.

지속적으로 명상하라, 뻬마 링빠! [···]

싫증 나고 포기하는 마음이 엄습하여

나, 뻬마 링빠, 부탄의 비구승은 읊었네.

그 노래는 내 마음에서 우러난 노래

이 노래가 중생에게 유익하기를

그리고 덕 높으신 스승님들의 꾸중이나 받지 않기를!

— 뻬마 링빠(1450~1521)

빠뚤 린포체와 도둑

짬탕 수도원 부근에서 있었던 일이다. 빠뚤 린포체는 사원의 법좌(法座)
가 아니라 풀이 돋아난 언덕에 앉아서 '보살행 입문'에 대해 수천 명에
게 상세한 법문을 막 끝낸 참이었다. 그때 청중 가운데 한 사람이 말편
자처럼 생긴 은 한 덩이를 그에게 공양하려 했다. 늘 그렇듯 빠뚤 린포
체는 그 공양물을 마다했지만 그 사람은 부득부득 그 은덩이를 린포체
의 발치에 놓고는 얼른 물러났다.

　잠시 후, 빠뚤 린포체는 자리에서 일어나 방금 받은 공양물을 언덕
에 놓아둔 채 다시 길을 떠났다. 그가 방금 은덩이를 받았다는 것을 알
고 그 은을 훔치려는 한 도둑이 뒤를 밟았다.

　빠뚤 린포체는 동행도 없이 혼자 움직였고, 종종 정처 없이 걸어가
다가 밤이 오면 노숙하곤 했다. 그날 밤 그가 자는데 강도가 어둠을 틈
타 몰래 곁으로 다가왔다. 빠뚤 린포체 곁에는 작은 헝겊 바랑 하나와
흙으로 빚어 구운 다기(茶器) 하나가 있었다. 도둑은 은을 찾았지만 보
이지 않자 조심스레 빠뚤 린포체가 입은 옷 속을 뒤지기 시작했다. 도
둑의 손이 빠뚤 린포체의 옷에 닿자 그는 갑자기 깨어나 소리쳤다.

　"카-호! 지금 왜 이렇게 내 옷을 뒤지는 건가?"

　겁먹은 도둑이 잔뜩 긴장해서 대답했다.

　"어떤 사람이 아까 스님께 은덩이 하나를 드렸습니다. 저는 그 은이
필요합니다. 주십시오!"

　"카-호!" 빠뚤 린포체는 다시 버럭 소리쳤다. "네가 정신 나간 사람

처럼 이리 뛰고 저리 뛰면서 얼마나 힘든 삶을 사는지 살펴보라! 고작 은덩어리 하나 얻겠다고 이 먼 길을 걸어온 거냐? 가엾은 놈! 이제 내 말을 들으라! 새벽에, 네가 걸어온 길을 얼른 되짚어 가 보아라. 내가 아까 앉았던 언덕에 가 보면, 은이 아직도 거기에 있느니라."

도둑은 과연 그 말이 맞는지 갸우뚱했다. 하지만 스님의 소지품을 뒤질 만큼 뒤졌으니 이제 그 은이 그의 수중에 없다는 것은 알게 되었다. 도둑은 자기가 그토록 탐낸 은덩이가 스님이 말한 그 자리에 있을 리 없다고 생각했지만 어쨌든 왔던 길을 되짚어 돌아갔다. 언덕 주변을 뒤져 마침내 빠뚤 린포체가 그냥 놓아두고 간 은덩이를 찾아냈다.

나이 지긋한 도둑은 탄식하며 말했다.

"아아! 빠뚤 스님은 정말이지 집착을 떠난 진짜 스승이구나. 그분의 물건을 훔치려 하다니, 나는 너무도 심한 악업을 지었구나!"

깊이 후회한 그는 왔던 길을 되짚어 가서 빠뚤 린포체를 찾았다. 마침내 스님을 찾아내니 스님이 버럭 소리쳤다.

"카-호! 또 왔군! 여전히 산 넘고 물 건너 뛰어다니네! 이번에는 원하는 게 무언가?"

도둑은 당황해서 그만 울음을 터뜨렸다.

"스님 물건을 훔치려고 돌아온 게 아닙니다. 가서 은덩어리를 찾았는데, 스님처럼 훌륭한 참스승께 함부로 군 것을 자책하고 있습니다. 스님께서 지닌 것이 뭐가 있다고, 그나마 빼앗겠다는 나쁜 마음을 먹다니요! 용서해 주십시오. 저를 축복해 주시고, 제자로 받아 주십시오!"

빠뚤 린포체는 도둑의 마음을 다독였다.

"죄를 고할 것도 없고, 용서를 구할 것도 없다. 앞으로는 너그러운 마음을 행동으로 보이고, 불법승(佛法僧) 삼보(三寶)께 귀의하라. 그러면 된다."

얼마 후 사람들이 이 일을 알고 도둑을 혼내 주었다. 빠뚤 린포체는 그 사실을 알고 사람들을 호되게 나무랐다.

"만약 이 사람을 때린다면, 나를 때리는 거나 마찬가지다! 그러니 그를 그냥 두라!"*

— 뇨슐 켄 린포체

---

* 뇨슐 켄 린포체가 들려준 이야기다.

❀

밀라레빠와 사냥꾼

유명한 은거 수행자이자 시인인 밀라레빠가 어느 날 자신의 수행처에
제자들을 들이고 동굴로 가서 고요히 명상에 들었다. 그는 주변 환경
만 보아도 이곳이 명상에 더없이 좋은 장소라고 생각했다. 풍광이 아
름답고 외딴 곳에 자리한 그 동굴은 산신들이 외호(外護)하고, 새들이
지저귀며, 맑은 시냇물이 흐르는 등 모든 것이 완벽한 조화를 이루고
있었다.

그런데 어느 날 웬 짐승의 다급한 울음소리가 이곳의 정적을 깨고
충격을 주었다. 밀라레빠는 절벽 위로 올라가 무슨 일인지 살펴보았
다. 검은 사슴 한 마리가 겁에 질려 숨 가쁘게 뛰어오는 것이 보였다.
그러자 그는 한량없는 연민을 발했다. 그는 이 짐승에게 법을 설하여
짐승이 슬픈 운명에서 놓여나게 하겠다는 원을 세우고, 사슴에게 이런
노래를 들려주었다.

로닥의 마르빠,* 그분의 발치에 엎드려 귀의합니다.
아름다운 뿔이 달린 사슴아, 잘 들어라.
바깥세상에서 무엇이든 찾고 있는 한
무명(無明)의 환각에서 결코 벗어나지 못하리라.

---

* 위대한 역경사 마르빠(1012~1097)는 밀라레빠의 스승으로 티베트 남부 로닥 지방에 살았다. 마르빠
가 밀라레빠를 제자로 받아들이기 전에 여러 시험을 겪도록 한 것은 티베트 역사에서 유명한 일화이다.

때는 왔다. 너 사슴이

이 모든 무시에서 벗어날 때가.

업이 익어 가는 속도가 네게는 너무 빠르구나.

허깨비 같은 몸속에서 어찌 업을 면할 수 있을까?

네가 도망치고 싶다면, 마음의 핵심, 그 안으로 도망쳐라.

깨어남의 장소 그곳으로 달려가라.

다른 곳으로 내빼 달아나려 하는 것은 순전히 일을 가볍게 보는 것.

그러니 너의 혼란을 끝내고 나와 함께 있자꾸나!

죽음의 공포가 강하게 엄습하니

너는 언덕의 다른 쪽 비탈로 피해서 안전하게 있고자 하는구나.

그쪽에서 다시 붙잡히는 게 두려울지언정 그리로만 가려 하지.

그러나 바로 그 희망과 그 두려움 때문에 네가 윤회 속을 헤매는 것
이니!

내가 네게 나로빠의 여섯 요가행*을 가르쳐 주리라.

그리고 위대한 상징에 관해 명상하는 법을 보여 주리라.

그는 범천(梵天)의 목소리만큼이나 아름다운 선율이 울려 퍼지는 목소
리로 노래 불렀다. 누구든지 그 목소리를 들은 사람은 그의 매력에 굴
복할 터였다. 사슴은 감동하여 그의 발치에 엎드렸다.

적갈색 털이 난 암캐 한 마리가 나타나 미친 듯 컹컹 짖어대자 은거 수

---

* 나로빠의 여섯 요가행이란 '나로육법'이라고도 하며, 인도 수행자 나로빠가 확립하여 제자 마르빠에게 전
수한 일련의 티베트불교의 탄트라 명상 수행법으로 불성에 좀 더 빨리 이르는 것을 돕는다. 뚬모, 환신, 몽
환, 정광명, 중음, 포와 수행으로 이루어져 있다.

행자는 개에게 왜 짖는지를 물었다. 듣고 슬퍼진 밀라레빠는 이번엔 그 개를 연민으로 품으며 이런 노래를 불러 주었다.

로닥의 마르빠, 그 발치에 엎드립니다.
저를 축복하시어 중생의 미움을 진정시키게 하소서.
너, 늑대 앞의 암캐여,
이 밀라레빠의 노래를 들으라!
너는 눈에 보이는 모든 것을 적으로 보며
네 가슴에는 미움이 가득 차 있구나.
잔인한 짐승으로 환생하여
너는 배고픔과 고통 속에서 사는구나.
너를 괴롭히는 독을 결코 잠재우지 못한 채로.
만약 네가 네 마음을 장악하지 못한다면
바깥세상의 먹이를 차지한들 무엇을 얻으랴?
이제 네 마음을 정복할 때다!
너의 미움을 버리고 나와 함께 있자!
이 순간, 네 참을 수 없는 짜증에 꽉 잡혀
산의 다른 쪽 비탈에서 잡을 뻔한 이 사슴을 또 놓칠까 두려워한다.
이쪽까지 와서 다시 잡기를 바라면서.
그러나 바로 그 희망과 그 두려움 때문에 너는 윤회 속을 헤매는 것
내 너에게 나로빠의 여섯 요가행을 가르쳐 주고

커다란 상징*에 관해 명상하는 법을 보여 주겠다.

은거 수행자의 무한한 연민에 감동하여, 개의 미움은 잦아들었고 개는
사슴 옆에 누웠다.

밀라레빠는 그때 '심상찮은 인물 하나가 두 짐승 뒤를 따라오고 있구
나' 하고 혼잣말을 했다. 실제로 그가 땀에 젖은 채 눈알을 뒤룩뒤룩
굴리며 나타났다. 키라와 곤뽀 도르제라는 사냥꾼이었다. 그는 개와
사슴이 밀라레빠 곁에 평화롭게 누운 것을 보더니 화가 나서 거품을
물고 은거 수행자에게 거칠게 삿대질하며 그를 향해 화살을 쏘았으나
맞히지 못했다.

밀라레빠는 이 자가 그래도 인간이니 적어도 짐승들보다는 말을 알아
듣겠지 생각하고, 사냥꾼에게 화살을 또 한 발 쏘기 전에 자기 노래를
한번 들어 보라고 말했다.

성취한 위대한 존재들 모두에게 간청하오니!
그분들이 우리를 축복하여 우리가 마음의 독에서 자유로워지기를!
그대, 식인귀와 맞선 인간이여, 밀라의 노래를 들으라!
인간의 몸은 희귀한 보물이라는 가르침이 있다.
그러나 그대를 보니 귀한 것이 하나도 보이지 않는구나!
그대, 악마의 형상을 한 못된 인간아,

---

* 커다란 상징(혹은 커다란 인印, 마하무드라)은 대원만(족첸)의 가르침에 비할 수 있는, 마음의 본성에 관한 가르침이다. - 옮긴이 주

금생의 쾌락을 좇아 부지런히 뛰어다니는구나.

그러나 그렇게 행동하면 곧장 실패로 직행할 뿐.

만약 반대로, 내면의 욕망을 이겨 낸다면

그대 진정한 성취에 이를 것이다.

바깥 현상들은 결코 마음대로 휘어잡을 수 없을 터

그대가 때맞춰 휘어잡을 것은 바로 그대 마음.

그대가 이 사슴을 죽여도 욕심은 채워지지 않으리.

그러나 내면의 다섯 가지 독을 다 없앤다면

그대 모든 소원은 이루어지리라.

바깥의 적을 무찌르려 하면 할수록

수많은 적이 나타나리라.

그러나 오직 그대 마음을 조복시키면

모든 적은 절멸되리라.

해로운 행위를 하며 생을 보내지 말고

위없는 다르마를 실천함이 좋으리!

내 그대에게 나로빠의 여섯 요가행을 가르쳐 주고

커다란 상징에 관해 명상하는 법을 보여 주리니.

사냥꾼은 아직 경계심이 남았지만 짐승들의 행동과 이 라마의 비범한 힘에 놀라서 혹시 이 사람이 사기꾼이 아닌가 보려고 동굴을 잘 살펴보았다. 그러나 동굴 안에는 한 줌의 풀뿌리와 잎사귀밖에 없었으므로 그는 너무도 생생한 믿음을 느끼고 밀라레빠에게 자기가 지녔던 모든 것 - 사슴의 목숨까지 - 다 맡기고 그를 섬기겠다고 했다. 밀라레빠는 사냥꾼의 참회에 아주 기뻐하며 그를 제자로 받아들였다.

사냥꾼은 이 은거 수행자의 올곧음과 배려심에 감동해 눈물을 흘리며 그에게 노래까지 바쳤다. 노래 가사는 자기를 이끌어 달라는 부탁이었다. 그가 일단 가족에게 돌아가 여러 일을 정리하고 가능한 한 빨리 돌아오겠다는 결심을 하자, 밀라레빠는 그를 말리며 다음과 같은 조언을 노래로 들려주었다.

그대, 사냥꾼이여, 내 말을 잘 들으라!

폭풍우가 몰아치면 천둥소리가 나지만, 그건 텅 빈 소리일 뿐.

무지개는 색색이 곱지만

금방 스러지고 만다.

세상일들이란 아무리 좋다 해도 한갓 꿈일 뿐.

탐나는 물건들은 커다란 즐거움을 준다.

그러나 그것들은 악행의 원인이 된다.

이런저런 요소로 구성된 것들은 항상 있을 것 같지만

아주 금방 무너져 버린다.

어제 가졌던 것이 오늘 없고

작년에 살아 있던 사람이 올해는 없듯이

몸에 좋다고 먹은 음식이 독으로 변하듯이

좋은 친구였던 사람이 원수가 되듯이

친절히 보호해 주던 사람이 지금은 모욕을 퍼붓듯이

그대가 저지른 악행이 그대를 해칠 것이니.

백 개의 머리 중 그대에게 가장 소중한 건 그대의 머리
열 손가락 중 어느 것을 잘라도 그대는 아플 것이며
모든 여자 중에서 그대가 가장 애착하는 것은 자기 아내
그러니 이제는 스스로 도와야 할 때로다.

이 노래를 듣고 곤뽀 도르제는 온전히 다르마에 귀의하여 집으로 돌아
갈 생각을 버렸다. 필요한 가르침을 밀라레빠에게 모두 받고 나서, 그
는 명상을 통해 내면 체험을 하고 궁극적인 깨달음을 얻었다.
이리하여 그는 밀라레빠의 수제자들 가운데 하나가 되었고, 개와 사슴
은 다음 생에 축생보다 못한 악처에 태어나는 일을 면하게 되었다. 훗
날 키라 레빠라는 이름으로 유명해진 그의 활과 화살은 밀라레빠의 동
굴에서 지금도 찾아볼 수 있다.

— 밀라레빠(1040~1123)

제2장

—

마음수행의
기초 다지기

1. '깨달음의 지혜'에 귀의하기

우리는 평생 살아가면서 자신의 안녕이나 재산, 소중한 사람들 또는 생존 자체가 위협에 처하면 스스로를 보호하려고 노력한다. 몸을 의탁할 만한 확실한 장소를 찾고, 우리를 지켜 줄 수 있는 이들에게 도움을 청한다.

그런데 우리는 또 무명과 무명으로 말미암아 생기는 마음의 독 때문에 괴로워하면서 일생을 보내기도 한다. 마음의 독이란 특히 미움과 욕망이다. 이런 불행들은 우리가 살면서 겪는 여러 대소사보다도 훨씬 더 혹독하고 오래간다. 이런 종류의 흉사에서 스스로를 보호하려면 그 악의 근원, 즉 무명으로 거슬러 올라가야 한다. 그런데 무명 속에 있는 사람이 어떻게 자신의 무명을 퇴치할 약을 처방할 수 있을까? 이미 무명을 타파한 사람들에게 의지하거나 그런 사람들이 걸어온 수행 길에 들어섬으로써 우리도 무명에서 벗어날 수 있다. 그래서 불교에서는 삼보의 역할이 중요한 것이다. 삼보 중 첫 번째는 고통에서 벗어나는 방법을 몸소 보여 준 '붓다' 혹은 '깨달은 이[覺者]'다. 두 번째는 '다르마[법]' 혹은 붓다의 가르침이다. 세 번째는 '승가(僧迦, 산스크리트 '상가samgha'의 음역)', 즉 수행 길에 들어선 이들이 이루는 공동체다.

달리 말하자면 붓다는 안내자요, 다르마는 길이요, 승가는 여행길의 동무들이다. 그런데 금강승에서는 정신적 스승 한 사람이 삼보의 정수를 한 몸에 구현한다. 그러니까 그 스승의 정신이 깨달음 혹은 붓다에 해당하고, 스승의 말씀이 가르침(다르마)이며, 스승의 몸이 승가 공동체인 것이다.

불교에서는 깨달음의 지혜에 귀의하는 것이 고통[苦]에서 벗어나는 첫 단계로 이는 필수불가결한 단계이다. 이것이 길의 출발점인 것이다.

궁극적 귀의처(歸依處) 혹은 내면적 귀의처는 다름 아닌 우리 자신의 마음이다. 마음의 정수, 즉 혼란스러운 마음의 구름 뒤에 끊임없이 빛나는, 밝게 깨어난 의식을 알아차리면 우리는 고통의 원인으로부터 자연스레 보호 받게 된다. 이 의식의 연속을 잘 보호하면, 우리는 더 이상 인지적·정서적으로 우리를 가리는 너울을 두려워할 필요가 없다. 왜냐하면 그런 너울이 더 이상 참된 앎에 영향을 끼치지 못하기 때문이다. 그러면 마음 바깥에 있는 외부적 귀의처의 기능은 무엇인가? 그것은 조금씩 조금씩 깨달음으로 이끌어 마침내 내면적 귀의가 실현되게 하는 것이다.

❖

공부하고 깊이 생각해 보면, 고통의 근원이 무엇이고 어떻게 전개되며 어떻게 이어지는지 알 수 있다. 또 이 과정을 어떻게 뒤집을 수 있는지도 알 수 있다. 그러면 고통에서 벗어나는 것이 가능하다는 확신을 얻게 된다. 또 고통에서 벗어나려면 사물의 본성에 대해, 즉 모든 것이 공하여 고유의 실체가 없음에 대해 올바른 견해를 갖는 것이 얼마나 중요한지 알게 된다.

사성제의 의미, 특히 고통을 멸(滅)할 수 있고 그 소멸로 이끄는 길이 있다는 것을 체득하면 우리는 참된 귀의처인 다르마에 대한 굳건한 믿음을 갖게 된다. 그다음에는 다르마를 실천하는 사람들, 특히 다른 이에게 자애로 보리심을 일으킨 대승 신봉자들이 모인 공동체인 승가에 대해 믿음을 갖게 된다. 마지막으로 해탈의 길을 궁극적으로 성취한 표상인 붓다 혹은 깨달음에 대해 믿음을 갖게 된다. 이 믿음은 맹목적 믿음이 아니라 참된 이해에 토대를 둔 믿음이다.[*]

— 제14대 달라이 라마, 뗀진 갸초(1935~)

---

[*] 2004년 캐나다 토론토에서 한 법문이다.

❖

귀의하기로 결심한 사람은 어떻게 보호를 받는가? 붓다가 몸소 그들을 찾아와서 좋은 곳으로 데려간다고 기대할 수 있는가? 실제로는, 깨달은 사람들이 깨닫지 못한 존재들의 손을 직접 잡아 윤회의 쳇바퀴에서 끄집어내 줄 수는 없다. 만약 그럴 수 있다면 깨달은 이들은 한량없는 연민을 지녔고 적절한 방법도 환히 아는데 왜 진작부터 고통받는 모든 이를 구해 주지 않았겠는가?

그렇다면 귀의한 사람들은 어떤 방식으로 보호를 받는가? 가르침의 실천을 통해 보호 받는다.[23]

― 파드마삼바바(7~9세기)가

자신의 수제자 예셰 초걀의 질문에 대해 한 답변

2. 이타적 자애와 연민 기르기

이타적 자애와 연민은 불교 수행의 핵심이다. 이는 '대승불교의 요체'로 여겨진다. 자애와 연민은 과거와 현재의 모든 붓다가 밟은 길이자, 미래의 모든 붓다가 밟을 길이기도 하다. 자애와 연민은 그 자체만으로 충분한 방법이다. 이 방법 없이는 아무것도 이룰 수 없다. 불교적 의미에서, 이타적 자애란 '모든 중생이 행복과 그 비결을 찾을 수 있기를 바라는 발원'이라 할 수 있다. 연민은 '모든 중생이 고통과 그 원인으로부터 해탈하기를 바라는 발원'이라 할 수 있다.

자애와 연민을 요약하면 모든 중생에 대한 조건 없는 보살핌이다. 조건이 없지만 특정 개개인에 대해 언제라도 표현될 수 있는 그런 보살핌이다. 이는 세상과 타인을 대하는 참된 존재 방식이다. 우리는 자애와 연민이 자기의 존재 전체에 스며들 때까지 이를 키워 간다. 자애와 연민의 의도는 남들의 모든 욕망이나 변덕을 아무 생각 없이 그대로 실현시켜 주는 것이 아니다. 해로운 목표를 추구하는 사람들의 성공을 바라는 것은 더더욱 아니다. 반대로 자애와 연민을 실천할 때는 각 상황의 상이한 요소들을 감안해야 한다. 예를 들면 이러이러한 사람의 안녕을 위해 하려는 일이 단기적으로나 장기적으로 어떤 결과를 낳을 것인지, 그런 행동이 소수의 존재들에게 영향을 미칠지 아니면 다수의 존재들에게 영향을 미칠지를 자문해 보아야 한다.

자애와 연민은 지혜의 빛으로 밝혀져야 한다. 지혜는 고통을 자아내는 당장의 원인과 궁극적 원인에 대한 이해에 바탕을 둔다. 고통이라고 하면, 단지 우리가 종종 남에게서 보거나 스스로 겪는 가시적 고통 – 질병, 전쟁, 기아, 부정, 빈곤 – 만을 말하는 것이 아니다. 그런 것들의 원인, 즉 마음의 독도 고통에 포함된다. 우리 마음이 혼란 – 증오, 집착, 질투, 교만 – 에 의해 계속 어두워져 있는 한, 고통은 온갖 모습으로 표현될 준비가 되어 있다.

불교는 이 마음의 독의 원천이 존재와 사물의 본성에 대한 무지(無知)라고 가르친다. 이 무지가 우리의 인식과 실상 사이에 깊은 간극을 만드는 것이다. 우리는 잠시 지나가는 것을 영원한 것으로 착각하고, 고통을 자아내는 원인에 불과한 것 – 부와 권력과 명성과 덧없는 쾌락에 대한 갈망 – 을 행복으로 착각한다. 사물은 우리에게 마치 본래 '마음에 드는' 것 혹은 본래 '불쾌한' 것인 듯 보이고, 사람들도 원래부터 '좋은' 사람이나 '나쁜' 사람인 것처럼 보인다. 대상을 인식하는 '나'라는 것도 그만큼이나 구체적이고 실제로 있는 것으로 보인다. 이러한 잘못된 이해가 집착과 혐오라는 강력한 반사 작용을 만들어 내며 보통 여기서 고통이 생겨나는 것이다.

고통이 피할 수 없는 현상이 아니며, 존재들의 불행을 끝내는 것이 가능한 일임을 이해할 때 자애와 연민은 배가된다. 붓다는 녹야원에서 첫 법문을 할 때 사성제를 설했다.

자애와 연민이 남의 공덕이나 성공을 보고 함께 기뻐하는 마음[횸]*과 합쳐지면 이것이 보리심, 즉 깨달은 마음의 토대가 된다. 보리심이란 불성을 체득하여 모든 존재가 고통과 그 원인에서 해방될 수 있기를 바라는 마음이다. 이 마음과 함께 갖추어야 할 것은 모든 존재를 고통에서 치유하기

---

* 불교에서 전하는 수행법 중 하나로 중생에게 일으키는 네 가지 마음을 사무량심(四無量心)이라고 한다. 자무량심(慈無量心), 비무량심(悲無量心), 희무량심(喜無量心), 사무량심(捨無量心)이 그것이다. 앞 글자를 따서 '자비희사'라고도 한다. 여기서 남의 공덕이나 성공을 보고 함께 기뻐하는 마음은 세 번째 희무량심을 뜻한다. - 옮긴이 주

위해 힘닿는 대로 어떤 일이든 하겠다는 결심이다. 그리고 일정 기간만이 아니라 세상에 존재들이 있고 그 존재들이 고통받는 한 내내 그렇게 하겠 다는 결심이다.

자애와 연민의 마음은 어떻게 계발하는가? 자애와 연민을 계발하는 첫걸음은, 누구든 마음속 깊은 곳에서는 행복을 바라고 고통을 두려워한 다는 사실 그리고 사람뿐만 아니라 짐승까지 모든 존재가 다 그러함을 인 식하는 일이다. 고통받지 않을 권리는 실생활에서는 종종 무시되지만 아 마도 모든 권리 중에 가장 기본적인 권리일 것이다.

불교의 연민은 이상적으로는 모든 고통을 끝내는 것을 목표로 한다. 그 고통의 성격이 어떤 것이든, 그 고통에 휘둘리는 존재들이 누구이든, 여하튼 고통을 끝내는 것이 목적이라는 이야기다. 불교의 연민은 어떤 도 덕적 판단에도 의거하지 않으며 타인의 행동 방식에도 의존하지 않는다. 그러므로 불교의 연민은 모든 존재를 두루 포용한다. 상대방이 친구이건 원수이건 낯선 사람이건, 이는 예외가 없다. 또 우리와 가까운 사람들이나 우리에게 호의적인 사람들에 국한되지 않는다.

❖

이타적 자애는 자신이 다른 모든 존재와 연결되어 있다는, 저절로 우러나는 느낌이다. 당신이 느끼는 것을 나도 느낀다. 내가 느끼는 것을 당신도 느낀다. 우리 사이엔 아무런 차이가 없다. [⋯] 연민 명상을 시작하니, 나의 고립감이 줄어들고 오히려 점점 내면의 힘이 솟아나는 것을 관찰할 수 있었다. 예전에는 오직 문젯거리만 보이던 곳에서 이제는 해법만 보이기 시작했다. 전에는 남들의 행복보다 내 행복이 더 중요하다고 생각했는데, 이제는 남들의 행복이 나의 내면적 평화의 토대임을 인식하기 시작했다.

— 용게이 밍규르 린포체(1975~)

❖

세상의 모든 행복은 남의 행복을 찾는 데서 온다.

세상의 모든 고통은 자기 행복만을 찾는 데서 온다.

이 이상 무슨 말이 필요하랴?

저 좋은 것만 찾아 행동하는 어린아이와

남 좋으라고 일하는 현자를

비교해 보면 알지니! […]

중생을 만족케 하는 것은 붓다들을 만족케 하는 것.

중생에게 상처를 주는 것은 붓다들에게 상처를 주는 것.[24]

– 샨띠데바(685~763)

✤

연민과 너그러운 마음에는 집착 없음이 함께해야 한다. 연민이나 너그러움을 보이고 그에 대해 어떤 보답을 기대하는 것은 상거래 행위와 비슷하다. 어느 식당 주인이 손님들을 보고 활짝 웃어 보인다면, 그건 손님들을 진정 사랑해서라기보다는 매출을 늘리고 싶기 때문이다. 또 사람들을 좋아하고 돕는 이유가 그중 누구누구가 마음에 들기 때문이어서는 안 된다. 우리가 친구로 여기는 사람이든 원수로 여기는 사람이든, 모든 이가 행복을 원하고 또 행복을 찾을 권리가 있기 때문에 우리는 남들을 사랑하고 돕는 것이다.*

— 제14대 달라이 라마, 뗀진 갸초(1935~)

---

* 1998년 독일 슈베네딩엔에서 한 법문이다.

❖

보리심은 왜 중요할까? 아집(我執)의 독을 바로 해독해 주는 것이 보리
심이기 때문이다. 고통의 악순환인 윤회의 쳇바퀴를 벗어나지 못하게
만드는 것이 아집이기 때문이다. 허깨비 같은 자아에 대한 근거 없는
믿음 때문에 우리는 우리 자신을 아끼고 사랑하며 남들은 내친다. 이
것이 결국 우리에게 고스란히 되돌아와 윤회 속에서 우리가 불행한 주
요 원인이 된다. 그러므로 끊임없이 자애와 연민에 대해 명상하며, 남
을 자신보다 더 사랑하게 될 때까지 그리해야 한다. 이것이 우리 수행
의 생생한 힘을 만드는 것이며, 이는 항상 생생한 힘으로 남아 있어야
한다.*

- 뇨슐 켄 린포체(1932~1999)

---

* 1987년 부탄 파로에서 한 법문이다.

❖

내 마음에서 바로 우러난 조언은 다음과 같다.

해가 있어야 하늘이 밝아지듯, 아이가 있어야 어머니 마음이 기뻐지듯, 날개가 있어야 새가 날아가듯, 공성(空性)을 깨닫는 것만으로는 부족하다. 공성을 체득하지 못한 모든 이 - 원수든 친구든 전혀 무관한 사람이든 - 에 대한 크나큰 연민이 함께해야 한다. 좋고 나쁜 것의 구분을 완전히 없애 버리는 이 연민이 마음속에 단단히 자리 잡게 하라.

또 이 연민이 꾸준한 수행의 결실이라는 것도 알아야 한다. 어느 날 갑자기 아무것도 없는 곳에서 연민이 저절로 솟아나기를 기대할 수는 없다.

이제 밤낮으로 연민 수행을 하라. 공을 체득하는 데 걸린 햇수만큼, 똑같은 기간 동안 연민 수행을 해야 한다. 그리하여 그대의 연민이 산 채로 불에 타는 자식을 눈앞에서 보는 어머니의 연민보다 더 강렬한 것이 되기를. 어느 누가 되었든 그가 고통받고 있다는 생각만 해도 가만히 있을 수 없는, 그런 강렬한 연민이 되기를.

그런 경지에 이르게 되면, 집중적으로 이렇게 생각하는 수행을 하라. "깨달음을 이룰 때까지 내가 할 수 있는 모든 것을 다해 모든 존재를 돕겠습니다. 단 하나도 예외 없이, 그들이 어떻게 행동하든 상관없이, 돕다가 어떤 난관에 부딪히든 상관없이!"

진정 연민을 내는 이는 깨달은 이
연민 없는 자는 죽음의 악마일지니.
연민을 내면, 다르마의 뿌리가 단단히 내린 것

연민 없이는 그 뿌리가 썩어 버린다.

연민 있는 이는 화가 나도 남을 보살피는 자세를 견지하나
연민 없는 이는 입으로는 웃으면서 살인도 할 수 있다.

연민 있는 이에겐 원수도 친구가 되고
연민 없는 이에겐 친구도 원수가 된다.

연민을 체험하는 이는 모든 가르침을 다 지닌 셈.
연민을 체험하지 못한 이는 어떤 가르침도 지니지 못한 것.
가슴에 연민을 지닌 이가 진정한 불자.

연민 없는 사람은 신심 없는 사람들만도 못하다.
공을 체득하고 명상하는 이라면 연민이 없을 수 없다.

왜냐하면 연민이 그 공성의 핵심이기 때문.
제 길을 바로 걸어 나가는 이는 마음이 넓을 수밖에 없다.

연민은 참된 불제자의 표시
연민은 모든 가르침의 핵심

크나큰 연민은 발원 중에 보석
크나큰 연민은 모든 희망을, 자신과 남들의 희망을 다 채워 준다.

그렇다면 그대들 모두, 종교를 믿건 믿지 않건

연민을 길러라, 그러면 깨달음에 이르리라!

이 게송을 듣는 사람들 마음에

일체중생에 대한 크나큰 자애심이 넘치고

일체중생이 온전히 행복할 수 있는 길에 매진하게 되기를![25]

– 샵까르(1781~1851)

❖

자애는 남의 행복을 원하는 것.

자식을 사랑하는 어머니처럼

우리는 자기 몸, 자기 재산, 자기 공덕

모든 걸 바쳐 남들을 도우며

그들이 우리에게 끼칠 수 있는 해악을 견디는 법을 배워야 하리.

연민은 내면의 힘,

남들이 고통받는 것을 그냥 넘기지 못하게 하고

고통과 그 원인에 꽉 잡혀 사는

육도 중생의 모습에 눈물짓게 하는 것이 연민.

환희심[喜]은 남의 완벽함을 보고 느끼는 즐거움에

모두의 행복을 바라는 마음이 더해진 것.

환희심은 사람들 각자가 스스로 지어 얻은 바에 기꺼워하는 것.

평정심[捨]은 이것만 좋다, 이것만 밉다, 그런 마음이 없는 것.

평정심 안에서는 성향도 편 가르는 마음도 평등해진다.

친구건 원수건 이도 저도 아닌 사람들이건

모두에게 똑같은 이타적 행동을 보이는 것.[26]

― 직메 링빠(1729~1798)

❖

아득히 먼 옛날부터 우리를 알뜰히 돌보아 준 여러 생의 모든 어머니를

윤회라는 고통 바닷속에 버려두는 것

그리고 열반의 평온을 자기 혼자만 얻으려고 애쓰는 것

이보다 더 비열한 일이 있으랴.

모든 이의 깨달음을 마음에 담고, 그대는 바른 길을 간다.

그대가 하는 모든 일, 심지어 무덤덤한 행위조차

공덕으로 바뀌며

그대는 해탈의 길에서 결코 우회하지 않으리.

- 셰첸 걀삽(1871~1926)

시작도 없이 아득한 윤회 속에서 우리가 살아온 무수한 생마다 우리에게는 반드시 부모가 있었다. 사실 우리는 하도 여러 번 태어나고 또 태어났기에, 이번 생에 접하는 모든 존재가 언젠가는 우리의 어머니나 아버지였을 수도 있다. 이 모든 존재, 즉 그토록 긴 세월 동안 마치 끝없는 들판을 방황하는 맹인처럼 윤회 속을 헤매는 현재의 부모나 과거 생의 부모들을 생각하면 그들에게 한없는 연민을 느끼지 않을 수 없다. 우리 마음이 집착에 묶여 있는 한 우리는 그들에게 음식, 의복, 돈 아니면 그저 애정을 주지만 그런 것들은 부모에게 기껏해야 일시적이고 제한적인 행복만 안겨 줄 뿐이다. 그들에게 정말 필요한 것은 고통에서 완전히 해탈하는 것이다. 그렇게 되도록 도울 수 있는 길은 다르마의 가르침을 실천하는 길밖에 없다.

진정한 연민은 모든 존재를 대상으로 한다. 친구냐 원수냐를 구분하지 않는다. 그러니 우리가 하는 선행 하나하나 – 꽃 한 송이 바치는 것, 진언 한번 외는 것 – 를 모든 존재가 편안하기를 발원하면서 해 보자.

과거의 위대한 진언들로 말하자면, 가장 소중한 가르침은 공성과 연민의 결합에 관한 가르침이었다. 그 진언들은 끊임없이 사무량심(四無量心)을 키워 준다. 사무량심은 타인들을 자발적으로 도울 수 있게 한다. 위대한 진언들은 가르침을 깊이 공부하는 것을 시작으로 명상을 통해 체득한 바를 내면에서 체험하게 한다. 그런 진언 수행은 그 진정성 때문에 널리 알려진 것이며, 그 진언들이 택한 길은 깨달음의 크나큰 지복으로 바로 이끌어 주는 길이다. […]

'남들을 행복하게 해 주겠다는 발원, 심지어 우리에게 악행을 하는 사람들까지도 행복하게 해 주고 싶다는 마음이 궁극적 행복의 원천이다'라는 말이 있다. 이를 실천할 수 있는 사람은 모든 존재를 향해 절로 우러나는 연민을 체험한다. […] 깨달음이라는 생각에 관해 자신의 가장 깊은 곳에서부터 명상해야 한다. 이 세상의 여러 일이 사람을 좌절시키는 부질없는 것임을 아는 것 그리고 그러한 특성을 뚜렷이 드러낼 때까지 그렇게 하는 것이 꼭 필요하다. 그때에 이르러서야 비로소 우리는 이 어두운 시대를 사는 중생의 고통스러운 조건에 대해 깊이 슬픈 마음을 내게 되며, 우리 마음속에 온 중생을 윤회에서 해탈시키겠다는 결심이 커 가는 것이다. 이러한 각성과 진정한 결심이 없으면 우리의 수행은 계속 취약한 상태를 면치 못할 것이며 수행의 진전은 불확실할 것이다. 그리고 우리는 대승의 목표를 이룰 수 없을 것이다. […]

모든 존재는 하나같이 행복해지고 싶어 하며 고통은 면하고 싶어 한다. 그들이 '나'와 다른 점은 숫자가 많다는 것뿐이다. 나는 하나인데, 그들은 셀 수 없이 많다. 그러니까 나의 괴로움과 즐거움은 남들의 행복과 불행에 비하면 아무것도 아니다. 이런 생각이 보리심의 토대이다. 우리는 우리 자신의 행복보다 남의 행복을 기원해야 한다. 특히 우리의 적들과 우리에게 잘못하는 사람들을 생각하며 그들이 행복하기를 발원해야 한다. 그렇게 하지 않는다면 연민이 무슨 소용 있겠는가?[27]

− 딜고 켄체 린포체(1910~1991)

❀

독수리는, 새의 왕이지만

한쪽 날개가 없다면 날 수 없다.

마찬가지로 공성을 깨달은 사람들 중에

모든 이의 안녕을 위해 깨달음에 이르겠다는

이타적 결심을 키워 가는 이들만이

양 날개를 달고 일체지(一切智)*를 향하여 날아갈 수 있다.[28]

― 제7대 달라이 라마, 켈상 갸초(1708~1757)

---

* 붓다의 지혜를 칭하는 말로, 모든 것의 안팎을 깨달은 상태를 뜻한다. – 옮긴이 주

❖

내가 버림받은 이들의 보호자, 길 가는 이들의 안내자가 될 수 있기를

저 언덕으로 건너가려는 이들에게 배가 되고 다리가 될 수 있기를

잠시 머물 곳이 필요한 이들에게 섬이 될 수 있기를

빛이 필요한 이들에게 등불이 되고

쉬고 싶은 이들에게 침대가 되고

대접받을 필요가 있는 이들에겐 대접하는 사람이 되고

마법의 돌이 되고, 큰 보석함이 되고

마술 주문이 되고, 두루 낫게 하는 약이 되고

소원 이뤄 주는 나무가 되고, 늘 젖이 펑펑 솟는 암소가 될 수 있기를!

무한한 우주 전체의 헤아릴 수 없이 많은 존재에게

숱한 도움을 주는 땅과 다른 원소들처럼

나도 수많은 방법으로 이 우주에 사는 존재들에게 쓸모 있기를

모든 중생이 고통에서 해탈할 때까지 항상 그러하기를.[29]

– 샨띠데바

❖

모든 존재를 명상 대상으로 삼고, 사무량심 – 자애[慈] 즉 일체중생이 행복했으면 하는 바람, 연민[悲] 즉 일체중생이 고통에서 벗어났으면 하는 바람, 남의 행복을 함께 기뻐함[喜], 모든 존재를 집착도 거부도 없이 평등하게 대하는 평정심[捨] – 의 실천에 전념하라.

헤아릴 수 없이 많은 모든 존재를 대상으로 하며 이 네 가지 태도로 쌓이는 공덕 또한 측량할 수 없기 때문에 '무량'이라고 한다.

먼저 연민에는 세 가지가 있다. 유정 중생(목숨을 갖고 살아 움직이는 존재)에 대한 연민, 현상에 대한 연민, 일체의 개념적 준거로부터 자유로운 연민이 그것이다. 나머지 세 항목인 자애, 함께 기뻐함, 평정심에 있어서도 마찬가지로 이렇게 세 가지가 있다.

첫 번째 연민은 불교를 믿고 실천하는 보통 사람들의 연민이다. 앞서 말했듯이 이는 목숨이 붙어 있고 움직이는 모든 중생이 고통에서 해방되기를 바라는 마음에 해당한다. 두 번째 연민은 '존재에는 나라고 할 만한 진짜 자아라는 것이 따로 없음'을 깨닫고, 결국 존재는 상호 의존하는 현상들이 합쳐져 이뤄진 것임을 터득한 이들의 연민이다. 세 번째 연민은 대승의 수승한 존재들이 지니는 연민으로 일체의 일반 개념을 초월한다. 존재와 사물들에 고유의 실체[自性]가 없음을 깨달았을 때 이러한 연민이 가능하다. 그리고 이러한 연민의 특징은 모든 중생이 고통에서 벗어나기를 바라는 마음인데, 이 마음은 공성 즉 이 존재들의 실존이 환과 같다는 깨달음에 연결되어 있다. [⋯]

사무량심 명상은 어떻게 해야 할까? 우선 존재들을 세 부류로 나누어 보라. 친한 사람들, 원수진 사람들, 친구도 원수도 아닌 사람들. 제일 먼저 친한 사람들부터 시작하라. 여기에는 부모, 가족, 가까운 사람들이 다 포함된다. '그들이 행복해졌으면' 하고 당신이 바라는, 그런 사람들. 그다음에는 당신과 친하지도 않고 그렇다고 적대적이지도 않은 사람들을 생각하라. 그리고 마지막으로 싫어하는 사람들을 생각하라. 당신이 소중하게 생각하는 이들이나 싫어하는 이들이나 양쪽에 똑같이 연민을 체험할 때, 이 수행은 정말로 나무랄 데 없는 수행이 될 것이다.[30]

— 깡규르 린포체(1897~1975)

❖

아들아,

마음의 청정한 본성에는

일체중생에 대한 누를 길 없는 연민이 새겨져 있다.

이 연민은 공성에서 저절로 샘솟아 나와

다시 공성으로 되돌아간다.

아들아,

열반의 모든 것도 윤회의 모든 것도 본래마음에서 나온다.

본래마음 그 안에는 그 어떤 원인이나 조건도 일찍이 본 사람이 없다.

잘 살펴보면 마음은 허공의 무지개처럼 드러난다.

공성과 연민은 하늘과 무지개 같다는 것을 알라.

아들아,

모든 것을 파도의 움직임처럼 보라.

파도는 깊은 바다의 표면에서 넘실댄다.

파도는 바다에서 생겨나고

바다에서 스러진다.

넘실대는 파도와 깊은 바다 사이에

구분이라고 할 만한 것이 전혀 없다.

공성에서 일어나는 연민도 이와 같으니,

환에 깊이 빠져 있는 존재들을 위해 저절로 일어난다.

연민은 공성에서 일어나

공성으로 되돌아간다.

— 아티샤(982~1054)

연민 계발하기

자애와 연민을 계발하기에 앞서 중요한 것은 자애와 연민이 무엇을 의미하는지 제대로 이해하는 일이다. 불교 전통에서는 남을 보살피는 선한 마음의 양면을 자애와 연민으로 본다. 자애는 모든 존재가 행복하기를 바라는 마음이며, 연민은 모든 존재가 고통에서 벗어나기를 바라는 마음이다.

　말뜻을 알고 나서 자신에게 물어보자. 분노, 증오, 질투 같은 감정이 비록 점점 줄어든다 할지라도 이런 감정을 지닌 채 자애와 연민을 계발하는 것이 가능한지를. 이 물음에 나는 망설임 없이 "그렇다"라고 대답하겠다. 비록 지금 당장은 여러분이 내 말에 동의하지 않는다 해도 이 가능성을 늘 열어 두기를 바란다. 우리 다 함께 몇 가지를 생각해 보면 아마 답을 찾을 수 있을 것이다.

　모든 행복과 불행은 두 가지 범주로 나눌 수 있다. 마음의 행불행과 몸의 행불행이다. 우리 중 대부분이 편안한지 불편한지를 가늠할 때 가장 결정적 역할을 하는 것이 마음이다. 이에 비해 육체적 조건이 우리의 편안함이나 불편함을 정하는 것은 부수적이다. 중병에 걸리거나 의식주가 모두 충족되지 않은 경우를 빼놓고는 말이다. 반면 마음은 정말 사소한 일에도 영향을 받을 수 있다. 그러므로 몸의 편안을 보장받는 쪽보다 마음을 편안하게 하는 쪽에 좀 더 노력을 기울이는 것은 당연한 일이다.

마음은 바꿀 수 있다

나의 체험에 한계가 있기는 하지만, 규칙적으로 훈련한다면 우리 자신과 타인에게 이로운 생각과 태도와 성향을 계발하고 해로운 생각과 태도와 성향을 줄임으로써 마음을 긍정적인 방향으로 전환하는 것은 분명 가능하다.

'마음'이라 부르는 것은 아주 흥미로운 현상이다. 때로는 전혀 바뀌지 않으려 고집을 부리고 딱딱하기 이를 데 없는 것이 마음이다. 하지만 우리가 마음을 전환하기 위해 꾸준히 노력하고, 깊은 생각을 통해 마음을 바꾸는 일이 가능하며 꼭 필요한 것임을 확신한다면 더없이 유연해질 수도 있다. 그렇게 되려면 발원이나 기도만으로는 부족하다. 경험에 근거한 이성이 개입해야 한다. 이러한 전환이 하루아침에 일어나기를 기대해서도 안 된다. 왜냐하면 우리의 해묵은 습관이 금방 호락호락 바뀌지 않고 저항하기 때문이다.

연민을 어떻게 계발하는가

정도의 차이는 있지만 우리 모두는 자기중심적이기에 쉽사리 남들에게 자애와 연민을 느끼지 못한다. 그런데 진정 행복하기 위해서는 평정한 마음을 지녀야 한다. 마음의 평정은 오직 이타적 자애심을 통해서만 자기 안에 자리 잡는다. 물론 자애를 계발하기 위해서는 자신이 쌓은 선행의 공덕을 믿거나 자애심의 아름다움에 스스로 도취하는 것만으로는 안 된다. 생각과 행동을 바꾸기 위해 노력해야 하고, 이를 위해서는 일상의 모든 상황을 활용해야 한다. 그리고 자애와 연민이라는 말의 정확한 의미도 알아야 한다. 보통 자애와 연민에는 집착과 욕망이 뒤섞여 있다. 예를 들어 부모가 자녀를 사랑하는 마음은 붓다가 말하는 조건 없는 사랑에 비하면 편향적이고 한계가 있다.

마찬가지로 사랑의 감정은 보통 참된 이타적 사랑보다는 정신적 투사와 망상에 토대를 둔 집착에 해당한다. 그것을 입증하는 가장 확실한 증거는 이런 정신적 투사가 달라지면 그 즉시 사랑이라는 감정도 사라지고 때로는 정반대인 미움의 감정으로 바뀐다는 것이다. 욕망이 너무도 강해서 우리가 집착하는 대상이 실제로는 흠결이 많은데도 우리 눈에는 전혀 흠 없는 존재로 비치기도 한다. 그래서 우리는 그 대상의 장점을 지나치게 부풀려 말하게 되는 것이다. 이처럼 실상이 왜곡되는 것을 보면 우리의 사랑이라는 것이 상대방을 정말 염려하는 마음보다는 개인적인 필요에 의해 촉발되는 것임을 알 수 있다.

편향 없는 사랑을 체험할 수도 있다. 그런 사랑은 단순히 정서적 반응에서 생겨나는 것이 아니라 깊은 생각에 토대를 두고 있으며 결연한 참여로 이어진다. 그런 사랑은 또한 남들이 우리를 어떻게 취급하는가에 좌우되지 않는다. 불교 수행자의 목표는 우주의 모든 존재가 행복하기를 진심으로 바라면서 이런 사랑을 계발하는 것이다. 이는 분명 쉬운 일이 아니다.

그러니 이렇게 생각해 보자. 남이 잘생겼든 못 생겼든, 착한 사람이든 못된 사람이든, 그들은 모두 우리처럼 민감한 존재들이다. 그리고 우리처럼 그들도 행복을 원하고 고통은 원치 않는다. 그들도 우리처럼 행복할 권리, 고통받지 않을 권리가 있다. 모든 존재가 행복을 바라고 행복할 권리가 있다는 점에서 평등하다는 사실을 인정하면 우리는 남들에게 공감을 느끼게 되고 그 공감이 우리와 그들의 거리를 좁혀 준다. 편향 없는 이타주의에 익숙해짐으로써 우리는 마침내 보편적 책임감을 느끼게 된다.

"우주의 모든 생명 있는 중생이 행복하기를 바라는 것은 비현실적이다"라고 말하는 사람들이 있다. 나도 안다. 그런 말을 하는 사람들의 생각은 이렇다. 자기와 직결된 사람들에서 시작해 반경을 조금씩 넓혀 가는 것이 효과적이지, 세상 모든 존재의 숫자는 무한한데 그들 모두를 생각한다는 것은 부질없는 짓이라는 이야기다.

다른 맥락에서 보면, 이런 반대는 일면 타당한 점도 있다. 그러나 일단 자비로운 보살핌의 마음을 모든 형태의 생명 지닌 존재에게 널리 확장하는 것이 우리의 목표이므로, 이 보편적 자애는 이미 그 자체로서 매우 강력하다. 그러니 꼭 세상의 존재 하나하나가 누구인지 파악해 자기를 그 각각과 동일시해야만 자애가 효력을 발하게 되는 것은 아니다.

시간을 두고 꾸준히 참을성을 갖고 이렇게 한다면, 우리는 이런 보편적 자애를 체험할 수 있게 된다. 물론 우리의 자기중심적인 생각 그리고 좀 더 깊이 들어가면 '나'라는 실체가 독립적으로 존재한다는 믿음이 이러한 보편적 자애의 체험을 한사코 방해할 것이다. 사실 조건 없는 사랑이란 '독립적인 나'라는 개념이 없어질 때만 가능하다. 하지만 그렇다고 지금 바로, 우리 나름의 수준에서 시작하지 못할 이유는 없다. 그렇게 시작해서 조금씩 나아가면 되는 것이다.

어디서부터 시작할 것인가?

우선 분노와 미움을 없애는 일부터 시작해야 한다. 분노와 증오는 이타적 사랑에 가장 큰 장애가 된다. 우리 모두 알고 있듯이, 지극히 강력한 이 감정들은 우리 마음을 온통 뒤흔들어 거꾸로 뒤집어 놓을 수 있다. 우리가 적절히 제어하지 않으면 분노와 증오는 우리의 전 존재를 독으로 오염시켜, 남들 모두를 사랑하는 행복을 맛보지 못하게 한다.

만약 당신이 분노를 부정적 감정으로 여기지 않는 편이라면, 그래서 몹시 화가 치미는 어떤 상황에서는 버럭 성을 내야만 마음이 놓이고 힘도 나는 것 같다면 그 순간 당신의 마음 상태가 어떠한지를 주의 깊게 살펴보라. 분노가 가져다주는 에너지는 맹목적 에너지다. 긍정적 효과이건 부정적 효과이건 분노가 결국 어떤 효과를 자아내는지를 당신은 확실히 알 수 없다. 사람이 화를 낼 때는 뇌의 이성적 부분에 대한 접근이 저절로 차단된다. 그러므로 분노의 에너지는 믿을 만한 에너지가 못 된다. 그리고 그것은 우리를 심상찮은 행동으로 이끌어 갈 수 있는데, 그런 행동들은 대개 극도로 파괴적이다.

분노의 에너지가 일정 강도에 이르면 우리는 그만 이성을 잃게 되고, 다른 사람뿐만 아니라 자신에게 해를 끼치는 행동을 할 수 있다.

힘든 상황을 잘 관리하기 위해 우리에겐 다행히도 분노의 에너지만큼이나 강력한 다른 에너지가 있다. 이 에너지는 분노 에너지와 달리 제어할 수 있는 에너지다. 왜냐하면 무엇보다 효과적인 해독제인 보살핌, 이성, 인내에 근원을 두고 있기 때문이다. 이런 덕목들은 도에 지나침이 없는 온건한 행동을 낳기에 사람들은 종종 이를 약함의 증거로 해석하곤 한다. 내가 보기에는 오히려 그와 반대로 온건함이야말로 진정한 내면적 힘이다. 연민은 물론 본성상 상냥하고 평온하지만 대단한 힘을 준다. 반면 인내심을 쉽게 잃는 사람은 불안정하며 자신에 대한 확신도 없다. 분노를 나오는 대로 표출시키는 것이야말로 그 사람이 약하다는 확실한 증거라고 생각한다.

어떤 갈등이 일어나면 겸손함을 유지하면서 공정한 해결책을 진심으로 찾도록 노력하라. 당신을 이용하려는 사람도 있을 것이고, 어느 편도 들지 않는 당신의 초연한 입장 때문에 공격적 반응이 나올 수도 있다. 그럴 때는 단호한 태도를 취하되, 그렇다고 연민을 놓아 버려서는 안 된다. 만약 당신의 입장을 부각시키기 위해 강력한 조치를 취해야 한다면 그렇게 하되, 분노나 악의를 품지 말고서 하라.

당신에게 맞서는 사람들이 당신을 해치는 것처럼 보여도 잘 생각해 보면 결국 그들은 누구보다 바로 자기 자신을 해치는 것이다. 상대에게 대드는 이기적, 본능적 행동을 하려는 반사 신경을 제어하려면 연민을 실천하고 남들이 내 행위의 결과로 고통받지 않도록 도와야 한다. 이 점을 유념하자. 만약 당신이 어떤 조치를 선택해 차분한 마음으로 그것을 실행하면 그 조치들의 효과는 더욱 크고 강력하고 상황에 적절할 것이다.

친구와 적

우리에게 이런 어려움을 겪게 한 사람, 그런 사람은 보통 우리의 친구가 아니라 적이다. 그러므로 우리가 진정 뭔가를 깨닫고 싶다면, 적에 해당하는 사람들을 이 세상에서 찾을 수 있는 최고의 스승으로 생각해야 한다. 자애와 연민을 기르는 데는 인내의 실천이 핵심이다. 그런데 만약 적이 없다면 이런 실천을 할 수 없다. 그러니까 적들은 우리의 감사를 받아 마땅한 존재다. 결국 우리 마음의 평화에 가장 크게 도움을 준 것은 그들이기 때문이다. 게다가 우리 자신이나 주변 사람들의 삶에서, 한때 적이었던 사람이 상황에 따라 친구가 되는 일은 흔히 볼 수 있다.

주변에 친구들만 가득했으면 하는 것은 당연한 바람이겠지만 공격성, 분노, 질투, 지나친 경쟁에서 우정이 싹트는 것 같지는 않다. 친구를 만드는 가장 좋은 방법은 남들에게 잘하는 것이다. 남들을 진심으로 챙기자. 남들이 잘 지내는지 관심을 갖고 남들을 돕고 남들에게 베풀자. 그래서 더 많은 친구를 만들고, 더 많은 웃음을 자아내자. 이런 태도로 살면 당신에게 어떤 일이 생길까? 당신에게 지지가 필요할 때 당신을 지지하는 사람이 많아진다. 반면 남의 행복을 등한시하면 결국 길게 볼 때 당신이 손해다.

나는 웃음을 좋아하지만, 웃음에도 여러 종류가 있다. 일부러 꾸며서 짓는 웃음, 비웃는 웃음, 외교적 웃음, 위선적 웃음 등. 이런 웃음을 보면 의심, 심지어 두려움까지 들지 않는가? 반면 진정한 웃음은 개운하고 산뜻한 느낌을 주며 그것이 바로 인간 본연의 모습이라고 나는 생각한다.

내면의 적을 굴복시키기

분노와 증오는 우리의 진짜 적이며 끈질긴 적이다. 우리가 굴복시키고 쳐부수어야 할 것은 때에 따라 만나는 우리의 적수들이 아니라 바로 이 분노와 증오다. 우리 마음을 잘 수행하여 분노와 증오의 해로운 힘을 약화시키지 않는 한, 이런 감정들은 계속 우리 마음을 혼란케 하며 내면의 평화를 얻으려는 우리 노력을 모두 무산시킬 터이다.

분노와 증오의 파괴적 잠재력을 없애려면, 이 두 감정의 뿌리가 남이야 어떻게 되건 자기 좋은 것을 찾겠다는 태도에 있음을 알아야 한다. 이러한 자기중심주의는 분노의 원천일 뿐만 아니라 우리가 겪는 모든 고통의 깊은 원인이기도 하다. 자기중심주의의 근거인 그릇된 인식 때문에 우리는 사물의 진정한 본성을 깨닫지 못한다. 그러므로 자애와 연민을 계발하고자 하는 사람은 내면의 적인 이 분노와 증오가 부질없는 것임을 잘 알고, 그 부질없는 점이 어떻게 하여 비뚤어진 결과를 만들어 내는지를 잘 알아야 한다.

그러려면 우선 자기 마음을 아는 법을 배워야 한다. 마음의 기능 연구에 깊은 주의를 기울이고 거의 과학적인 방식으로 그것을 관찰하면 우리가 인지하는 대상, 인지 방식, 인지 강도 등에 따라 다른 수많은 정신 상태를 발견하게 된다. 그다음에는 이 모든 정신 상태 중에서 우리에게 유용하고 이로운 것들, 고통과 난관의 원인이 되는 것들을 구분해야 한다. 그래서 전자는 나타나도록 북돋고, 후자는 없애는 방법을 찾아야 한다. 이러한 분석이 우리의 핵심 수행이 되어야 할 것이다.

불교 경전에 보면 해로운 생각의 숫자가 팔만 사천 가지라고 한다.

이 팔만 사천 가지 생각에 각각 해당하는 팔만 사천 가지 방법 혹은 해독법(解毒法)이라 할 만한 것이 있다. 붓다가 가르친 방법들이다. 그러니 우리 마음을 어지럽히는 모든 힘을 단번에 없앨 기적 같은 해법이 마술처럼 나타나기를 기대해서는 안 된다. 좋은 결과를 얻기 전에, 다양하고 수많은 방법을 오랫동안 적용시켜 볼 필요가 있고, 그렇게 할 때는 인내와 굳은 결심이 필요하다. 다르마의 길에서 첫발을 떼자마자 바로 깨달음에 이를 것이라고 기대하지 말라!

자애와 연민에 대한 불교의 가르침에는 종종 다음과 같은 구절들이 나온다. "자신의 안녕을 구하지 말고 먼저 남의 안녕을 생각하라." 이런 구절은 때로 두렵게 느껴질 수 있다. 그렇지만 이런 말을 그 맥락에 맞게 다시 잘 자리매김해야 한다. 타인의 고통에 진실하게 관여하는 법을 배우는 것이 수행의 목표이니, 그 맥락에 맞게 보아야 한다는 것이다.

남을 보살피려면 그 전에 먼저 자기 자신을 사랑할 수 있어야 한다. 자신을 사랑하는 마음은 개인적 부채감―우리가 우리 자신에 대해 느끼는 의무감―에 토대를 두는 것이 아니다. 본성상 우리 모두 행복을 원하고 고통을 원치 않는다는 그 사실에 토대를 둔다. 스스로를 따뜻하게 보살피는 이 마음을 받아들이고 나서야 비로소 그 자비로운 마음을 모든 다른 존재에게 널리 펼 수 있다.

평정심

진정한 연민이라면 반드시 보편적이며, 한편에 치우치지 않는다. 그러한 연민을 내려면 우선 모든 존재를 향한 평정심을 계발해야 한다. 불교의 가르침에 따르면 우리가 금생에서 친구나 친족으로 여기는 사람들은 전생에 우리의 가장 큰 원수였을 수도 있다고 한다. 우리가 지금 적으로 여기는 사람들도 마찬가지다. 비록 그들이 지금은 우리에게 큰 잘못을 해도 전생에는 바로 그들이 우리의 절친한 친구였을 수도, 심지어 우리의 어머니였을 수도 있다. 우리가 맺는 관계들은 변하기 쉽고 이랬다저랬다 하기 때문에 한 사람 한 사람이 때에 따라 친구도 적도 될 수 있다. 이를 깊이 생각해 보면 사물을 좀 더 치우침 없는 관점에서 볼 수 있게 된다.

　이러한 마음수행에는 어느 정도 초탈이 필요하다. 그런데 이 '초탈(집착 없음)'이라는 표현의 의미도 제대로 알아야 한다. 어떤 사람들은 불교의 초탈이 무관심과 동의어라고 생각한다. 그런데 이는 맞지 않다. 불교의 집착 없음이란 누구는 친구, 누구는 적, 이렇게 지레 정해 버리는 피상적 생각 그리고 거기서 생겨난 모든 감정과 거리를 두는 것일 뿐이다. 이러한 초탈은 실제로 남들에 대한 무관심과는 정반대되는 것이다. 왜냐하면 바로 이런 초탈, 집착 없음을 바탕으로 진정한 연민, 우리가 모든 존재를 대상으로 치우침 없이 느끼는 연민이 생겨나기 때문이다.[31]

— 제14대 달라이 라마, 뗸진 갸초

❖

고통의 연금술

지독한 고통은 일종의 깨어남을 촉발할 수 있다. 이 깨어남은 우리의 정신과 가슴을 남을 향해 활짝 열어 준다. 명상의 도움을 받아 마음속에서 남의 고통을 자신의 행복과 맞바꾸고 남들 대신 자신이 고통받기를 발원하는 수행을 하면 마음속에서 이런 유형의 체험을 불러일으킬 수 있다.

우선 마음속에서 모든 존재에 대해 강렬한 자애심을 일으키는 것부터 시작해 보라. 그러기 위해 먼저 당신에게 아주 잘해 준 사람을 떠올려 보라. 예를 들면 어머니의 선한 성품을 생각하라. 어머니는 임신 기간과 출산의 불편과 고통을 참으며 당신을 세상에 내보내 주었다. 그리고 당신이 자라날 동안 아무리 힘든 일도 마다 않고 보살펴 주었다. 자신의 행복보다 자식의 행복이 중요했기에 자식을 위해 모든 것을 희생할 준비가 되어 있었다.

이제 어머니가 눈앞에서 끔찍한 고통을 겪고 있다고 상상하면서 한량없는 연민을 느껴 보자. 누군가가 어머니를 땅바닥에 질질 끌고 다니고 고문하며 활활 타는 불속에 던져 넣는다고 상상해 보자. 어머니가 순교자처럼 고통받는다고 생각해 보자. 아니면 몇 주 동안 아무것도 못 먹어 뼈와 가죽만 남은 상태로 당신에게 한 손을 내밀며 "애야, 먹을 것 좀 다오"라고 애걸한다고 생각해 보자.

또 어머니가 암사슴의 몸을 받아 태어나 당신이 기르는 사냥개들과 사냥꾼에 쫓기고 있다고 상상해 보자. 막다른 골목에 몰려 공포에 질린 사슴은 절벽에서 몸을 던져 다리가 부러진다. 사냥꾼들이 죽어 가는 그 사슴을 찾아내어 칼로 찔러 죽인다고 상상해 보자.

　계속해서 다른 고통스러운 상황들을 상상해 보고 어머니가(아니면 당신이 명상의 대상으로 선택한 다른 사람이) 그 상황에 직면해 있다고 상상해 보자. 마음속 깊은 곳에서 그가 당하는 고통을 느껴 보자. 절실히 느껴 마음이 한없는 연민으로 가득 찰 때까지 그렇게 해 보자. 연민이 가득 차면 그 연민을 모든 존재에게 확산해 보자. 모든 존재는 똑같이 사랑을 받을 권리가 있으며 불행에서 놓여날 권리가 있다는 것을 생각하자. 이 존재들의 숫자에 당신이 원수나 장애로 여기는 사람들도 포함시켜 보자. 그들 모두의 모습을 그려 보자. 그들이 무수한 군중이 되어 모여 있다고 생각하고, 끝없는 윤회의 굴레 속에서 숱한 방법으로 고통받는 모습을 떠올려 보자.

　상상할 수 있는 고통의 모든 형태를 당신 마음속에 뚜렷이 그려야 한다. 늙고 병든 사람들, 끔찍한 고통을 받는 사람들 혹은 먹을 것이 거의 없는 가난한 사람들을 상상해 보자. 배고픔과 목마름에 시달리는 사람들, 자신의 강박관념의 노예가 되어 꼼짝 못 하고 고통받다 못해 억누를 길 없는 탐욕과 증오로 불안 장애까지 겪는 사람들.

　이 모든 존재에게 무한한 연민을 느낀다면, '맞바꿈'이라는 수행으로 넘어가 보자. 할 수 있다면, 눈앞에 고통받는 사람들의 모습을 떠올리고 그다음엔 허파에서 공기를 내보내면서 동시에 고통받는 그들에게 당신의 행복, 생명력, 행운, 건강, 요컨대 당신이 지닌 소중한 것 모두를 하얗고 신선하고 반짝이는 감로수의 형태로 보내 주라. 그러면서 동시에 고통받는 존재들이 당신이 아낌없이 내어 주는 이 감로수를 받아 마시기를 기도하라. 그들이 그 감로수를 마지막 한 방울까지 남김없이 마시고 그 효과로 모든 고통이 끝나고 모든 바람이 채워진다고 생각해 보자. 만약 그들이 생명을 위협받고 있었다면 이제 목숨은 연장되었다. 만약 가난했다면 이제 부족했던 것을 다 갖게 되었다. 병들었다면 이제는 치유되었다. 불행했다면 이제부터는 아주 안락함을 느낀다.

숨을 들이마실 때, 거무스름한 덩어리의 형태로 모든 존재의 병(病), 그들이 덮어 썼던 너울, 그들의 마음의 독, 이 모든 것을 빨아들인다고 생각하라. 이러한 맞바꿈으로 고통받던 이들이 편안해지고 그 고통이 마치 바람이 안개를 몰아오듯 당신에게 온다고 생각해 보라. 이 모든 고통을 당신이 받아들일 때, 공 체험에 합일하는 크나큰 환희심을 느끼도록 당신 자신을 내맡겨 보라.

이러한 수행을 여러 차례 거듭하여 그것이 제2의 본성이 될 정도까지 되풀이하라. 존재들이 당신의 도움을 필요로 한다는 것을 결코 의심치 말고, 그들에게 할 만큼 해 주었다는 생각은 절대로 하지 말라.

이 수행은 언제 어디서든 할 수 있다. 몸이 아파도 할 수 있다. 격식을 갖춘 명상 시간을 가진 다음에 이 수행을 하고, 일상생활에서 모든 활동을 하면서 이를 마음수행에 끼워 넣으면 매우 유익하다.

때로는 숨을 내쉴 때 당신의 심장이 빛나는 구(球)이며 거기서 하얀 빛줄기가 방사되어 당신의 행복을 온 우주 사방팔방의 모든 존재에게 전해 준다고 상상할 수 있다. 다시 숨을 들이쉴 때는, 모든 존재의 정신적 혼란과 고통을 검고 빽빽한 구름 모양으로 당신이 가져온다고 생각하라. 그 검은 구름이 당신 심장 속으로 스며들어 하얀 빛 속에 녹아 버리며 아무 자취도 남기지 않는다고 생각하라. 고통스럽고 힘든 사람들이 모두 그로 인해 편안해진다고 생각하라.

때로는 당신의 몸이 무수히 많은 모습을 띤 몸들로 늘어나 우주 곳곳으로 가서, 만나는 모든 존재의 고통을 받아내고 그들에게 행복을 준다고 상상하라.

또한 당신이 추위에 떠는 사람에겐 옷이 되고, 굶주린 사람에겐 음식이 되고, 잘 곳 없는 사람에겐 쉼터가 된다고 상상하라. 당신이 '모든 소원을 이루어 주는 보석'이 된다고 상상해 보라. 당신의 몸보다 조금 더 크고 멋진 사파이어 색깔로 파랗게 빛나는 그 보석이 승리의 깃발 꼭대기에 있어서 누구든 소원을 말하거나 기도를 하는 사람에게 필요한 것을 자연스럽게 채워 준다고 생각해 보라.

또 우리 불행의 원인이 되는 부정적 감정의 폭력을 당신이 받아 안으라. 우선 당신이 남들을 더 잘 도울 수 있도록 그런 감정들을 자신 안에서 무찌른다고 생각하라. 그런 감정 중 아무것이나, 예를 들면 탐욕을 생각해 보자. 탐하는 마음은 당신이 마음에 든다거나 필요하다고 느끼는 어떤 대상, 사람 혹은 물건에 대한 단순한 끌림에서 시작하여 충동적 집착까지 갈 수 있다. 이어 당신이 좋아하지 않거나 원수로 생각하는 사람을 떠올려 보라. 그리고 그의 모든 욕망이 당신의 욕망에 더해진다고 상상하라. 그에게 커다란 연민을 느끼고, 그 연민을 모든 존재에게 확산시키면서 당신이 그들의 모든 욕망을 책임진다고 생각해 보라. "이리하여 모든 존재가 욕망에서 놓여나고 깨달음에 이르게 되기를!" 이렇게 발원하라. 또 당신은 분노, 오만, 갈망, 혼침(昏沈), 그 밖에 마음을 어지럽히고 어둡게 하는 모든 정신 상태에 대해서도 이 명상을 할 수 있다.

절대적 진리의 관점에서 감정들을 다루는 법을 배우려면, 당신 안에 욕망을 일으키고 마음속으로 거기에 모든 존재의 욕망을 추가하라. 그 다음에 시선을 당신 내면으로 돌리고 그 욕망을 분석하라. 욕망에 그 자체로서의 실체가 없음을 알게 될 것이다. 마음속에 쌓아 올린 욕망의 산더미를 관찰하라. 그리고 그것이 실상은 텅 빈, 오직 생각들이 첩첩이 쌓인 더미일 뿐임을 확인해 보라. 허공이 텅 비어 실체가 없듯이, 마음도 본래 그러하다.

이 수행을 오래해도 익숙해지지 않는다면, 직접 고통과 맞닥뜨렸을 때 이를 실천하기 어렵다. 그러나 습관이 되면 점점 더 이 수행을 어렵지 않게 할 수 있게 되어 아주 힘든 상황에서도 쉽사리 할 수 있다. 왜냐하면 일단 익숙해졌을 때는 여러 일이 우리 눈에 전혀 다른 모습으로 비치기 때문이다.[32]

― 딜고 켄체 린포체

연민을 체화하기

걜세 톡메가 열여섯 살이던 어느 날, 그가 수행하던 사찰의 은사 스님이 중요한 심부름을 시켰다. 그 심부름을 하려면 그날 당장 사꺄라는 곳에 갔다가 다음 날 돌아와야만 했다. 소년 톡메는 길을 떠나 인적 없는 들판을 걸어가다가 암캐 한 마리가 굶주리다 못해 제 새끼들을 잡아먹으려 하는 것을 보게 되었다. 그 모양을 보니 한없이 안됐다는 마음과 개에게 도움을 주고 싶다는 생각이 들었다. 그는 곧바로 가던 길을 돌이켜 절로 돌아가서 그 개와 강아지들을 절에 두고 돌아오기로 마음먹었다. 돌아갔다 오느라 낭비한 시간을 밤새도록 걸어 만회하더라도 어쨌든 심부름을 마치기만 하면 되지 않겠는가 하는 생각이었다. 개와 강아지들을 등에 업고 길을 가자니 너무도 힘들었다. 그래도 그는 오던 길을 되짚어 걸어가 절에 도착하자마자 짐승들을 두고 다시 길을 떠나려 했다. 그런데 너무도 힘이 들어 물이라도 좀 마시고 갔으면 하던 차에 심부름 보낸 바로 그 스님과 마주쳤다. 스님은 절에 있는 그를 보고 깜짝 놀라 불렀다.

"아니! 너 아직도 출발도 안 하고 절에 있단 말이냐?"

톡메는 자초지종을 이야기했다가 호된 꾸지람을 들었다.

"내가 시킨 일이 얼마나 중요한데, 개들이 불쌍하다 하여 도로 돌아와 여기 있다니!"

톡메는 목이 말랐지만 물 한 모금 마시지 못한 채 그 길로 당장 출발했다. 밤새도록 걸어서 아침 일찍 사꺄에 닿아 심부름을 하고 다음 날 밤이 되기 직전에야 절로 돌아왔다.

그가 벌써 돌아온 것을 보고 스님은 깜짝 놀랐다. 아까 나무라서 미안하다고 말하고 이 말을 덧붙였다.

"너 정말 놀라운 아이로구나!"

어느 날, 그 사찰에 사는 모든 수행승이 최바르로 가고 없을 때였다. 스무 살이던 걀세 톡메는 사찰 일주문 앞에 몸을 제대로 쓰지 못하는 여인이 훌쩍이는 모습을 보았다. 왜 그리 슬피 우느냐고 물었더니, 스님들이 떠나 버려 그런다고 했다. 스님들이 다 가 버리니 지나치면서 적선해 줄 사람이 아무도 없고, 의지할 데 하나 없는 신세가 되었다는 것이다. 걀세 톡메는 여인을 달래 안심시키고 이따가 다시 오겠다고 약속했다.

그는 소지품을 최바르로 갖고 갔다가 거기서 잠시 쉬고는 끈 한 도막을 들고 도로 길을 떠났다. 멀리서 도반들이 그를 부르며 어디 가느냐고 물었다. 걀세 톡메는 몸이 불편한 여인을 데리러 간다고 설명했지만 아무도 그 말을 믿지 않았다. 절로 돌아온 그는, 여인도 업고 자기 짐도 진 채 먼 길을 걸어갈 수는 없다는 것을 깨달았다. 그러자 그는 여인을 업고 어느 정도 걸어가서 내려놓고 되돌아와 자기 이불과 옷을 싼 보따리를 들고 다시 여인을 둔 자리까지 가는 일을 되풀이했다. 이런 식으로 최바르까지 갔다. 그의 도반들은 너무나 감탄하면서, 아까는 그가 땔나무를 하러 가는 줄 알았다고 털어놓았다.

또 한번은 톡메가 서른 살이었을 때의 일이다. 그의 거처 문 앞에 병

들고 이[虱]투성이인 마을 사람이 쭈그려 앉아 있었다. 톡메는 자기 먹을 음식을 그 사람에게 갖다 주었다. 자기의 행동을 남들이 알아차리지 못하게 하려고 밤이 되기를 기다려 그렇게 한 것이었다. 그러던 어느 날 밤 그가 사라진 것을 알게 되었다. 그는 밤새도록 그를 찾다가 마침내 새벽에 찾아냈다. 왜 떠났느냐고 물으니 걸인이 대답했다.

"어떤 스님들이 제 꼴이 너무 역겹다며, 제 앞으로 지나가며 도저히 눈 뜨고 봐 줄 수 없다고 발로 차서 내쫓았습니다."

이 말에 걜세 톡메는 연민이 가득하여 눈물을 뚝뚝 흘렸다. 그날 밤, 그는 그 걸인을 자기 방으로 데려가서 먹을 것과 마실 것을 잔뜩 주고 자신의 승복을 입히고 그가 걸쳤던 누더기를 벗겨 자기가 입었다. 걸인의 몸에 있던 이가 옮겨 와 피를 빨아먹어도 아랑곳하지 않았다. 얼마 안 있어 그는 나병이나 다른 중병에 걸린 것 같은 몰골이 되고 말았다. 몸이 차츰 약해지더니 급기야 너무도 쇠약해져서 가르치는 일을 중단해야만 했다. 이를 알고 걱정된 도반들과 제자들이 찾아와서 금방 상황을 파악했다. 어떤 이는 그를 나무랐다.

"예전처럼 여법한 수행자답게 행동하지 않으니 어찌된 일입니까?"

또 어떤 이들은 경전을 인용했다.

"그대의 연민이 온전히 순수한 것이 아니라면, 이에게 그대의 몸을 내어 주지 마시오!"

어떤 사람들은 간절히 부탁했다.

"자네와 우리의 안녕을 위해서라도, 그런 행동 좀 그만하게! 자네 몸에 득실대는 이나 좀 없애라고!"

그는 이렇게 대답했다.

"제가 아득히 오랜 세월 동안 수없이 윤회하면서 수많은 사람으로 몸을 받아 태어나 살았지만, 매번 아무 쓸모없는 삶이었습니다. 이제야 드디어 뭔가 도움 되는 일을 하고 있습니다. 그러니 제 몸에 득실대는 이들도 잡지 않으렵니다. 오늘 당장 이 때문에 제가 죽는다 하더라도……."

걀세 톡메는 17일 동안 계속 이에게 자기 몸을 보시했다. 몸에 달라붙은 이들이 저절로 하나둘씩 죽고 나서야 비로소 그는 이의 등쌀에서 놓여났다. 그는 죽은 이들을 위해 수많은 진언을 염송해 주고 이들을 모아 차차*를 만들어 주었다. 보는 사람마다 그의 선하고 순수한 마음에 감탄했고, 곳곳마다 그를 '걀세 첸포'라 불렀다. 이는 '대보살(大菩薩)'이라는 뜻이다.

그는 연민이 어찌나 컸던지 사람의 마음뿐만 아니라 짐승의 마음까지도 바꿀 수 있었다. 그와 함께 있으면 늑대들은 포악한 본성을 잊었고, 양들은 두려움을 잊었다. 걀세 톡메가 설법할 때는 심지어 늑대와 양이 함께 섞여 놀기까지 했고, 그들은 마치 그의 설법을 주의 깊게 듣는다는 듯이 그의 곁에 머물렀다.

또 한번은 몸의 미묘한 에너지와 그 통로에 대해 깊이 명상하던 한 은거 수행자가 장애를 만나 잠시 마음의 평정을 잃었다. 그래서 홀딱

---

*　탑 모양의 작은 무덤. 붓다의 깨달은 마음을 상징한다. 점토나 그 밖의 재료로 만드는데 그 안에 성스러운 유골을 넣거나 아니면 이 이야기에 나오는 것처럼 죽은 사람이나 짐승의 뼈 또는 재를 넣기도 한다. 그러면서 죽은 자들이 윤회의 굴레에서 인간보다 낮은 곳에 몸을 받아 태어나는 일을 면하게 되기를, 그들이 언젠가 성불하기를 기도한다.

벗은 맨몸으로 냅다 뛰기 시작했고, 그러다 마침내는 야생 염소 한 마리가 그의 주변을 빙빙 돌며 뿔로 받으려 했다. 위험에 부딪힌 수행자는 그제야 제정신이 들어 무슨 일이 일어났는지 알아차렸다. 사람들이 걀세 톡메에게 가서 이 일을 고하니, 그는 재미있다는 듯한 말투로 이렇게 말했다. "그 염소 말이야, 내로라하는 명상 수행자들의 장애 제거 전문가라네."

걀세 톡메가 병에 걸려 앓게 되니 그 염소도 고통받는 듯한 징후를 여러모로 보였다. 그러다 걀세 톡메가 세상 떠난 지 사흘 뒤, 돌연 그가 수행하던 토굴 아래쪽에서 숨을 거두었다. 톡메는 참으로 평온하고 선하고 자신을 잘 제어하는 사람인지라 그 곁에 살던 사람들은 모두 자연스레 세속 일에 집착하지 않게 되었다.

생애 마지막 몇 달 동안 그는 우선 외면적인 병의 징후들을 드러내 보였다. 이는 제자들이 슬픔 때문에 태만해지지 않고 바짝 정신 차려 수행하도록 자극할 뿐만 아니라 병이 수행에 얼마나 유용할 수 있는지 보여 주기 위해서였다. 그는 어떤 치료법으로도 자신이 낫지 못할 것이라고 설명했다. 그러한 후에도 주위 사람들의 마음을 편하게 해 주려고 그들이 권하는 대로 몇 가지 약을 받아먹고, 사람들에게 자신을 위한 기도나 의식을 해도 좋다고 했다.

사람들이 그에게 수명을 연장할 방도가 있느냐고 물으니, 그가 대답했다.

"내 병이 중생에게 이로운 것이라면, 이 병이 축복처럼 고스란히 내 몫이 될 수 있기를! 만약 내 건강이 중생에게 이로운 것이라면, 건강이 축복처럼 고스란히 내 몫이 될 수 있기를! 이것이 삼보에 바치는 나의 기도라오. 내게 일어나는 모든 일이 삼보의 축복이라는 깊은 확신이 있기 때문이지. 그러니 일어나는 일을 조금도 바꾸려 하지 않고, 있는 그대로 나의 길에 수용하려 한다오."

가까운 제자들이 병이 낫는 데 도움 될 만한 의학적 치료나 다른 가능한 묘책을 잘 생각해 보시라고 간청했지만 그는 이렇게 대답했다.

"이제 내 수명의 한계에 이르렀고, 내 병은 위중하다네. 아무리 유능한 의사나 신들의 영약처럼 용한 약이 있다 해도 어쩔 수가 없어." 그는 이런 게송을 덧붙였다.

내가 내 몸이라 믿는 허깨비 같은 이 몸, 병들었으니
그래, 그 병을 앓을 수밖에!
이 병 덕분에 지난날 내가 저지른 행위의 악업이 다 소멸되며
업을 다 씻고서 내가 성취할 수 있는 수승한 정신적 활동들은
내가 두 개의 너울*을 정화하는 데 도움되리라.

만약 아픈 데 없이 건강하다면, 나는 행복하다.
건강한 심신으로
더욱 깊이 수행할 수 있으며
몸과 말과 마음을 선한 쪽으로 돌려
인간 몸 받아 사는 이 삶에 온전한 의미를 부여할 수 있으니.

---

* 부정적 감정의 장애와 인지적 장애를 말한다.

가난하고, 그래서 움켜쥐고 지킬 것이라곤 없지만
나는 행복하다.
다툼과 적의는 진정 탐욕과 집착이라는 씨앗에서
싹트고 자라나는 것.

부유하면, 나는 행복하다.
내 가진 것으로 좀 더 선한 일을 많이 할 수 있으니
그런 긍정적 행위를 하면
일시적, 궁극적 행복이 생긴다.

내가 당장 죽는다 해도 아무 문제 없어
왜냐하면 내가 지은 얼마간의 공덕의 힘으로
장애가 나타나기 전에
오류 없이 수행 길에 들어갈 희망이 있으니.

만약 내가 오래 산다면 행복하리라.
자비롭고 따스한 가르침의 비를 흠뻑 맞고
내 안에서 오래오래
내면 체험의 결실을 성숙시킬 수 있으리니.

이처럼 어떤 일이 생겨도 나는 행복하다네.

이와 같이 읊고 말했다.

"이것이 내가 너희들에게 가르친 바의 핵심이다. 나 스스로 이를 실천해야 한다. 내가 읊은 게송은 우리가 '병'이라고 부르는 것에 결국 아무 실체도 없음을 말해 준다. 허깨비 같은 현상들이 펼쳐지는 와중에 병이란 우리의 부정적 행위가 만들어 낸 피치 못할 결과일 뿐이다.

　병은 생사윤회의 핵심을 보여 주며, 현상이 아무리 명백한 듯해도 실체 없는 환상일 뿐임을 보여 주는 스승이다. 병은 우리에게 참을성 – 우리 자신의 고통에 대한 인내심 – 과 연민 – 타인의 고통을 가엾게 여기는 마음 – 을 키울 기회를 제공한다. 이렇게 병에 걸린 상황은 우리가 제대로 수행을 하고 있는지를 시험해 볼 기회이다. 만약 내가 죽는다면 지금 나를 갉아먹는 병의 고통에서 놓여날 것이다. 내게 미완성의 과업은 없지만, 무엇보다도 수행의 완벽한 결론으로 죽음이 찾아오는 경우가 얼마나 드문지를 나는 헤아려 알 수 있다. 그래서 치유에 희망을 전혀 두지 않는 것이다. 내가 죽기 전에 합당한 의식을 하든지 말든지 그것은 너희들이 알아서 해라."[33]

– 걀세 톡메(1295~1369)의 전기에서 발췌한 몇몇 일화

3. 육바라밀 실천하기

모든 이의 행복을 위해 깨달음을 얻겠다는 이타적 발원을 여행하고 싶은 마음에 비유해 보자. 여행 자체는 육바라밀, 즉 보시(布施), 지계(持戒), 인욕(忍辱), 정진(精進), 선정(禪定), 지혜(智慧)의 실천 행위에 해당한다. 이 여섯 가지 미덕을 실천하면 복덕과 지혜를 완벽히 증득할 수 있다. 어떤 행위의 세 축- 주체, 객체, 행위-이 실체가 없이 공하다는 것을 이해할 때에만 비로소 이 여섯 가지 미덕, 즉 육바라밀은 '초월적'이라 불릴 수 있다. 즉 앞의 다섯 가지 덕목들은 여섯 번째 덕목, 즉 지혜(다른 곳에서는 이를 '앎'이라 불렀다)가 배어 있어야만 진정 초월적 미덕이 된다.

예를 들어 초월적 보시는 단순한 베풂이 아니라 사람이 '나' 그리고 '내 것'이라는 관념에서 벗어났다는 사실을 자연스럽게 표현한 것이다. 이렇게 될 때 보시는 궁핍한 존재들의 당면한 고통을 달래 주는 기능 그리고 보시를 실천하는 사람의 깨달음에 도움이 되는 기능 두 가지를 다 하게 된다. 이런 깨달음이야말로 고통의 궁극적 치유제이다.

❖

흠 없이 순수한 견해를 든든한 몸으로 갖추고
산만함 없이 오롯이 순수한 명상을 팔다리로 갖추고
더없이 순수한 행동을 청옥빛 갈기로 갖추고
설산의 사자 같은 명상자의 모습은 이러하여라.

중생을 이롭게 하는 심오한 성취를 갑옷으로 갖춰 입고
지혜와 복덕을 고루 쌓은 말에 올라타 용기의 격려를 받으며
마음의 삼독(三毒)*을 쳐부수는 지혜의 보검을 들고
전쟁터에 나선 영웅과 같은 명상자의 모습은 이러하여라.

흠결 없는 세 가지 계율**의 소중한 보물을 풍성히 지닌 사람
중생에게 재물 보시와 무외시***를 넉넉히 하는 사람
법 보시의 힘을 빌려 중생을 해탈의 길로 이끄는 사람
중생을 두루 이롭게 하는 명상자의 모습은 이러하여라.

수승한 명상자의 세 부류를 이렇게 적어 보았노라.

― 사꺄 빤디따(1182~1251)

---

* 　욕심(탐욕)과 성냄 그리고 어리석음을 세 가지 독에 비유한 것이다. ― 옮긴이 주
** 　첫째, 악을 행하지 말 것. 둘째, 할 수 있는 모든 선을 행할 것. 셋째, 중생을 구제할 것을 뜻한다.
*** 두려움이 없도록 마음으로 베풀어 주는 것이다. ― 옮긴이 주

❖

일체의 기대를 하지 않는 너그러운 마음은

씨 뿌리는 자가 지닌 믿음에 비할 수 있다.

자라날 만한 것은 모두 자라나고

소실되는 것은 아무것도 없으리니

그대가 지닌 재주의 정수를 이렇게 뽑아내라.

내 마음에서 나오는 조언이 이것이다.

세 가지 계율은 마치 영웅의 보검과 같아

돌고 도는 윤회의 고리를 끊는다.

불건전한 감정들로 어두워지는 윤회의 수레바퀴에서

깨어 있으라, 조심스럽고 신중하게.

내 마음이 해 주는 조언이 이것이다.

인내는 견고한 갑옷과 같다.

분노도 뚫지 못하는 그 갑옷으로 무장하면

여러 미덕이 증장한다.

인내에 힘입어 붓다의 표징을 증득하라.

내 마음이 해 주는 조언이 이것이다.

기꺼운 세 가지 정진*은 마치 훌륭한 말을

---

* 기꺼운 정진(혹은 불방일[不放逸])의 세 가지 형태. 하나, 모든 역경에 맞서는 갑옷 같은 정진. 둘, 끝까지

더욱 분발케 하는 박차와 같다.

그런 정진을 한다면

수승한 다르마가 그대를 윤회의 고리에서 속히 해탈시키리라.

궁극의 목표에 이르려면 더없이 높은 이 방법을 적용하라.

내 마음이 해 주는 조언이 이것이다.

차분한 집중은 넓고 넓은 궁전 같아서

그 안에 평온히 자리 잡으면, 그대는 조건 지어진 이 생에서 쉬게 된다.

주의를 분산시키지 말고 깊은 집중을 연마하라.

내 마음이 해 주는 조언이 이것이다.

지혜는 흠결 없는 눈[眼]과 같아서

그 안목이 모든 현상을 혼동 없이 꿰뚫는다.

해탈의 길에서 타오르는 이 횃불을 잘 지키라.

내 마음이 해 주는 조언이 이것이다.

– 디궁 된둡 최걜(1668~1718)

깨달음의 길을 갈 수 있게 하는 행위로 나타난 정진. 셋, 이미 성취한 것에 결코 만족하지 않고 자신이 한 서원을 경시하거나 흐지부지하지 않는 지칠 줄 모르는 정진을 뜻한다.

❖

자애와 연민으로 행한 긍정적 행위

이는 중생의 행복을 위한 것이기에 보시이다.

이기적 욕심이 들어 있지 않기에 지계이고

지칠 줄 모르고 남의 행복을 도모하기에 인욕이다.

열성으로 행하기에 정진*이요,

중생의 안녕에 초점을 맞추고 있기에 집중[定]이며

실상에 집착 않기에 참된 앎이다.

이러한 행위는 초월적 미덕과 결코 분리되지 않는다.[34]

— 직메 링빠(1729~1798)

---

* 샨띠데바는 불방일을 '선을 행하려는 열성'이라고 정의했다. 여기서는 육바라밀 중 네 번째 항목인 '정진'
으로 번역했다. - 옮긴이 주

❖

진언 중에 이런 것이 있다.

"베푼 바가 없으면 성취도 없다. 모래를 꾹꾹 눌러 다진다고 해서 버터를 얻을 수는 없다."

공덕의 힘을 쌓지도 않고 성취를 바란다면 그것은 마치 모래를 꾹꾹 다져 누르며 거기서 기름을 짜내겠다는 것이나 마찬가지다. 모래알 수백만 개로 그렇게 해도 기름은 백 분의 일 방울도 나오지 않을 것이다. 반면 마음의 증득에 이르고자 수많은 공덕을 쌓는 일은 참기름을 짜내려고 참깨를 누르는 일과 같다. 누른 양만큼 참기름을 얻게 될 것이다. 손톱으로 참깨 단 한 톨을 으깨도 미세한 기름이 나와서 손톱을 적실 것이다.

이런 진언도 있다.

"공덕을 짓지 않고 성취를 얻고자 하는 것은 맹물을 치대어 버터를 얻겠다는 것이나 다름이 없다. 반면 공덕을 지으면서 성취를 바라는 것은 우유를 치대어 버터를 얻으려는 것과 같다."

궁극적인 혹은 지고한 성취로 말하자면 그것은 두 가지 증득 – 공덕의 이룸, 지혜의 이룸 – 의 자명한 결과이다. 이 두 가지 성취를 완벽히 해내지 못하면 양면으로 순수한 불성*에 이르는 것은 불가능하다.

"내가 성취한 선으로 모든 중생이 복덕과 지혜를 충만하게 다 이룰 수 있기……. 그리하여 그들이 그 선의 열매인 수승한 두 몸을 실현

---

* 불성이 양면으로 순수하다 함은, 한편으로 모든 존재가 본래부터 붓다의 본성을 지니고 있기 때문이다. 또 한편으로는 불성을 얻으면 깨닫지 못한 중생의 마음을 어둡게 하는 덮개[蓋]에서 온전히 벗어나기 때문이다.

할 수 있기를"이라고 나가르주나는 말했다.

　정신적 표상과 함께하는 복덕의 성취를 완성함으로써 사람은 모습으로 드러나는 수승한 몸에 이르며, 어떤 개념에도 매이지 않는 지혜의 성취를 완성함으로써 사람은 수승한 절대적 몸에 이른다.[35]

－ 빠뚤 린포체(1808~1887)

※

"수행의 길에서 제일가는 것은 무엇입니까?"

쿠, 곡, 드롬이 조보 아티샤에게 물었다. 아티샤가 대답했다.

"석학 중에 제일은 각자의 실체 없음을 체득한 사람

수행자 중에 제일은 스스로의 마음을 조복받은 사람

가르침 중에 제일은 항상 자기 마음을 관찰하는 것

처방 중에 제일은 아무것도 실체가 없음을 아는 것

행동 중에 제일은 세상의 방식들과 합치하지 않는 행동

성취 중에 제일은 부정적 감정이 점차 줄어드는 것

성취의 징표 중에 제일은 욕망이 꾸준히 줄어드는 것

보시 중에 제일은 집착하지 않는 마음

지계 중에 제일은 마음의 평정

인욕 중에 제일은 겸손

정진 중에 제일은 일상의 잡다한 활동을 포기하는 것

선정 중에 제일은 마음의 변함없는 상태

지혜 중에 제일은 그 무엇이든 실제로 있다고 믿지 않는 것

스승 중에 제일은 숨겨진 잘못을 공격하는 사람

가르침 중에 제일은 은밀한 과오를 가차 없이 치는 사람

친구 중에 제일은 주의와 불방일(不放逸)

실제 수행에서 제일의 그물은 원수, 장애, 질병, 고통

방법 중에 제일은 마음을 변치 않게 하는 것

선행 중에 제일은 누군가를 다르마의 길에 들어서게 하는 것

남들을 돕는 방법 중에 제일은 그들의 마음을 해탈의 길로 돌려주는
것."[36]

― 아티샤(982~1054)

❖

까마득한 옛날부터 우리는 헤매고 있다.
윤회하는 삼계(三界)의 이 고통의 바다에서

우리 자신의 마음을 깨닫지 못했기에
이 몰이해는 우리를 가린 너울 탓이다.
이 덮개들은 공덕과 지혜를 쌓지 못했다는 사실 탓이고
이 무명은 믿음이 없는 탓이고
믿음이 없는 것은 마음속에 죽음을 생생히 떠올리지 않기 때문이다.

이제 그대는 윤회의 고통이 두려워
해탈 그리고 불성의 일체지에 도달하고자 한다.

그대는 자신의 마음을 알아야 한다.
마음을 알려면 덮개를 정화해야 한다.
그러려면 복덕과 지혜를 얻어야 한다.
이 두 가지를 얻으려면 믿음이 꼭 있어야 한다.
참된 믿음이 나타나려면
죽음이 늘 마음에 있어야 한다.
진정으로 죽음을 생각하면서
법 말고는 아무것도 쓸모 있어 보이지 않을 때
세간의 완전함에 조금도 끌리지 않게 되리라.

— 게셰 포토와(1031~1105)

보시(布施)

❖

벌들이 따 모은 꿀처럼 쌓인 부(富)가 있다.

그 부는 우리를 비굴하게 만들고 마침내

남들이 우리를 무시하고 그 재산을 가져가 버린다.

공덕을 짓고 너그러운 행을 실천하라.

이것이 내 마음의 조언이다!

– 디궁 된둡 최걀(1668~1718)

❀

내가 가진 재산에 매달린다 하여도
결국 모든 것을 버려두고 떠나는 수밖에 없을 터

그러니 나는 너그러운 마음을 키우고
이번 생과 그 다음 여러 생을 위해 최선을 이루리라.

보시는 비록 미미하더라도 커다란 결과를 낳는다.
부는 비록 크더라도 결코 좋은 일을 짓지 못한다.
비록 땅을 뒤덮을 만한 큰 재산이라도
중생의 욕망은 그것으로 만족하지 못할 것이다.

음식, 집, 몇 가지 물건
모든 것이 넘쳐나며 고통의 원인이 된다.
베풀라, 그러면 그대의 가진 것이 불어날 것이다.
강물이 여름이면 콸콸 불어나듯이.[37]

— 미팜 린포체(1846~1912)

❖

보시의 요체는 일체의 물질적 부에 집착하지 않는 것 그리고 쥐고 있는 모든 것을 놓아 버리고 남들에게 베풀고자 하는 마음이다. 너그러이 베푸는 행동, 즉 보시에는 세 가지 형태가 있다. 첫째 수승한 법을 보시하는 것, 물질을 보시하는 것, 두려움에서 보호해 주는 보시다.

법시(法施)

남에게 법을 보시한다는 것은 타인에게 정신적 가르침을 베푸는 것이다. 이때 그들이 받아들일 수 있는 능력에 맞춰 베푼다. 그러나 아직 '보시를 해야지' 하는 원을 세운 수준의 수행자는 그런 법보시를 하기 힘들다. 왜냐하면 다르마가 글로 전하는 바와 그 안에 담긴 정신을 명확히 설명할 수 없기 때문이다. 이 단계에서 보시의 핵심은 정신적 스승의 가르침에 따라 스스로 부정적 감정에서 벗어나려고 주의 깊고 부지런히 노력하면서 다른 사람들에게 선행을 하고자 하는 것이다.

[…]

우리가 자유로워진 순간부터, 즉 세상의 여덟 가지 번뇌가 주는 산만함과 번잡스러움에 흔들리지 않게 되는 순간부터 중요한 것은 다른 이들에게 그들의 능력과 성향과 희망과 성격에 따라 법을 가르쳐 줌으로써 그들에게 좋은 일을 하는 것이다. 이때 가르침이란 연기법을 설명해 주는 것에서부터 대원만을 가르치는 것까지를 포함한다.

물질 보시(財施)

보살행, 특히 보시를 수행해 나갈 때 초심자는 인색한 마음이 들어 단순히 음식을 베푸는 일조차 쉽지 않다고 생각할 수 있다. 그래서 그는 조금씩 조금씩 베푸는 행을 닦아 가야 한다. 어떤 사람이 이런 행을 닦기 위해 처음에는 대수롭지 않은 물건을 한 손에서 다른 손으로 옮기면서 '나는 지금 베풀고 있다'는 혼잣말을 했다고 한다. 그랬더니 나중에는 크게 베푸는 일도 하게 되었다고 한다.

두려움에서 보호해 주는 보시[無畏施]

무외시는 예를 들면 갇힌 사람, 고문당하는 사람, 사냥꾼에게 쫓기거나 도살장에 끌려가는 동물의 생명을 보호하는 일이다. 이 보시는 또한 모든 존재를 윤회의 끝없는 고통 – 지속적인 공포의 원인 – 에서 건지고 그들을 열반의 온전한 평온 상태에 자리 잡게 하겠다는 서원을 하는 것이다.

[…]

초심자는 능력껏 보시를 해야 한다. 왜냐하면 정말 내주기 힘든 것을 자기 손에서 떠나보내는 일에 아직도 적응이 안 되어 깊은 생각 없이 보시를 하고 나서는 후회하는 경우도 있기 때문이다. 보리심의 관점에서 보면 그런 후회는 수행의 퇴보라 할 수 있다.[38]

– 깡규르 린포체(1897~1975)

지계(持戒)

❖

지계란 계율에 어긋나는 모든 행위를 삼가는 것이다. 그러므로 남에게 해로운 일을 결코 하지 않고 그런 생각조차 품지 않겠다는 굳은 결심에 해당한다. 지계에는 세 측면이 있다. 해로운 행위를 스스로 금하기, 유익한 일은 무엇이든 하기, 중생의 안녕에 힘을 보태기.[39]

— 깡규르 린포체

인욕(忍辱)

❀

남들을 돕기 위해서가 아니라 순전히 이기적인 목적으로 인욕을 발휘하는 것은 고양이 같은 행동이다. 고양이의 유일한 목표는 생쥐를 잡아 죽이는 것이다.*

— 감뽀빠(1079~1153)

---

* 구전을 채록한 것을 인용했다.

❖

인욕의 핵심은 온갖 형태의 고통을 참고 견디는 능력이다. 이러한 미덕은 비옥한 토양에 비할 수 있다. 기름진 땅에 세 가지 지계(持戒)가 활짝 피어나야 그 복덕의 향기가 널리 퍼져 나갈 수 있다. 이 꽃들을 보호하는 울타리처럼, 인욕에는 세 가지 측면이 있다. 첫째 우리가 자신과 타인의 안녕을 위해 힘쓸 때 부딪히는 난관과 고통의 짐을 감당할 수 있게 해 주는 인욕이다. 두 번째는 남들이 우리에게 가하는 모든 악행을 꿋꿋이 받아들이는 불굴의 인욕이다. 세 번째는 공성에 관한 가르침처럼 심오한 가르침을 두려워하지 않는 인욕이다. [⋯]

우리를 해칠 수 있는 것들은 한없이 많다. 숲속의 나무에서 가시를 모조리 제거하는 것은 불가능하다. 가시에 찔리지 않으려면 그 숲에 아예 발을 들여놓지 말든가 양쪽 발을 가죽으로 싸매고 들어가야 한다. [⋯] 우리가 어떤 것을 원치 않는다고 생각하면 마음속에 하나의 느낌이 일어나는데, 그 느낌은 억누르기 힘든 분노를 촉발한다. 이 분노는 우리 자신을 사납게 만들고, 우리가 사나워지면 남들도 사나워진다. 처음에는 단지 한 생각이었을 뿐이다. 어떤 것이 우리에게 바람직하지 않다는 생각, 그 생각이 배척하는 느낌을 자아낸다. 이른바 '인내의 금욕'으로 불리는 것을 통해 이런 충동이 너무 강해지기 전에 조절할 수 있다면, 그때 견딜 수 없을 것만 같은 충동의 무게는 오히려 도움이 되며 화를 내고 싶다는 욕구는 사라진다. "돼지 코를 때려라!"라거나 "등잔을 닦으려면 뜨거울 때 닦아라!"*라는 속담이 있다.

---

* 화가 난 돼지는 몽둥이로 코를 때리면 즉시 도망칠 것이다. 왜냐하면 몽둥이를 맞는 고통이 돼지로선 참

누가 우리를 비판하는 순간, 그 말과 들리는 소리, 소리가 귀에 닿아 발생하는 의식이 서로 만나 크나큰 불쾌감이 생겨난다. 마치 화살 한 촉이 날아와 우리의 심장을 찔러 산산조각 내는 것과 같을 것이다. 그러나 그 장면을 잘 바라보자. 그런 말들은 메아리와 똑같다. 그 말들이 과녁을 맞힌 것처럼 보일지 몰라도, 말 자체는 진짜 고통을 가할 힘이 전혀 없다. 그렇다면 일상에서 이런 상황이 발생하면 무슨 일이 일어날까? 우리의 사고 습관은 말과 그것이 지칭하는 대상을 구분하지 않는다. 그 습관 때문에 우리 귀에 들리는 사나운 말들이 바로 그 사납다는 특성으로 말미암아 우리에게 진짜로 해롭다는 생각으로 고착된다. 이리하여 공격하는 자와 공격받는 자 사이에 상호 작용이 생겨나며, 그 상호 작용은 우리를 어지럽히고 괴롭힌다.

우리가 사는 이 세상에서 우리에게 해악을 끼치는 모든 것―구타, 성폭행, 실패, 험담 등― 그리고 이로 말미암은 심신의 고통이라는 끝도 없는 결과, 이 모든 것은 남의 탓인 듯 보인다. 그러나 우리가 방금 질러댄 고함 소리의 메아리처럼, 이런 해악은 사실 우리 자신으로부터 나온 것이다. 만약 우리가 '나'라는 생각을 조금도 갖지 않는다면 남들이 해치려 해도 해칠 대상이 없을 것이다. […]

잘 생각해 보면 우리를 공격하는 사람은 우리에게 나쁜 짓을 한다기보다 대단한 선행을 베푸는 셈이다. 왜냐하면 역경에서 인내심이 생기는 법이기 때문이다. 우리에게 나쁜 짓을 한 원수 덕분에 우리는 인욕이라는 배의 갑판에 올라 대승의 큰 바다를 건널 수 있는 것이다. 그리

올 수 없는 것이니까. 그리고 등잔은 아직 뜨거울 때 닦는 것이 훨씬 수월하다.

고 이 배야말로 우리로 하여금 깨달음이라는 소중한 보물을 얻게 해준다. 이 깨달은 마음, 즉 보리심은 행복과 궁극적 선의 지고한 원인이다. 우리 자신에게나 타인에게나, 짧게 보나 길게 보나 그러하다. 이렇게 될 때 악을 행하는 원수는 우리 인욕의 원천으로 여겨지고, 다르마만큼이나 숭상할 만한 가치가 있는 것이 된다. […]

마지막으로 수승한 실재의 관점에서 인욕을 생각해 보자. 우리를 공격하는 것의 실체가 대체 어디 있는지 자문해 보자. 공격한 자, 공격받은 자, 공격하는 행위, 이 중 어디에서도 그 실체를 찾을 수 없다는 걸 알게 될 것이다. 그런데 앞에 설명한 것처럼 몇몇 상황들이 합쳐졌을 때 마음이 이 상황들을 자기 것으로 만들면서, 문득 우리를 괴롭히는 문제를 유발하는 것이다. 그런데 마음을 살펴보면 마음은 고정불변의 특성이 없음을 알 수 있다.

물 위에 손가락으로 글씨를 쓰면 쓰자마자 지워지듯이, 적대적 생각이 아무리 격렬해도 그것은 지속될 수 없으므로 결국 사라진다. 왜냐하면 본성상 그 격렬함은 몇 가지 원인과 조건이 합쳐져 존재하는 것일 따름이기 때문이다. 바로 이 순간 완벽히 순수하고 탁 트인 상태, 원초적인 크나큰 공성, 모든 개념에서 자유로운 공성이 나타난다. 이런 탁 트인 차원, 단지 지금 여기에 현전할 뿐인 차원, 그 안에서 잃을 것도 얻을 것도, 취할 것도 버릴 것도 없는 차원을 지키는 것 그러니까 다른 어떤 것에도 정신 팔지 않고 그 공성을 지키는 것. 그것을 바로 심오한 '중도'에서는 '수승한 실재 속에 부정적 감정 정화하기'라 부른다.

그러므로 인욕은 세 측면을 보인다. 시련과 어려움을 기꺼이 감당하는 것, 남이 내게 해를 끼칠 때 흔들림 없이 여여하게 견디는 것, 수승한 실재인 공성을 두려워하지 않는 것. 이 중 인욕의 세 번째 측면이 부족하면 앞의 두 측면만으로 세속의 길을 훌쩍 뛰어넘을 수 없다. 앞의 두 측면이 없거나 부족하다면, 아낌없는 보시와 또 다른 초월적 덕성들을 실천함으로써(설령 거기에 이르고 싶은 마음이 아무리 크다 할지라도) 이 길 그리고 길의 과보만이 가져다주는 장점들을 얻기 아주 힘들 것이다. 이는 마치 여행길에 나선 나그네가 동행도 없고 지켜 주는 사람도 없이 적들과 도적떼와 맹수들이 득실거리는 길을 택해 가는 것과 같다. 그런 여행자는 목적지까지 무사히 도착하기 무척 힘들 것이다. 그러니 용맹정진하여 우리 자신을 다잡고 스스로를 격려하자.[40]

– 깡규르 린포체

❖

그대가 찾는 것이 행복이라면
우선 고통을 감내하라.
눈물의 쓴맛을 보지 않고는
웃음의 진가를 알 수 없으리.

– 쳉가와 로되 걀첸(1402~1472)

❖

흉악한 사람들은 어디에나 있으니
그들을 다 없앤다는 것은 결코 불가능한 일
자기의 분노를 이기는 사람이
모든 적들을 이기는 셈이다.

땅 전체를 다 덮을 만한
가죽을 어찌 찾으리?
가죽 신발창 하나만으로도
같은 결과에 이를 수 있느니. […]

한번 벌컥 성냄만으로도
붓다들에게 바친 보시, 공양이 다 없어질 수 있고
우주의 천 겁 동안 쌓인
공덕도 모두 없어질 수 있다.

증오보다 더한 허물은 없고
인욕보다 더 훌륭한 계략은 없다.
가능한 모든 방법을 다해
인욕을 키우는 데 힘쓰자.

분노의 괴로움을 당하여
마음은 더 이상 평화를 누리지 못하고

기쁨도 안녕도 찾지 못한다.

잠은 달아나고 이리저리 뒤척인다. […]

(화를 돋우는 일을) 고칠 처방이 있다면,

어찌하여 불만스러워하랴?

처방이 없다면

성질내어 무엇하랴? […]

나는 짜증에 맞서 성내지 않고

그 밖에 고통을 자아내는 큰 원인들에 맞서서도 성내지 않는다.

그렇다면 중생에 맞서 화낼 이유가 무엇이랴?

그들 또한 상황 따라 움직이는 존재들인 것을. […]

나를 때리는 몽둥이를 든 자에게 화를 낸다면

그가 분노의 영향을 받아 움직이듯이

나 또한 그의 분노에 성내야 할 터. […]

그러니 나는 집에서 찾는 보물같이 소중한

적을 가진 것을 기뻐한다.

아무 노력 안 하고도

그 적은 깨달음에 이르는 수행 길에 도움이 되는구나.

내 힘으로 또 원수를 통해

인내의 과보는 얻어지는구나.

나보다 원수가 먼저이니

그는 내 인내심의 일등 공신이기에.[41]

— 샨띠데바(685~763)

❈

남이 내게 행하는 악의 본성을 바라보라. 그 본성 또한 물 위에 그린 그림처럼 잡을 수 없는 것이다. 원망이 저절로 사라지게 두라. 생각의 격랑이 사라지면 마음은 다시 구름 한 점 없는 하늘, 얻을 것도 잃을 것도 없는 하늘처럼 된다.

— 셰첸 걀삽(1871~1926)

❖

빠뚤 린포체(1808~1887)가 어느 은거 수행자의 인욕을 시험한 이야기

빠뚤 린포체의 주된 관심사 중 하나는 수행자들이 자신의 수행에 주의 깊게 집중하면서도 자기만족에 빠져 헤매지 않도록 하는 것이었다. 어느 날, 그는 오래전부터 세상과 완전히 담을 쌓고 지내는 수행자 이야기를 듣게 되었고 그를 찾아가기로 결심했다. 그는 예고 없이 그 수행자의 거처에 도착하여 미심쩍은 표정과 조소를 띤 채 그의 동굴 한 구석에 앉았다.

은거 수행자가 물었다.

"어디서 오셨으며 어디로 가십니까?"

"내 걸음이 이끄는 곳에서 왔으며 내 눈앞에 보이는 방향으로 갑니다."

빠뚤 린포체가 답했다.

은거 수행자는 당황하여 말을 이었다.

"태어나신 곳은 어디인지요?"

"땅이오."

은거 수행자는 난데없이 찾아든 이 불의의 객을 어찌 생각해야 할지 알 수 없었다. 잠시 후 빠뚤 린포체는 그에게 이런 외딴 곳에 뚝 떨어져 사는 이유가 무엇인지 물었다.

"이십 년 전부터 여기 살고 있습니다. 지금은 인욕의 완성에 대해 명상하고 있습니다."

수행자가 망설임 없이 대답했다. 그의 목소리에는 약간 자만심이 배어 있었다.

"좋아요!"

빠뚤 린포체가 감탄조로 말했다.

그는 마치 그 수행자에게 비밀 얘기라도 하려는 듯 몸을 굽혀 그의 귀에 입을 대고 뭐라뭐라 속삭였다.

"당신이나 나나 우리 두 사람, 객쩍은 소리나 하는 노인네들은 그래도 위기를 잘 빠져나가는구먼. 그렇지 않소?"

수행자는 벌컥 화를 냈다.

"아니, 댁은 뉘시기에 염치 체면도 없이 내 수행을 이리 방해하시는 게요? 누구의 부탁을 받고 여기 온 겁니까? 나같이 미미한 일개 수행자를 좀 가만히 명상하게 둘 수 없습니까?"

"자 이제…… 당신이 그렇게 자랑하는 그 인욕은 어찌 된 게요?"

빠뚤 린포체가 태연한 음성으로 물었다.*

– 뇨슐 켄 린포체

---

* 뇨슐 켄 린포체가 들려준 이야기다.

랑리 탕빠(1054~1123)와 인욕에 대한 이야기 ①

옛날 어느 부부가 살았는데 이들의 자녀들은 모두 어린 나이에 죽었다. 아이가 새로 태어나자 부부는 점쟁이를 찾아갔다.

"이 아이가 큰스승의 아들이라고 세상에 대놓고 알려야만 아이는 일찍 죽지 않고 살아남을 것이오."

점쟁이는 말했다. 그래서 어머니는 갓난아기를 위대한 현자 랑리 탕빠가 명상하는 동굴까지 데리고 가, 현자 앞에 내려놓고 "당신의 아들입니다"라는 말만 했다. 은거 수행자인 랑리 탕빠는 아무 대답 없이 부근에 사는 신심 깊은 여인의 도움을 받아 그 아이를 길렀다. 세월이 가고 이 흠 없는 수행승이 잘못을 저질렀다는 소문이 퍼졌다. 몇 년 후, 아이의 부모가 예를 갖추어 은거 수행자를 찾아와 큰 보시를 했다.

"부디 저희들을 용서해 주십시오. 스님께서는 아무 잘못이 없으신데 스님에 대한 부당한 소문이 퍼지게 한 것은 저희들입니다. 이 아이가 살아남은 것은 스님의 보살핌 덕분입니다."

평상시처럼 평온한 모습을 흐트러뜨리지 않은 채 랑리 탕빠는 아이를 부모에게 내어 주며 한마디도 하지 않았다.*

---

* 샵까르가 자신의 티베트어 저술에서 인용한 일화이다.

❖

랑리 탕빠와 인욕에 대한 이야기 ②
억울하게 비난받은 승려

어느 날 라트렝 수도원의 한 선량한 승려가 주전자를 훔쳤다는 혐의를 받았다. 그러나 그 주전자는 누가 훔쳐 간 것이 아니라 평소와 다른 자리에 놓여 있었을 뿐이었다. 그는 수도원장을 찾아갔다.

"저는 아무 짓도 하지 않았습니다. 어떻게 해야 하나요?"

원장 스님은 그에게 다음과 같은 조언을 했다.

"그 책임을 받아들이고, 이 수도원의 모든 스님에게 차를 대접하라. 그러면 마침내 다들 네 무고함을 인정할 것이다."

승려는 그렇게 했다. 그날 밤, 그는 좋은 꿈을 꾸었다. 그의 존재 전체가 깊이 정화되는 것을 암시하는 꿈이었다. 얼마 후 승려들은 잃어버린 주전자를 찾았고 의심받던 승려의 결백은 증명되었다. 수도원장이 이 소식을 듣자 이런 결론을 내렸다.

"이렇게 행동해야 하는 법이다!"

정진(精進)

❖

I 세속 사람들이 몰두하는 수많은 해로운 행위에 집착하거나 사회적인 상호 관계의 번잡스러운 부침(浮沈)에 개입하면 복잡한 관계들이 생겨난다. 세상살이에서는 사랑하는 대상에 집착하고 원수를 미워해야 하지 않겠는가? 재산을 모으고 모은 재산을 잘 간수하고 불려야 하지 않겠는가? 그러나 이런 것은 우리가 더 이상 떨칠 수 없는 인연들만 더 만들어 내는 일이다. 그러다 보면 사람은 자기 자신의 고치 속에 갇힌 누에처럼 되어 버린다.

II 게다가 사람들은 조금만 어려움이 있어도 낙담이라는 게으름에 압도당한다. 그렇게 되면 우리는 선업을 짓는 일을 자꾸만 뒤로 미룸으로써 그런 실천을 할 수 없게 된다.

III 사람들은 이런 생각을 하면서 스스로를 깎아내린다. "그런 일을 내가 도대체 어떻게 할 수 있겠어?" 이런 태도로 자신에게 그럭저럭 영합하며 대충 살아간다면 법을 삶에서 실천할 좋은 기회를 만나지 못한다.

우리는 이러한 세 가지 게으름에 찌들어 해탈의 가능성을 외면한다. 이는 마치 선체에 구멍 뚫린 배를 타는 것과 같아서, 절대로 저쪽 기슭에 이를 수 없다. […]

이 세 가지 유형의 게으름을 든든한 무기 같은 정진심, 즉 용기의 도움으로 막아 내야 한다. 정진심이란 결코 약해지지 않는 것, 다시 말해 어떤 상황에서도 절대 생각이나 행동에서 자신이 세운 서원을 지키는 것을 말한다. 수행의 길을 가면서 다른 곳에서 어떤 복덕을 이루었든 간에 처음 세운 서원이 무너지게 내버려 두지 않는 것을 말한다.[42]

　　　　　　　　　　　　　　　　　　　　　　　　　　　　－ 깡규르 린포체(1897~1975)

❖

나는 그대들에게 해탈에 이르는 방법을 보여 주었다.

그러나 해탈 그것은 오직 그대들에게 달려 있을 뿐임을 알라.

　　　　　　　　　　　　　　　　　　　　　　　　　　　　－ 사꺄무니 붓다(기원전 5세기)

❖

신속한 결과를 지레 기대하지 말고

마지막 숨을 내쉴 때까지 성실하게 수행하라!

　　　　　　　　　　　　　　　　　　　　　　　　　　　　－ 밀라레빠(1040~1123)

❀

결연함을 보여 주는 일화

어느 날 삼예 사원에서 큰스승 마 린첸 초크가 파드마삼바바의 제자 중 한 사람인 걀와 최양과 철학 논쟁을 벌이고 있었다. 큰스승 마가 논쟁에서 진 것을 깨닫고 속으로 이렇게 말했다.

'나는 인도로 떠나 불법을 좀 더 깊이 공부하겠다.'

그리고 곧장 일어서서 인도 방향으로 몇 킬로미터를 그대로 달려 갔다.

배우고 실천하고자 하는 우리의 원력은 마음속에서 바로 이런 불길로 타올라야 할 것이다.*

— 딜고 켄체 린포체(1910~1991)

---

* 딜고 켄체 린포체가 들려준 이야기다.

❖

그냥 두어도 저절로 돌돌 말리는 낡은 양피지처럼

나쁜 성향은 없애도 자꾸 살아나며

새로운 습관은 상황에 의해 쉽게 없어져 버린다.

그대들은 환상을 단숨에 쳐낼 수 없으리라.

스스로 대단한 명상가라 생각하는 그대들 모두여,

아직 더 오래오래 명상에 전념하시오!*

— 걀와 양곤빠(1213~1287)

❖

처음에는 아무것도 오지 않고,

중간에는 아무것도 남지 않으며,

마지막에는 아무것도 사라지지 않는다.[43]

— 밀라레빠

* 구전을 채록해 인용한 것이다.

선정(禪定)

❖

이 세상의 소유물들은 하늘에 잠시 나타났다 바로 흩어지는 구름만큼이나 덧없다. 그런 것들이 생존에 필요하다고 주장하면서 소유에 몰두하더라도 삶 자체는 번개처럼 짧은 것이다. 이 덧없고 연장할 수 없는 잠깐의 시간 동안 세 가지 괴로움이 우리를 따라다니며 강도떼처럼 괴롭힌다. 세 가지 괴로움이란 변한다는 괴로움과 즉각적인 괴로움 그리고 편재(遍在)하는, 즉 인연으로 이루어져 본성상 무상한 모든 현상에 내재하는 괴로움이다.

물질적 부는 일반적으로 이 생과 다음 생들에 바람직하지 못한 결과를 낳는다. 넘치는 큰 강물이 어쩔 수 없이 바다로 흘러들듯이 존재들은 끊임없이 부를 쌓고 보호하고 불리느라 자신을 소진하며, 항상 충족되지 못한 욕망 때문에 마음이 불편하다. 어느 정도의 재물을 지니면 오만하게 남을 경멸하게 될 뿐이다. 지닌 것을 잃을까 봐 애를 태우며 천박스러워지고, 인색하다 못해 자신이 지닌 양식과 의복과 보석들을 아까워서 제대로 쓰지도 못하는 지경에 이른다. 이런 인색한 사람들은 목숨이 다하여 죽으면 불행한 운명의 바닷속에서 끝도 없이 방황하게 된다.

그들이 남을 속이거나 그 밖의 다른 삿된 방법으로 해로운 생각과 행위로 부정하게 획득한 재물과 부로 말하자면, 그것들은 장마철 뜬구름과 같아서 금생과 내생에 그것을 축적한 일이 헤아릴 수 없는 큰 고통의 원천이 될 것이다. 반면 가진 것이 적은 사람들은 적이 없고 도둑을 만날 일도 없다. 자신이 가진 것에 만족하는 사람들은 더없는 부를 지닌 셈이다.

보통 사람들은 버릇 나쁜 아이들만큼이나 어리석다. 그들의 마음은 해로운 생각과 행위로 인해 어두워져 있다. 그들은 자화자찬하며 남을 험담한다. 그들의 의도와 행동은 부정적 감정에 찌들어 마치 독사의 이빨과도 같다. 그들의 태도와 감정은 끝없이 공격적이어서 점점 더 좋지 못한 행위를 하게 한다.

깊은 안목에 의지하여 '욕망하는 대상'이라는 독에 물든 마음, 그 코끼리를 길들이지 않으면 그 대상들의 결점이 눈에 들어오지 않는다. 그 대상들이 우리 눈에는 너무도 훌륭하게 보이고 갖가지 마력으로 우리를 유혹하여 그 무엇도 이를 능가할 수 없다. 그래서 우리의 몸뚱이를 형성하는 덩어리들이 해체되고 관에 누운 우리의 시신이 짐승의 등에 얹히거나 운구자 네 사람의 손에 들려 묘지로 가기 전에 우리는 숲 속 빈터나 다른 한적한 곳을 자주 찾아야 한다. 그런 곳에서는 세상사에 쏠려 산란한 마음이 차분해지기 때문이다.

이런 '한적한' 혹은 '동떨어진' 장소는 […] 마음에 해를 끼칠 수 있는 요소가 전혀 없다. 반대로 그런 곳은 윤회에 대해 마음으로부터 싫어하는 마음, 즉 염오심(厭惡心)을 키우면서도 우리 마음에 큰 기쁨이 될 뿐이다. 거기엔 장사꾼도 농사꾼도 없으며, 정신적 성장과 양립할 수 없는 의도로 활동하는 좋지 못한 동료들도 없다. 꼭 해야만 하는 고역 같은 일이나 내야 할 세금 때문에 고민할 필요도 없다. 자신이나 권속들, 그 밖의 주위 사람들의 생계를 위해 돈벌이를 할 필요도 없다. 그런 적정처(寂靜處)에는 편히 쉬는 새들과 짐승들만 사니 불쾌한 이야기 같은 것도 들리지 않는다.

　이런 곳에서 수승한 사람들은 자신에게 필요한 것, 자신을 기쁘게 하는 것 – 맑은 물, 과일, 싹터 오르는 온갖 식물, 잎새, 먹을 수 있는 산나물 등 – 을 풍부히 찾을 수 있다. 게다가 편안히 거할 수 있는 바위 속의 자연 동굴, 나뭇잎으로 이루어진 오두막은 수행하기에 더없이 좋은 그야말로 궁전과도 같다. 언젠가 서늘한 나무 그늘에서 행복을 증진시키는 쾌적한 모든 것들 틈에서 살 수 있다면 얼마나 멋지겠는가! […]

진정한 집중이란?

　그러므로 수행자는 한적한 곳으로 물러나 집중적으로 수행에 전념한다. 즉 잠시도 산만한 순간 없이 집중한다. 고도의 마음수행은 이렇게 정의할 수 있다. 몸과 마음이 상호 의존하는 것이므로 몸의 자세가 바르면 미묘한 통로들과 그 통로의 에너지도 바르다. 이렇게 되면 정신적 증득의 발현이 수월해진다. 마음도 올바르게 수행할 수 있다. 그러므로 앞에서 말한 '비로자나불의 일곱 가지 요점을 갖춘 자세'를 택하여 편안한 자리에 앉는다. 이 자세는 마음의 '중심 기둥'으로 불리는 자세이다. 건물의 기둥 덕분에 다른 요소들이 움직이지 않듯이, 이 자세는 마음이 흐트러지지 않게 하는 방법인 것이다.

　그다음에는 마음이 한결같이 집중의 유일한 대상에 머물러 있도록 한다. 이 일에 최선을 다해 집중한다. 다른 생각에 마음을 빼앗기면 안 된다. 유익한 생각이라 해도 안 되는데 하물며 해로운 생각은 더욱더 그렇다. 이도 저도 아닌 중립적 상태에 빠져 버려도 안 된다. 그러므로 마음을 흐트러뜨리지 말고 선택한 대상에 집중하라. 선택된 대상은 형태를 갖춘 것일 수도 있고 아닐 수도 있다. 가끔씩 마음을 분석해 보고 마음이 항상 당신이 세운 긍정적 목표에 연결돼 있는지 확인해 보라. 이렇게 하여 당신은 분석적 명상과 '심층적' 명상을 번갈아 가며 하게 된다.

예를 들면 명상 초심자는 우선 불상 등의 표상에 집중하면서 그 특징들을 살펴볼 수 있다. 그러다가 차츰차츰 명상 시간을 늘리면 나중에는 마음이 인지하고 만들어 내는 모든 것, 생각에 의해 실제로 파악되는 모든 것이 공성이라는 궁극의 실재 속에 녹아 없어질 것이다. 이 공성은 인식할 것이 아무것도 없는 무(無)가 아니다. 모습 그리고 인식 대상인 다른 모든 것이 절대 '파괴'되는 것이 아니다. 그것들은 막힘없이 우리에게 나타나지만 진정한 실체는 없는 것이다. 구체적 속성이 없기에 실제로 '볼' 만한 실체가 없다.

멍하니 무기력하지도 않고 들떠서 산만하지도 않은 이런 상태에 머물면서 생각 없이, 의식 대상에 초점을 맞추면 '마음의 평온'이 온다. 원초적 지혜를 온전히 인정하는 상태 혹은 집착이 전혀 - 마음의 본성에 대한 집착조차 - 없는 상태, 그것이 바로 '명상에 든 상태' 혹은 '수승한 시각(vision supérieure)'이다. 『삼보의 구름』이라는 책에 이런 구절이 있다.

마음의 평온이란, 정신의 초점이 한곳에 맞춰져 있다는 것.
수승한 시각이란 온전한 분별을 말하는 것.[44]
- 깡규르 린포체(1897~1975)

명상할 마음을 먹으면 바로 단숨에 지금 이 순간의 온전한 마음챙김의 흐름 속으로 들어가라. 만약 당신이 이러한 지속성을 견지한다면, 아주 작은 오류나 혼돈이나 방황에도 더 이상 빠지지 않을 것이다. 깨어 있는 현존이 없으면 고통의 굴레 속을 헤매게 된다.

만약 이 온전한 마음챙김을 인정한다면, 마음의 혼란은 저절로 사라질 것이다. 이러한 깨어 있음을 성성히 유지하는 동안 마음속에 일어나는 생각들이 무엇이든, 그 생각들이 있다는 것만 알아차리며, 그 생각들을 좇지도 말고 그 생각에 침잠하지도 말라. 그러면 그 생각들이 저절로 스러질 뿐만 아니라 그 생각들이 떠오를 때 변화시킬 수도 있다.

모르는 새에 떠오르고 사라지는 생각들은 마치 돌에 새겨진 것과 같다. 당신도 모르는 사이에 그 생각들은 반복적 틀을 만들어 내고 그 틀은 점점 더 강고해져 급기야 삶의 수레바퀴, 즉 윤회의 고리를 끝없이 영속시키게 된다.

마음챙김에 의해 이렇게 알아차린 생각은 수면에 그린 그림과 같다. 물 위에 그림을 그리면 그리는 족족 없어진다. 이렇게 알아차린 생각은 영속되는 성향을 이루는 데에 보탬이 되지 않고, 고통의 회로를 강화시키지도 않고 사라져 버린다.

– 직메 링빠(1729~1798)

❖

명상에서 부딪히는 문제들을 해결하기 위해서는 다섯 가지 주된 장애를 인식할 필요가 있다. 게으름, 배운 바를 잊어버림, 흐리멍덩한 혼침이나 들뜸, 지나치거나 부족한 정진력 이 다섯 가지다.

이 다섯 장애를 제거하는 해독제는 여덟 가지가 있다. ① 영감 ② 부지런함 ③ 믿음 ④ 몸과 말과 마음의 수행에서 나오는 온전한 유연성. 이는 망각에 대한 해독제이다. ⑤ 가르침을 글자 그대로 또 그 안에 담긴 의미는 무엇인지 환기하기 ⑥ 정진심. 혼침이나 들뜸 상태에 떨어졌다는 것을 깨닫게 해 주는 것. 명상 중에 이 결점들 중 하나가 나타날 때는 노력 부족을 만회하기 위해 ⑦ 최선을 다해 적절한 해독제를 적용하라. 이런 결점들이 없을 때는 해독제들이 더 이상 필요 없으며, 과도한 노력을 방지하기 위해 ⑧ 마음을 자연스러운 상태에 두고 더 이상 어떤 해독제에도 의존하지 말라.

마음의 평온을 수행하다 보면 정신은 다섯 단계를 거친다. 그것은 다음과 같이 산에 비유할 수 있다.

① 산중 폭포: 생각들이 끊임없이 이어져서 마음의 움직임을 의식하게 되기 때문에 오히려 명상 이전보다 한층 더 생각이 많아진 것 같은 느낌이 든다.
② 협곡과 초원 사이를 흐르는 강물: 마음은 쉬는 구간과 활동 구간 사이를 번갈아 가며 넘나든다.
③ 막힘없이 흐르는 큰 강: 특정 조건 때문에 흔들릴 때만 빼놓고 마음은 평온하고 꾸준하다.

④ 작은 물결만 간간이 칠 뿐인 잔잔한 호수: 마음은 이런저런 생각 때문에 표면적으로 흔들리지만 그 깊은 속은 계속 평온하고 명징하다.

⑤ 고요한 바다: 집중은 마침내 흔들릴 수 없는 상태가 되어 더 이상 노력이 필요치 않다. 이리저리 방황하는 생각들에 대한 해독제는 불필요한 것이 된다.

마음의 평온을 말하는 사마타가 일시적으로 부정적 감정들을 막을 수는 있으나 아주 뿌리 뽑지는 못한다. 명상하는 동안 현상들의 진정한 본성을 깨닫고 명상 후에는 모든 것이 실체 없는 환상임을 아는 깊은 견해만이 부정적 감정들을 뿌리째 제거할 수 있다. 이처럼 마음의 평온은 명상의 집중이라는 측면에 해당하며 깊은 견해는 지혜의 측면에 상응한다.

마음의 평온이 이루어지면 마음은 깊은 견해를 이해할 준비를 갖추게 되며, 이 깊은 견해가 생기면 사물에 고유한 실체가 없음을 볼 수 있다. 이뿐만 아니라 내면의 평온과 깊은 견해에는 모든 존재를 향한 연민이 배어 있어야 한다. 명상의 이 두 가지 유형을 함께 수행하면 결국은 평등을 체험하게 되고, 그 체험 속에서 주체와 객체라는 개념은 사라진다.

— 짜툴 아왕 뗀진 노르부(1867~1940)

앎(지견智見)

❈

세 가지 유형의 앎이 있다. 공부로 말미암아 생기는 앎[聞], 숙고로 말미암아 생기는 앎[思], 명상으로 말미암아 생기는 앎[修]. 이 세 유형의 앎을 점진적으로 수련하면 높은 견해를 올바르게 이룰 수 있다. 다른 말로 하면, 개념에 그치지 않는 최상의 지혜를 이루게 된다는 말이다. 이 지혜는 해탈에 장애가 되는 부정적 감정들 그리고 일체지[全知]에 장애가 되는 인지적 너울을 없애는 효과가 있다. 그 지혜는 사물의 깊은 본성 그리고 세상 것을 경멸하는 눈에 떠오르는 모든 현상을 오류 없이 깨닫게 한다. 이러한 진정한 '앎'으로 무장하면 우리는 유위법의 고통스러운 세속을 속히 지나갈 수 있다. 유위법이 지배하는 이 세상은 업과 부정적 감정 때문에 통과하기 극히 어려운 곳이다. 또 진정한 앎으로 무장하면 우리는 일체의 고통에서 벗어나게 되고, 어려움 없이 열반에 이르게 된다. 관용과 그 밖의 다섯 가지 초월적 미덕(육바라밀 중 앞서 설명한 다섯 바라밀)은 각각 앞의 것보다 좀 더 높고 좀 더 미묘한 성격을 보인다. 그러나 (관용과 그 밖의 미덕들은) 이 '앎'에 연결되어 있는 한에서만 초월적이라고 할 수 있다.[45]

— 깡규르 린포체(1897~1975)

❖

아이 못 낳는 여인의 아들이 열심히

토끼뿔 형상의 사다리를 기어올랐다.

그리고 해와 달을 삼키며 존재들을

어둠의 대양 속에 잠기게 했다.

자아가 있다는 믿음이 바로 이와 같은 것.

– 디궁 직뗀 곤뽀

❖

나모 구루! 스승님께 경의를!

호수에서 태어난 금강석의 발치에 엎드려 조복합니다.

절대적 차원의 광대한 공간에서

중생의 희망을 채워 주기 위해 나온

정복자이신 '무한한 빛'의 발현체

개념에서 자유로운 분

나, 린첸 팔, 믿음도 법칙도 없이 헤매는 떠돌이

벌거벗고 잠이나 자는 하찮은 나

미치광이 같은 내 생각이 자유롭게 뻗어 가게 놓아두었다.

그리고 두서없는 이 노래를 크게 불렀다.

바깥세상을 관조하건대

상대적 진실의 그릇된 외양만 보일 뿐

궁극적 실재 없는, 거울에 비쳐 반짝이는 듯한

만질 수 없는 허상뿐

정처 없는 떠돌이인 나의 마음은 편안하여라.

생각하는 내 마음을 바라보건대

바람 불듯 자취 없는 움직임만 보이네.

잡을 수 없는 현존, 그 안에서 나고 죽음이 둘이 아니니
정처 없는 떠돌이인 나의 마음은 편안하여라.

돌고 도는 윤회의 고통스러운 본성조차도
간밤 꿈처럼 덧없는 것
잡을 수 없고 실체가 없는 것
정처 없는 떠돌이인 나의 마음은 편안하여라.

더없는 행복으로 가득한 해탈은
바로 내 마음의 순수한 정수일 뿐
그 본성은 공, 일체의 준거를 넘어선 공
정처 없는 떠돌이인 나의 마음은 편안하여라.

윤회와 열반이라는 이원성은
좋고 나쁜 두 가지 개념으로 귀착될 따름
실상 그것은 모든 지표를 넘어선 비(非)이원성
정처 없는 떠돌이인 나의 마음은 편안하여라.[46]

― 라뜨나 링빠

4. 덮개를 제거하고 복덕 쌓기

긴 여행을 하려 할 때 목적지에 확실히 도착하기 위해서는 장애의 소지가 될 만한 모든 것을 없애고 여정에 꼭 필요한 것들과 몇 가지 요소만 챙겨야 한다. 수행하는 사람의 길에서 '정화'와 '축적'으로 불리는 두 단계가 바로 이것에 해당한다. 여기서 정화한다는 것은 어떤 원천적 불순함을 지닌 인간 본성을 '씻어 낸다'는 뜻이 아니다. 사람의 본성을 순수하게 만들려 애쓰는 것은 숯 한 덩이를 수백 년 수천 년 동안 씻어도 하얗게 만들 수 없는 것과 마찬가지로 아무짝에도 쓸모없는 일이다. 그보다는 우리의 참본성 혹은 우리의 '본래 선함'이라 부를 수 있는 것을 가리는 덮개[蓋]를 벗겨 내는 것이 요체이다. 이러한 정화는 금 제련 과정에 비유할 수 있다. 원석에서 금을 제련하고 불순물을 제거하여 본래대로 온전한 금의 광채 나는 모습을 드러내는 일. 혹은 해를 가린 구름을 바람이 흩어 버리는 일과 같다. 구름이 해를 가려도 태양의 빛은 변치 않고 그대로인 것이다.

불교는 덮개를 두 유형으로 구분한다. 이 덮개는 다음과 같은 과정으로 제거할 수 있다.

하나는 탐욕과 성냄, 무명, 오만, 질투 같은 부정적 감정의 덮개. 다른 하나는 사물의 궁극적 본성을 깨닫지 못하게 가리는 좀 더 미묘한 개념적 덮개.

이 정화를 가능하게 하려면 일정 정도 갖추어야 할 것들이 있다. 그리고 유리한 조건도 겸비해야 한다. 갖추어야 할 조건이란 '복덕과 지혜의 구족'이다. 복덕을 쌓는 것은 앞에서 서술한 육바라밀(보시 · 지계 · 인욕 · 정진 · 선정 · 지혜)의 실천에 의해 이루어진다. 지혜를 얻는 것은 육바라밀 중 마지막인 여섯 번째인데, 이는 사물의 궁극적 본성을 깨달음으로써 이루어진다.

❈

살면서 거짓말을 하거나 속이거나 훔치거나 파괴하거나 상처를 주거나 죽임으로써 남에게 해를 끼칠 경우, 또 과거 생에서 그런 일을 저질 렀을 경우에는 강력한 부정적 에너지를 만들어 낸 셈이다. 우리를 환 상과 고통의 악순환에서 벗어나지 못하게 하는 이 에너지는 반드시 정 화되어야 한다. 왜냐하면 이 에너지가 우리의 깨어 있는 본성을 가리 는 두 가지 덮개를 작동케 하여 깨달음으로 나아가는 것을 막기 때문 이다.

다행히도 이 상황을 해결할 수는 있다. 까담빠의 스승들은 이렇게 말했다.

"모든 현상은 인연 화합으로 이루어진 것이며 따라서 부질없는 것이 다. 사꺄무니 붓다의 말씀에 따르면, 정화할 수 없을 만큼 중대한 잘못 은 없다."

이 정화를 잘 하기 위해서는 다음과 같은 '네 가지 힘'에 주의를 기 울여야 한다.

가피의 힘

이것은 그 앞에서 우리 자신의 해로운 행위를 공공연히 인정하면서 그런 일을 하지 않겠다는 서원을 세우는 (대상) 혹은 붓다를 말한다. 가 피의 주체는 '고백의 35불'일 수도 있고, 바즈라사트바* – 정화의 붓

---

* 바즈라야나(Vajrayāna, Vehicule adamantin, 金剛乘)의 신행에서 '바즈라사트바'라는 붓다(또는 보살. 한 역하면 '금강살타')는 몸과 말과 마음을 덮는 장애를 정화하기 위해 수행할 때 불자가 시각화하게 되는 붓 다다. 그러면서 우리는 그 진언을 염송한다. 금강승의 모든 수행에서 그러하듯이 신들은 바깥에 있는, 그

다─일 수도 있고 혹은 자기 자신의 정신적 스승일 수도 있다.

참회의 힘

이는 모든 고통이 우리의 해로운 행위의 과보라는 것을 깨달을 때 자연히 일어나는 감정이다. 지금까지 우리는 분별없는 사람처럼 우리 행동의 결과를 의식하지 않고 행동했다. 만약 행위와 그 결과가 어떻게 연결되는지 볼 수 있다면, 우리는 삶이라는 윤회의 수레바퀴에 우리를 이렇게 묶어 두는 것에 관해 깊은 회한과 크나큰 염오를 느낄 수 있을 터이다.

해독의 힘

그러나 회한만으로는 부족하다. 제대로 정화가 이루어지려면 세 번째 힘, 즉 해독의 힘을 가동시켜야 한다. 몸, 말, 마음으로 짓는 모든 나쁜 행위는 긍정적 행위라는 해독제로 막을 수 있다.

그다음에는 크나큰 신심을 갖고, 지혜의 감로수가 바즈라사트바의 몸에서 흘러나와 머리 꼭대기[百會]를 통해 당신의 몸 안으로 스며든다고 상상해 보라. 그 감로수는 당신의 몸을 가득 채우고, 힘찬 물결처럼 몸의 온갖 불순한 것들, 해로운 행위, 불길한 영향, 덮개들을 씻어 낸다. 당신과 함께 모든 존재가 이와 똑같은 방법으로 정화된다고 생각해 보라. 당신의 몸은 온전히 순수해지고 수정처럼 투명해진다. 바즈

자체의 실체를 지닌 존재로 간주되는 것이 아니라 불성(佛性, 여래장)의 측면들로 간주되는 것이다. 불성이란 본래 모든 존재에 깃들여 있는 본질 혹은 잠재력, 부처 됨을 표현하는 말이다.

라사트바는 미소 짓고, 빛으로 녹아 당신 안에서 스러진다. 당신의 마음과 바즈라사트바의 마음은 이제 하나다. 이 단순한 상태에, 모든 개념으로부터 자유로운 빛나는 공성 속에 잠시 머물라.

결심의 힘

결심이란 목숨을 잃는 한이 있더라도 결코 해로운 행위를 범하지 않겠다는 결심을 말한다. 지금까지는 이런 행위들이 고통의 원인이라는 것을 몰랐지만 이제부터는 더 이상 변명의 여지가 없이 태도를 바꾸어야만 한다. 악행을 저지르고서도 정화할 수 있으니 괜찮다고 생각하면 이는 큰 오류이다. 반대로 상황이 어떻든 과거의 잘못을 다시는 되풀이하지 않겠다고 굳게 결심하라. 이러한 서약을 할 때는 매 순간 대단한 인내력과 정진심이 필요하다.

이 네 가지 힘 덕분에 당신 마음의 너울들은 벗겨질 것이며 깨달음에 내재한 모든 장점이 마치 구름 뒤로 떠오르는 해처럼 찬연히 드러날 것이다.[47]

– 딜고 켄체 린포체(1910~1991)

❖

우리 마음이 간직하는 환상은 지독히도 깊고 강력하다. 그 환상이 우리를 꽉 쥐고 막강한 영향을 미치기 때문에 그것을 없애기가 어렵다. 그러나 환상을 없애는 일은 다르마 실천의 주된 목표다. 우리의 보통 상태와 깨달음 상태의 근본적 차이는 우리 마음이 환상의 덮개에 덮여 있느냐 아니냐, 바로 그 차이이기 때문이다.

꿈을 예로 들어 이 환상의 힘을 보여 줄 수 있다. 꿈꾸는 순간, 우리는 침대에서 평온하고 편안하게 잠들어 있지만 꿈속에서 온 세상이 우리 눈앞에 펼쳐질 수 있다. 심지어 다른 우주로 여행할 수도 있고 그 다른 우주에 사는 사람들을 만날 수도 있다. 실제로 꿈속에서는 어떤 일이라도 일어날 수 있다. 게다가 꿈에서 체험한 '실제'는 우리에게 바로 지금 이 순간 인식하는 실제만큼이나 실체가 있는 것처럼 보인다.

꿈에서 깨어나면 침대라는 한정된 공간에 드러누워 꿈꾼 것일 뿐임을 깨닫게 된다. 그러나 깨어나기 전에는 그것이 환상이요 꿈이요 실재가 결여된 백일몽임을 알아차리게 해 줄 만한 것이 전혀 없다. 마찬가지로 깨어 있는 상태에서 우리는 때로 행복하고 때로 불행하며 행불행 사이를 이리저리 오간다. 요컨대 모든 것이 우리에겐 완벽하게 실재하고 구체적인 것으로 보인다는 것이다.

그렇지만 우리 마음을 덮고 있는 환상의 덮개가 사라지면 우리는 마치 꿈에서 깨어날 때처럼 이 '실재'가 허구에 지나지 않았음을 본다. 우리가 매일 보는 이 세상에 어찌나 중요성과 견고함을 부여했던 것인지를, 그리고 세상이 실제로 존재한다는 것이 우리에겐 그동안 너무도 자명한 사실이었음을 깨닫는다. 꿈의 예는 우리로 하여금 깨어난 존재, 즉 거짓된 환상의 제국에서 해방된 존재가 지금 현재 처한 혼돈 상태를 어떻게 인지하는지 들여다볼 수 있게 한다. 그런 사람의 눈에 비치는 이 상태는, 잠에 빠져 있지 않을 때 꿈을 생각하듯이 더 이상 실체가 없는 것이다.

사실 우리는 꿈속에서 아주 오래 살고 있다. 우리가 밤에 꾸는 꿈보다 더 오랜 시간을 꿈속에서 살고 있는 것이다. 그러나 단 몇 분간의 꿈이건 일생 전체의 꿈이건 어쨌든 꿈은 꿈이다. 죽고 나면 우리는 다른 세상에서 긴 꿈을 다시 시작하게 된다. 이런 식으로 환상이 지속되는 한, 꿈도 이어진다.

붓다의 가르침이 비범한 점은 바로 그가 우리로 하여금 우리가 실재로 여기는 것이 꿈처럼 실체가 없다는 것, 이른바 실재라 하는 이것에 본질이 없다는 것, 그 실재는 그 자체로서 존재하는 것이 아님을 깨닫게 해 주었다는 사실이다. 이를 통해 우리는 사물의 진정한 존재 양식을 깨달을 수 있고, 붓다가 제시한 해탈의 길은 우리에게 근본 무명을 깨치고 깨달음 – 환상에서 완전히 벗어나는 것, 즉 불성 – 을 성취하는 방법을 제공해 준다. 이런 의미에서 이 가르침, 즉 다르마는 '보물 중에서도 가장 소중한 보물'로 숭앙된다. 다르마는 세상이 덧없는 것임을 깨닫고 무명에서 참된 앎[智慧, 般若]으로 나아가기 위한 가장 수승한 방법이다.*

– 뇨슐 켄 린포체(1932~1999)

---

* 1987년 부탄 파로에서 한 법문이다.

❖

옴! 오 우리에게 참으로 잘 감응하시는 스승 바즈라사트바여,

완벽한 모습, 무구한 소라고등의 빛깔,

십만 개의 태양이 뜬 것처럼 환히 빛나고 순수한 바즈라사트바,

천 개의 빛살을 찬란히 내쏘는 주인공,

윤회하는 삼계를 꿰뚫어 아는 영예로운 스승,

세 차원*에 사는 존재들의 유일한 벗

선하신 보호자며, 연민의 신이시여

저의 기도를 들어주소서!

아득한 무시이래로,

저는 돌고 도는 비탈길을 택해 걸었나이다.

밝은 안목을 잃고 윤회의 악도(惡道)를

헤매고 헤매었나이다.

과거 여러 생에서 무명에 싸여

악한 행위들을 범하였사오니

그 모든 행위를 이제는 깊이 참회합니다.

아만**이 저지른

행위들의 힘을 키워 나가며

---

*   땅 위, 공중, 땅 속의 세 차원을 말한다.

**   여기서 '아만(我慢)'이란 우리가 이 자아를 실제로 있는 것이라 믿고 '타인들'에 비해 나의 자아가 높고 강하다고 생각하는 것 - 본래는 전혀 그렇지 않음에도 - 을 말한다.

저는 윤회의 비참한 바다에 깊이 잠겼습니다.

그 안에서 분노의 불길이 제 마음의 흐름을 활활 태웠고

그 안에서 환의 두텁고 검은 켜가 저의 밝은 마음을 가리었습니다.

그 안에서 제 의식은 집착의 큰 바다에 점점 더 가라앉았습니다.

끝없는 오만으로 자꾸 더 나쁘게 다시 태어나는 쪽으로 이끌리며

질투의 강풍에 휩쓸려, 돌고 도는 윤회를 거듭하면서

'나'라는 것이 있다고 믿는 마군의 생각에 끈끈하게

욕망의 심연 속에, 잉걸불이 가득 타오르는

그 구덩이에 빠졌고

거기에서 끔찍한 고통이 참기 힘든 불로 저를 태웠습니다.

이토록 심한 불행을 저는 견딜 수 없습니다.

제가 저지른 악행이 격렬히 덮쳐 와서

제 의식과 기능의 싹을 말려 버렸습니다.

오 은혜롭고 자비로운 보호자시여

덧없는 제 육신이 이렇게 고통받도록 그냥 두시렵니까?

제 무명의 희생자, 정신 못 차린

저는 해로운 중한 업을 지었습니다.

그 악업의 힘이 저를

탐욕의 세상에 루드라* 처럼 다시 태어나게 하였으니

이 악업으로 인해 기진맥진하고 후회 가득하고

회한에 찌들고 만신창이 되었으나

큰 강물처럼 힘센 업의 물결은 변함없으니

업의 힘이 어찌 하면 역류할 수 있을 것인가?

이 모든 과보가 바로 내 행위에서 오는 것인데?

가르침을 귀담아 듣기는 했으나

그대로 따르지는 못하였고

그리하여 나의 몸과 말과 마음은 타락했습니다.

업의 강풍에 휘말려

헤아릴 수 없는 긴 세월 동안

윤회의 캄캄한 감옥 속에서 방황했습니다.

오 보호자시여, 당신의 자비로운 축복이

저의 부정적 행위와 감정으로 생긴 너울을 걷어 주시기를

그리고 저를 당장 당신 곁으로

포근한 어머니 품 같은 당신 곁으로 이끌어 주시기를!

연민 가득한 당신의 얼굴은 마음을 끌어당깁니다.

태양처럼 환하고 달처럼 밝은 얼굴!

무시이래로, 나의 두 눈은

---

* 자아와 현상에 대한 집착 및 이원성(자/타)의 근본 무명을 체현하는 악마이다.

무명으로 흐려져 당신을 알아차릴 수 없었습니다.
오 중생의 보호자시여! 지금 어디에 계십니까?

저지른 행위의 압도적 힘 때문에
겁먹고, 근심에 찌들고, 공포에 질려
간절한 바람 섞인 이 탄식을 뇌까립니다.
그리고 저의 지독한 실패의 절망을 소리로 내지릅니다.
오 은혜로운 보호자시여 지금 제게
그 연민 어린 눈길을 주소서! 그렇지 않으면 제가 죽을 때
제 몸과 마음은 더 이상 함께 있지 않을 것입니다.
그리고 벗들과 도반들로부터 뚝 떨어져
죽음의 마왕이 저를 납치할 것이며
가까운 이도 주위 사람도 더는 없이 저 혼자만을
제 업의 힘이 데려갈 것입니다.
그때는 제게 피난처도 보호자도 없을 터이니
더 미루지 마시고 지체하지 마시고
바로 지금 당장
우리를 해탈케 하는 당신의 능력을 펼치소서!

무시이래로
저 같은 중생들은 저지른 행위에 고통받으며,
나쁜 선택을 하였습니다.
그리하여 윤회의 삼계를 벗어나지 못하고 묶여 있습니다.

억 겁 이래 여러 생을 사는 동안,

숱한 몸을 받은지라

그 몸들을 다 합치면

살과 뼈는 우주만큼이나 광대한 더미를 이룰 터이며

그 몸의 림프액과 피를 합치면 끝없는 대양을 이룰 터이며

그 행위의 숫자를 합치면

필설로 헤아릴 수조차 없을 것입니다.

윤회의 삼계를 헤매어 왔고

수없이 태어나고 죽고 하였음에도

제가 지은 행위는 쓸모 있는 어떤 것도 낳지 못했습니다.

단 한 생에 위없는 깨달음[無上正等覺]에 바친 단 하나의 행위가

무수히 많은 생보다 훨씬 더 값지리니

만약 제 삶을 이렇게 풍부히 만들지 못한 채 죽는다면

그 업과 거기서 발생하는 감정들은 끔찍할 것이며

그 때문에 저는 다시 태어날 것입니다.

살과 피의 덫에 갇힌 몸 받아 태어나 다시 윤회의 쳇바퀴를 돌게 될 것
입니다.

견딜 수 없이 고통스러운 삶의 포로가 될 것입니다.

그리고 끝없는 이 불행은 바로 제가 저지른 행위의 결과일 것입니다.

크나큰 연민으로, 저의 악업의 흐름을 막아 주소서.

그리고 부정적 감정의 바람을 물리쳐 주소서.

제 행위의 무지와 힘 때문에

제가 혼돈의 어둠 속을 끝없이 헤맬 때에

당신의 지혜의 등불이 함께해 주지 않으시렵니까? 행위의 업이 익어

가는 것을 더 이상 제가 못 견딜 때에

크나큰 연민으로 반응하지 않으시렵니까?

제가 악행의 심연 속에 깊이 빠질 때

자비로운 손으로 저를 잡아 주지 않으시렵니까?

사람을 짓누르는 탐욕과 성냄 그리고 어리석음이라는 삼독(三毒)의 병

을 앓을 때에

당신의 보살피는 방편으로 치유 수단을 베풀지 않으시렵니까?

업이 익어 가는 잔인한 불꽃이 저를 활활 태울 때

연민의 시원한 물줄기가 비처럼 쏟아지게 하지 않으시렵니까?

제가 윤회의 고통스러운 늪에 빠져들어 갈 때

능숙한 방편의 자비로운 갈고리로 저를 건져 올리지 않으시렵니까?

윤회의 삼계에 저를 붙들어 두는 원인들을 수천 번 수만 번 정화하고

마침내 도(道)의 과(果)를 얻으면

더 이상 당신의 고귀한 연민을 애원하지 않아도 될 것입니다.

그러나 제 행위의 힘에 의해 제가 여기 머무는 한

다른 누구를 향해 제가 호소할 수 있으오리까?

오 보호자시여 당신은 연민의 힘을 지니셨고

과거 인연의 업은 이렇게도 지속성이 강합니다.

그러니 무심히 그냥 계시지 마옵소서.

진실하게 저를 생각해 주소서. 오 연민의 신이여!

윤회의 진흙탕에서 저를 해방시켜 주시고 당장 저를 이끌어 주소서!

삼신(三身)*의 수승한 상태로 이끌어 주소서!**

– 딜고 켄체 린포체

---

* 붓다의 세 유형(몸)으로 법신(法身), 보신(報身), 화신(化身)을 말한다. 법신은 법, 즉 진리 그 자체를 말한다. 비로자나불과 대일여래가 법신에 해당한다. 보신은 보살이 오랜 수행 끝에 깨달음을 얻어 붓다가된 경우를 말한다. 아미타불과 약사여래가 보신에 해당한다. 화신은 중생 앞에 나타나 그들을 구제하는 붓다로 사꺄무니 붓다와 과거불과 미륵불이 여기에 해당한다.

** 딜고 켄체 린포체가 퉁파 린포체에게 보낸 시. 나란다 번역위원회의 영역을 불역한 것을 번역한 것이다.

❖

부정적 감정을 보리심으로 가는 수행 길에 어떻게 통합할 것인가

나모 라뜨나 구루(승보에 귀의합니다!)

다음은 보리심의 두 형태에 힘입어 강한 증오나 집착을 수행의 실제에 활용하는 방법에 대한 가르침이다.

밀교의 여러 탄트라*는 부정적 감정들을 수행의 길에 통합하는 것에 관해 이야기한다. 그러나 그런 부정적 감정들을 있는 그대로 내버려둔 채 수행에 통합하는 것은 불가능하다. 경전을 보면 마음을 이런 부정적 감정들 쪽으로 향하고 그런 감정들을 과감히 무찌름으로써 수행에 활용하는 방법에 관한 많은 가르침을 찾아볼 수 있다.

탐욕 – 집착을 예로 들어 보자. 저절로 일어나든 아니면 외부의 특정 대상과 접촉해서 일어나든, 탐욕 – 집착이 일어날 때는 다음과 같이 생각해 보자.

"이것이 탐심이구나. 만약 내가 이 탐심을 없애고 정화하고 제어하지 못하면 엄청난 고통이 생겨날 것이다. 특히 악처(惡處)에 태어나 살아가는 괴로움이 생겨날 것이다. 반대로 만약 내가 탐심을 정화하고 제어한다면 나는 온전한 불성에 이르게 될 것이다. 그러니 그렇게 해야겠다."

그다음에는 탐욕 – 집착이라는 원수 같은 감정을 마음에 품고 점점

---

* 티베트불교를 비롯해 힌두교나 자이나교에서 행해지는 밀교 수행법을 말한다. 또는 그 내용을 담은 경전이다.

더 증장시킨다. 마치 이타적 자애심에 관해 명상할 때 하듯이, 점점 그 감정을 키운다. 거기에 모든 중생의 모든 탐심을 덧붙인다. 여기서 중생이라 함은 아직 드러나지 않은 잠재 상태라서 우리 마음을 온전히 차지한 존재들까지 포함한다. 그다음에는 모든 중생이 이로 인해 탐욕 - 집착에서 벗어나 불성에 이르렀다고 생각해 보자. 이것이 상대적 깨달음의 마음을 수행하는 방법이다.

우리는 생각에 의해 산처럼 커다란 탐심에 사로잡힌다. 남들의 탐심도 마찬가지이며 탐심은 그 자체로 마음이 지어낸 것일 뿐이다. 그런데 우리 마음이 스스로를 관찰해 보면, 과거의 생각은 더 이상 없고, 미래의 생각은 아직 있지 않고, 현재의 생각은 우리가 인식할 수 있는 모습이나 어떤 특성이 없음을 확인할 수밖에 없다. 생각은 공간과 비슷해서, 자성이 없다. 우리가 탐심이라고 부르는 것도 사실 그 자체로서의 실체가 없는 이름일 뿐이다.

그러면 이런 것을 깨달은 상태로 가능한 한 오랫동안 명상에 들어보자. 궁극적 보리심에 의해 감정에 접근하는 방법이 바로 이것이다. […]

증오, 그 밖의 다른 부정적 감정들을 하나하나 대상으로 하여 똑같은 수행을 해 보자.

나는 내 스승이 하신 말씀에 따라 이 글을 썼으며 조금도 덧붙이거나 뺀 것이 없다. 우리를 흔들어 놓는 감정들을 마음수행의 길에 통합시킬 수 있도록 하는 이 심오한 가르침의 공덕과 탁월함이 시공 끝까지 널리 퍼져갈 수 있기를.

— 작자 미상

❖

명상 초심자는 아직 명상하는 버릇이 몸에 배지 않았다. 그래서 온갖 현상들 — 예컨대 갑자기 부자가 되는 사건 같은 것 — 이 그 자체로 탐욕, 분노, 혼란 같은 강한 부정적 감정을 촉발할 수 있다. 그러나 이런 감정들이 떠오를 때 그것을 바로 지켜보면 오직 있는 것이라고는 깨어 있는 의식뿐임을 알게 된다. 이것이 바로 이른바 '마음을 번잡케 하는 감정들의 참얼굴 관조하기'라는 것이다. 우리가 감정들의 진짜 본성을 보게 되면 (마치 실재하는 듯한 사물들의) 분석, 포착, 집착에 연관된 생각들은 저절로 멈춘다. 눈을 크게 뜨고 그대 앞의 허공을 응시하라. 그리고 이 순간 마음에 어떤 생각이 떠오르면 그것을 바라보지 말고 그 생각이 어디서부터 떠오르는지를 보라. 그러면 생각은 자취를 남기지 않고 스러질 것이다.

— 직메 링빠(1729~1798)

❖

자신이 하는 일을 세세한 부분까지 알아차리려 노력하면서 신중하고 주의 깊게, 부지런히 행위를 선택한다면 – 단순한 손짓 하나, 음절 하나, 발음과 생각 하나까지도 지금 어떻게 하는지 알아차리면서 한다면 – 당신은 결코 역경에 굴복당하지 않을 것이다. 무슨 일을 하든 진정한 길의 공덕을 성취할 수 있을 것이다. 이것이 핵심이다.[48]

– 깡규르 린포체(1897~1975)

5. 정신적 스승의 마음과 계합하기

'스승의 요가(구루 요가)'* 혹은 '스승의 본성과 계합(契合)하는 일'은 티베트불교 수행의 요체로서, 스승에 대한 깊은 헌신을 기본으로 한다. 이 헌신의 깊이와 차원은 '맹신'이라는 개념을 훌쩍 뛰어넘는 것임을 잘 알아야 한다. 여기서 말하는 헌신이란 스승이 생생히 보여 주는 깨달음의 무량한 공덕에 감사하는 마음에서 나온다. 수행은 명상을 통해 우리 마음을 스승의 마음과 계합시키는 일이다. 이렇게 하면 혼란하고 유한한 우리 견해의 경계를 깰 수 있다. 그렇게 되면 좁디좁은 우리의 내면세계는 스승의 깨달음의 무한한 공간과 하나가 된다.

이는 궁극적 관점에서 보면 우리 마음의 참본성, 그 빛나는 공성과 원초적 자유를 재발견하는 일이다. 그러나 이 과정은 '구루 요가 수행'이라는 촉매 없이는 이루어지기 힘들다.

그러므로 바깥에 있는 스승 덕에 내면의 스승을 인정할 수 있게 되는

---

* 구루는 산스크리트로 영혼의 스승(멘토)을 의미한다. 구루 요가는 '스승과 하나 되기' 명상이다. 즉 명상으로 스승을 심상화(心象化, 이미지화)하는 수행법이다. 스승이 나의 속으로 들어오기를 청하고, 그의 신성한 모습을 시각적으로 상상하며, 그와 하나로 결합하는 수행이다.

것이다. 수많은 탄트라와 주석에서 읽을 수 있는 바에 따르면, 구루 요가
는 불교의 모든 수행 중에 장애를 떨치고 수행의 진전을 확실하고 신속하
게 보는 데 가장 핵심적이고 효과적인 수행이라고 한다. 바로 이러한 이유
때문에 가르침에 서술된 지혜와 자비의 모든 미덕을 지닌 참된 정신적 스
승에게 의지하는 것이 정말 중요한 것이다.

❈

정신적 스승의 중요성과 자격

히말라야에 있는 큰 약초 숲에는 온갖 평범한 나무들이 자란다. 사람들 말에 따르면 그 나무들은 백단(白檀)나무 가지와 접촉하여 그 달콤하고 빼어난 향기를 취한다고 한다. 이와 마찬가지로 우리가 수승한 존재를 자주 접하면, 얼마 안 가 그분의 품성이 우리에게 스미게 된다. […]

퇴폐가 극에 달한 이 시대에 여러 경과 탄트라에 서술된 정신적 스승의 품성을 모두 지닌, 깨달은 존재를 만나기란 힘들다. 그렇지만 스승에게 의지하는 것은 중요하다. 순수한 토대에 비할 만한 마음을 지닌 스승에 의지하는 것은 중요하다. 왜냐하면 스승은 경에 서술된 삼귀의(三歸依)가 뜻하는 바를 모두 알고 실천하는 사람이며, 마찬가지로 그 해독제의 특성과 목적도 터득한 사람이기 때문이다.

이런 스승은 공부하며 해탈해서 주요 경전과 그 주석서들이 어떻게 저술되었는지, 그 의미는 무엇인지를 두루 통달하기에 이르렀다. 그는 마음에 크나큰 연민이 배어 있어 제자들을 잘 돌볼 수 있다. 이런 스승은 네 가지 방법으로 제자들을 이끈다. ①마음이 너그러우며 어떤 집착도 없다. ②제자의 마음에 맞추어 이야기를 한다. ③제자들로 하여금 해탈을 위해 힘쓰도록 한다. ④자신이 말한 바를 몸소 실천한다.

가짜 스승

하지만 어떤 스승들은 브라만처럼 자부심은 강하지만 자기의 유명한 환생 계보나 가계를 지키는 것 그리고 자신의 거처 – 수도원이나 궁 – 를 보존하는 것에만 관심이 있다. 어쨌든 그들의 수행은 거짓이며 오로지 주변 사람과 이익에 따라 움직이는 것일 뿐이다. 더러운 물웅덩이에 몸을 담그면 그만큼 더러워져서 나오듯이, 앞서 말한 것 같은 입장에서 법을 듣고 생각하고 가르치고 탐(貪)이나 상(相)을 세우는 것은 모두 제자들의 마음을 부패시키므로 정법에 역행하는 일이다. 이것이 바로 아까 말한 '더러운 물에 몸 담그기'인 것이다.

어떤 스승들은 마치 나뭇가지를 모아 쌓아 둔 낟가리와 같다. 끝 간데 없이 시끄럽게 자신의 장점을 자랑하지만, 제자들의 마음을 변화시킬 능력도 없다. 그렇기 때문에 나뭇가지를 모아 놓은 낟가리와 같다는 것이다. 이 낟가리들은 곡식 낟가리와 달리, 그 낟알을 빻아서 밀가루를 만들 수도 없다. 그런 스승들은 나쁜 안내자들이다.

또 어떤 사람들은 부정적 감정에 접목된 일반인들과 전혀 다름없이, 과거 생에 어떤 작은 적선을 한 덕에 다시 라마로 태어나기도 한다. [⋯] 수많은 무지한 사람들은 정신적 스승이 갖추어야 할 미덕들을 제대로 인식하지 못한다. 그리고 실제로 미덕을 갖추지 못한 이들을 스승으로 여기며 맹신한다. 정신적 스승이 갖추어야 할 미덕을 갖추지 못한 이들은 실제로는 그렇지 못하면서도 고매한 존재인 양하면서 남들이 갖다 바치는 물건, 돈과 헌공물 그리고 존경의 표시 앞에서 잔뜩 자만한다. [⋯]

또 어떤 사람들은 가르침 부스러기 몇 마디밖에 듣지 않았다. 그런 사람들의 수행 규율은 느슨하다. 왜냐하면 그들은 자신의 발원과 거룩한 인연들이 무엇은 해도 되고 무엇은 하면 안 된다고 정해 놓았는지 알지 못하기 때문이다. 세 가지 수행*을 모르기에 그들은 저열한 심성을 지니고, 오류의 왕국의 지배를 받는다. 그러나 짐짓 자신이 더 없이 높은 경지에 이른 듯이 굴면서 이른바 정신적 가르침이랍시고 대충 풀어놓는다. 이렇게 정신이 없는 안내자에게는 스승이 보통 제자들을 끌어가는 끈이라 할 수 있는 자애와 연민이 부족한데, 이런 사람들에게 의지하다 보면 하열(下劣)한 세상과 악행의 심연을 향한 절벽으로 이끌려 가게 되며, 점점 더 부정적인 방식으로 행동하게 된다.

스승은 제자들보다 훨씬 많은 미덕을 갖추어야 한다. 그런데 이런 점을 갖추지 못한 채 심지어 깨달음도 이루지 못하고 스승이라 자처하는 이들도 있다. 유명세 하나만으로 그들을 신뢰한다면 이는 심각한 무지이다. 이는 장님에게 다른 장님을 인도해 달라고 부탁하는 것이나 다름없다. 이 정도로 지혜의 안목을 갖추지 못한 사람에게 귀의한다면, 이는 짧게 보나 길게 보나 치명적 오류를 범하는 일이다. 이러한 스승들은 자기 제자들이 과연 정법이 가리키는 방향대로 행동하는지 아닌지를 묻지도 않으며, 제자를 돌보는 척하지만 그것은 남들이 자신을 섬기고 떠받드는 것이 좋아서 그러는 것일 뿐이다. 어떤 지혜로운 의도나 가치 있는 이유도 지침 삼아 행동하지 않는 이런 스승들을 섬기

---

* 수행의 세 가지 기본인 계(戒), 정(定), 혜(慧) 삼학을 말한다.

고자 하는 제자들은 실제로 세속의 여덟 가지 관심사[*]를 추구하느라
그런 스승을 떠받드는 셈이다. 이런 사람을 자기 스승으로 택한 경우,
해야 할 바와 하지 말아야 할 바를 결코 깨닫지 못할 것이 확실하며 고
통스러운 운명의 검은 어둠 속을 떠돌게 될 것이다.

이 모든 것으로 미루어 어떤 분을 스승으로 삼고자 할 때는 그분이
정말 수승한 분인지 면밀히 파악해야 한다. 확실히 알아보지도 않고
덜컥 스승을 삼는 초심자는 비록 신심이 있고 진정 수행을 바란다 할
지라도 금생의 공덕이나 미래에 지을 공덕뿐만 아니라 수행을 함으로
써 생기는 품성들까지 모두 헛되이 낭비하는 셈이 될 것이다. 그들이
온전한 여덟 가지 자유^{**}가 주어진 사람 몸을 받아 사는 이 생의 유리한
버팀대 – 여러 생을 살면서 이 자유를 누리지 못하다가 이번 생에 잠시
만 누리는 것일진대 – 도 쓸모없이 되어 버릴 것이다. 마치 독사의 거
무튀튀한 몸을 나무 그늘로 알고 거기 몸을 뉘어 쉬려는 사람과 같다.
만약 잘 살펴보지도 않고 덜컥 눕거나 앉는다면 그는 뱀에게 물려 고
통을 받게 될 것이다. 사람이 속는 것도 바로 이와 같다. 『비디아다라
스의 바구니』^{***}에서 이런 말씀을 읽을 수 있다.

제자들에게 제대로 답할 능력이 안 되는 무지한 스승,

---

* 　92쪽 각주 참조.

** 　다르마를 수행할 수 없는 여덟 가지 조건을 면한 것을 뜻한다. 즉 지옥, 아귀, 축생, 천상에 태어나지 않은
　　것, 붓다의 가르침이 미치지 않은 변방에 태어나지 않은 것, 사견(邪見)을 갖고 태어나지 않은 것, 붓다가
　　출현하지 않은 세상에 태어나지 않은 것, 이해 능력이 없이 태어나지 않은 것. – 옮긴이 주

*** 　롱첸빠 등에 따르면 경률론으로 구성된 삼장(三藏)에 더하여 이것이 제4장 즉 탄트라를 구성한다고
　　한다.

제자들을 잘 점검하지 못한 스승,

그런 스승은 제자들의 악마가 될 것이다.

참된 스승

수많은 경전과 주석서를 공부한 사람, 그리하여 깨달음의 견해가 열리고 세 가지 계를 비범하게 실천하여 제자들을 해탈시키는 데에 빼어난 사람, 이런 사람들이 다르마의 긍정적 미덕을 모두 갖춘 수승한 스승이다. 그들은 모든 일반적 증득과 수승한 증득, 즉 사람들이 수행을 통해 얻는 이런 품성들의 뛰어넘을 수 없는 원천이다.

참된 스승의 모든 활동은 자기가 돌보는 다양한 사람들을 이끌어 해탈의 길로 들어서게 하는 것을 유일한 목적으로 한다. 그는 모든 외면적 현상을 꿈과 환상으로 보며, 그의 실제 수행은 하늘만큼이나 광대하다. 비록 그의 말과 행위가 때로는 일반 관습과 배치되고 상식에 맞지 않는 것 같더라도 그에 대해 그릇된 의견을 키우지 말라. 왜냐하면 그가 중생을 이끌기 위해 이러저러한 일을 하는 특별한 이유가 충분히 있기 때문이다.

이런 스승은 보통의 존재들보다 확실히 월등하여 경전, 의미, 실제 수행, 장애 제거 등에 대해 제자들의 의문을 모두 해결해 주는 전문가다. 그는 모욕과 무시를 당하거나 그 밖의 나쁜 대우를 받더라도 결코 낙심하지 않으며, 심신이 아무리 지치더라도 자신이 할 일을 꾸준히 하면서 참을성 있게 그 고단함을 견딘다. [⋯]

이런 스승은 배[船]에 비할 수 있다. 왜냐하면 사람들은 그의 핵심 가르침을 내면으로 체험하면서 윤회하는 세상이라는 이 고해를 건널 수 있기 때문이다. 이런 스승은 참된 안내자이다. 그는 결정적 의미를 지닌 경들과 탄트라의 수승한 길과 일반적인 길을 왜곡 없이 제대로 설명해 주기 때문이다. […]

이렇게 바른 방법으로, 신심으로, 위선 없이 헌신하는 마음으로 이런 스승을 따르는 사람들은 힘들이지 않고도 마치 비를 맞듯이 이 세상보다 더 차원 높은 세상들에 연관된 모든 품성들 – 건강, 장수, 자애, 연민 같은 깨달음의 궁극적 완성 등 – 을 받을 것이다.[49]

– 깡규르 린포체(1897~1975)

❖

스승은 '지어 감*'의 험난한 바다를 건너게 해 주는 큰 배이자, 해탈의
굳건한 땅으로 인도하는 불굴의 선장이자, 업과 부정적 감정의 잉걸불
을 꺼 주는 감로수 빗물이자, 무명의 어둠을 걷어 내는 해와 달이자, 선
하건 악하건 모든 것을 지탱해 주는 단단한 땅이자, 일시적인 행복과
궁극적 행복을 주는 서원(誓願)의 나무이자, 넓고 깊은 가르침의 보배
이자, 수행 길에 필요한 모든 것을 베풀어 주는 마법 같은 보석이자, 모
든 중생을 차별 없이 사랑하는 부모이자, 지체 없이 남들에게 도움의
손길을 내미는 연민의 큰 강물이자, 세속의 관심사들 위로 우뚝 솟아
정념(情念)의 바람에 흔들리지 않는 기쁨의 산이자, 일체중생에게 골고
루 선행의 비를 뿌려 주는 구름이다. 사람들이 스승을 보고 듣고 그를
생각하고 손 한번이라도 스치면서 맺는 관계는 모두 해탈로 이어진다.
스승에게 믿음을 두는 것은 깨달음으로 가는 가장 확실한 방법이다.
스승이 지닌 연민의 따스함과 그 지혜는 우리 마음의 딱딱한 광물질을
녹여 우리가 지닌 깨달음의 잠재력이라는 황금, 즉 우리의 불성을 드
러나게 한다.[50]

- 딜고 켄체 린포체(1910~1991)

---

* 불어로는 드브니르(devenir), 빨리어로는 상카라(saṅkhara), 한자로는 '행(行)'으로 번역되며 중생이 '지
어 가는 온갖 것들'을 말한다. - 옮긴이 주

외면적으로 보면, 스승은 인간의 모습으로 나타나 해탈의 길을 가르친다. 그러다 보면 그의 가르침과 축복의 효과로 우리가 스승의 깨달음과 같은 깨달음에 이르게 되는 순간이 온다. 그때 우리는 알게 된다. 내면의 스승 혹은 절대적 스승은 항상 그 자리에 있었다는 것을. 스승이란 다름 아닌 우리 자신의 마음의 본성인 것이다.

— 잠괸 콩툴 로되 타예(1813~1899)

만약 우리 헌신의 태양이
눈 쌓인 산봉우리 위에서 빛나지 않는다면
스승의 네[四] 몸에서
축복의 감로수가 전혀 흘러나오지 않으리.
그러니 우리 마음은 헌신을 향해 달음질치네![51]

— 디궁 꾀빠 직뗀 곤뽀(1143~1217)

❖

　　허공에 일어나는

　　은빛 안개처럼

　　스승의 우아한 형상은

　　편재하는 영원 속에 나타나리.

　　무지개의 홍예를

　　천천히 덮으며 내리는 감미로운 소나기처럼

　　스승은 그 심오한 가르침을

　　무지개 같은 빛살 아래

　　비처럼 내리게 하시리.

　　너른 초원에

　　내리고 또 내리는 비처럼

　　이 가르침은 그대의 신심 깊은 아들의

　　마음속에 남으리.

　　풍성하고 감미로운 벌판에 피어나는

　　알록달록한 꽃들처럼

　　성취의 체험은

　　내 마음속에서 솟아나리.

　　처음엔 마음의 친구를 스승 삼았고

그러다 경전을 스승 삼았고

마침내 나 자신의 마음을 스승 삼았네.

개인적인 해방을 선포하는 스승의 가르침을

나 자신의 해탈을 위해 받아들였네.

나의 수행은 악을 피하고 선을 닦는 것.

깨달음의 영웅인 스승 혹은 보살로부터

보리심 내기 위한 대승의 가르침을 받아들였네.

나의 수행은? 나 자신보다 남들을 더 위하는 것.

금강승의 스승으로부터

밀교 진언의 지침, 입문 교육 그리고 가르침을 받아들였네.

나의 수행은? 믿음, 공경, 맑은 견해를 기르는 것.

— 샵까르(1781~1851)

❖

좋은 제자와 나쁜 제자

스승을 따르는 제자는 스스로를 아득한 옛날부터 '부정적 감정이라는 병'에 걸린 환자처럼 생각해야 한다. 그리고 다르마의 가르침을 그 병에 대한 치료법으로, 도반은 유능한 의사로, 그 가르침의 꾸준한 실천은 병 낫는 방법으로 생각해야 한다.

　이와 마찬가지로 다른 비유를 들 수 있다. 제자는 스스로를 여행하는 나그네로, 스승은 그를 적으로부터 보호해 주는 수호자로 여겨야 한다. 자신을 위험에 빠진 사람으로, 스승을 그런 자신을 보호하는 용감한 벗으로 생각해야 한다. 자신을 배 타고 바다 건너 떠나는 상인으로, 스승을 선장으로 생각해야 한다. 자신을 (큰 강을 건너야 하는) 순례자로, 스승은 그 강을 건너게 해 주는 사람으로 생각해야 한다. [⋯]

　심오한 가르침을 믿지 않는 어떤 사람들은 처음에 소소한 선물을 받는 것에 만족해서 피상적 믿음만 가진다. 이런 믿음은 아침에 있다가도 저녁이면 사라지는 이러저러한 상황에서 나오는 것인지라 진정한 믿음이 아니어서 사계절이 바뀌듯이 이랬다저랬다 한다. 이런 믿음은 내던져 버려 마땅한 믿음이다. [⋯]

　그들을 믿음 쪽으로 이끌기 위해 사용되는 여러 방법에도 불구하고 어떤 사람들은 애초에 해탈의 길로 들어서는 것을 망설인다. 그들은 마치 울타리 처진 목초지에 한사코 들어가지 않으려고 버티는 야생 야크와 같다. 그리고 그들은 공부와 깊은 생각에 흥미가 없다. 그들은 이 방향으로 노력하는 사람들을 싫어하며, 금생의 세속적인 활동에 몰두하기를 더 좋아한다. 마지막으로 그들은 자신이 세운 서원과 거룩한 인연들을 소홀히 하고 좋지 못한 친구를 사귀고 수행의 길과 어긋나는 행동을 하면서 스승과 도반에게서 멀어진다. 그들은 멀리 떨어진 숲에 살며 다른 인간들을 가까이하지 않는 원시인들과 똑같다.

지극히 수승한 스승을 바로 앞에 모시고 있으면서도 서로들 온갖 잡소리만 늘어놓는 사람들이 있다. 예컨대 그들은 좀 더 덕스럽고 한적한 곳에 은거해야 수행이 더 잘 되겠다는 둥 이야기를 한다. 그리고 서둘러 그런 곳으로 떠나가지만 어디에 가든 안 좋은 것들만 접하다가 결국 다르마에 등 돌리고 도로 사악한 일들에 빠지게 된다.

반면 이런 사람들도 있다. 그 당장은 은거하여 수행에 집중하라는 권고를 듣고 일단 은거하지만, 스승이 베풀어 준 가르침을 실생활에 적용하는 일을 게을리하다 보니 꾸준한 수행은 물 건너 간 형국이다. 나른하게 풀어지고 딴생각에 마음이 흩어진 채로 시간만 가고 그들은 하루에 단 한 번도 제대로 앉아 명상하지 못한다. 이런 사람들을 보면 바람 부는 대로 이쪽저쪽으로 눕는 '쿠샤 풀'이 생각난다.

또 어떤 이들은 위선의 달인으로 통하는데, 재물과 명성으로 만족하지 못한다. 스승의 입문 교육, 전수, 가르침 같은 것을 무슨 상품처럼 생각하고 그것을 받는다는 사실과 직결되는 위세에 갈급하여 스승을 잘못으로 이끌겠다는 의도로 접근한다. 마치 사향 사슴을 잡을 때 하듯이 스승이 걸려 넘어질 만한 함정을 판다. 그들은 스승의 선한 품성에 대해서는 생각하지도 않고 마치 암사슴을 잡아 소중한 사향주머니를 떼어 내듯이 스승의 수승한 법을 가로챈다. 그리고 자신들의 서원과 거룩한 인연은 가차 없이 던져 버린다. 그리고 이런저런 가르침을 받은 최고 권위자급에 속한다는 것을 즐기며 으쓱해한다. 이처럼 스승과 이어진 거룩한 인연을 함부로 흔들어 대는 자들은 금생과 다음 생에서 불운이 기다린다.

요컨대 아주 다양한 제자들이 많지만, 일반적으로 제자라는 사람들을 세 부류로 나눌 수 있다. 각 부류의 특성을 잘 연구하는 것이 중요하다. 첫 번째는 진정한 믿음을 갖춘 사람들이다. 그들은 기필코 윤회를 벗어나겠다는 자세가 되어 있다. 다르마에 대한 깊은 관심으로 움직이는 그들은 참된 가르침을 귀담아 듣고 그 의미를 깊이 생각하고 명상을 통해 그것을 내적으로 체험한다.

두 번째는 겉모습은 수행자 같으나 윤회에서 벗어나려는 마음이 전혀 없는 사람들이다. 그런 이들은 오로지 이 생에서 이득과 명예를 얻는 것밖에 관심이 없다.

마지막으로, 이 첫 번째나 두 번째 부류에도 속한다고 말할 수 없는 사람들이다. 이들은 어리석게 남들이 하는 바를 그대로 따라 하기만 하는 거짓 수행자들이다. 그들은 다르마의 길에 믿음도 진정한 열망도 없이 가볍게 들어서서 원숭이처럼 명상 수행을 하고 앵무새처럼 경이나 기도문을 외며 시늉에 몰두한다. 그들은 마침내 세속뿐만 아니라 수행자 세계에서도 배척받고 주인 없는 들개 같은 신세가 된다.

대조적으로, 좋은 제자는 믿음이라는 탄탄한 갑옷을 입고 있다. 진리를 보는 행운을 누린 나가보디*와 슈리냐냐**처럼 그들은 스승과 가르

---

* 나가르주나의 가장 가까운 네 제자 중 하나로, 원래는 브라만 신분의 도둑이었는데 스승에게 마음의 본성에 대한 설법을 듣고 공성을 깨달았다.
** 정확한 이름은 '아티샤 디빵까라 슈리냐냐'. 1042년 티베트에 왔다. 그전에 비크라마실라 대학에 있을 때

침을 섬기며 자신의 몸과 생명을 위태롭게 할 수 있는 것도 괘념치 않는다. 그리고 밀라레빠처럼 스승의 가르침을 자기 멋대로 요령 부리지 않고 그대로 따른다. 이런 사람들은 자기 스승에 대해 품은 헌신의 마음 하나만으로도 해탈한다.

제자들은 믿음을 지녀야 한다. 믿음은 명철하고 의심 없는 지성과 마찬가지로 모든 정신적 품성의 원천이다. 제자들은 다르마와 일치하는 것과 그렇지 않은 것을 구분할 만큼 충분한 앎을 지녀야 한다. 그들은 대승의 수준 높은 연민 그리고 서원과 거룩한 인연을 존중해야 한다. 몸과 말과 마음을 평온하게 하고 제어함으로써 마음을 넓게 쓰고 정신적 형제자매인 도반들이나 주변 사람들과 서로 잘 맞도록 해야 한다. 베풂을 받아 마땅한 사람들에게 아낌없이 주는 마음을 가져야 하며, 감관이 맑아야 하며 남들의 의견을 존중하는 미덕을 갖추어야 한다.

좋은 제자는 생각이 바른 아들처럼, 스승을 기쁘게 하고 흡족케 하는 일에 아주 주의 깊게 임해야 한다. 흠 없는 말씨를 지니고, 설령 스승이 엄하게 여러 차례 꾸중할 필요가 있다고 판단하더라도 그는 성내지 않는다. 거리에 상관없이 오가도 지치지 않는 배처럼, 그는 스승의 필요에 부응하고 맞추면서도 지치지 않는다. 다리처럼 그는 좋고 나쁜

섬기던 타라 보살이 현신하여 "어떤 일이 있어도 티베트로 가라! 가면 법에 도움이 될 것이며, 우바새들과 함께한다면 더욱 유익할 것이다. 그러나 그리하면 너의 수명은 이십 년 단축될 것이다"라고 했다. 아티샤는 중생과 법에 이득이 된다면 상관없다고 생각하고 목숨이 줄어드는 것에 개의치 않고 티베트로 갔다. 책 뒤쪽의 〈이 책에 소개된 주요 인물〉 설명 참조.

모든 상황, 칭찬과 폄훼, 고락을 감내한다. 망치질을 견뎌 내는 쇠모루처럼, 그는 여름 더위도 겨울 추위도 견딘다. 그는 하인처럼 모든 면에서 스승의 지시에 순종한다. 스승과 도반들을 존경하고, 빗자루로 좋은 것이든 나쁜 것이든 모두 골고루 쓸어 내는 사람처럼 자만심을 품지 않는다. 뿔이 깨진 늙은 소처럼 그는 자신의 허물을 알고 있으며 오만하게 굴지 않고 가장 겸손한 자리를 택한다. 대승 경전에 따르면 이 것이 스승을 따르는 지침이다. [...]

스승을 둘러싼 사람들 - 친한 제자, 시자(侍子) 등 - 사이에 차별을 두어 누구에게는 집착하고 누구에게는 적대적으로 굴지 말라. 남에게 짐이 되지 말고, 허리띠처럼 응대하기 수월한 사람이 되라.* 힘센 사람이든 보잘것없는 사람이든 모든 이에게 자신을 맞추어 소금처럼 되라.** 끝으로 피곤, 짜증, 배은망덕한 행동들을 참을성 있게 견디면서 기둥처럼 살라. 스승의 주변 사람들, 스승에게 덕행을 베푸는 사람들 그리고 우리의 '금강석 같은 남녀 도반들'***과 더불어 이렇게 살아가야 한다.

법보(法寶)를 소지한 스승, 그를 백조처럼 생각하고 따라야 한다. 백조는 푸른 잎과 꽃들로 뒤덮인 호수에 살며 그곳의 갖가지 식물과 다른 영양분을 평온하게 섭취한다. 아니면 이 꽃 저 꽃 날아다니며 꿀을

빨되 꽃의 향기와 빛깔을 손상시키지 않는 꿀벌처럼 생각해도 좋다. 그렇게 행동한다는 것은 놀라운 일이 아닌가? 기진맥진하지도 굴복하지 말고, 스승의 마음에 들지 않는 일은 절대로 하지 않겠다고 마음먹고 그것을 철저히 지킴으로써 스승의 발원을 존중하라. 그러면 스승을 믿는다는 그 사실 하나로 말미암아 스승의 깨달음의 품격을 당신도 맛보게 될 것이다.[52]

– 깡규르 린포체

※

빠뚤 린포체와 도 켄체 예셰 도르제, 두 사람의 결정적 만남에 관한 이야기

빠뚤 린포체는 위대한 요가 수행자 도 켄체에 대해 끝없이 헌신하는 마음을 가졌고, 그를 살아 있는 붓다로 생각할 정도로 존경했다.

어느 날 도 켄체가 천방지축에다 예측 불허인 떠돌이 요가 수행자처럼 행동하면서 자추카 지방에 간다고 했다. 이때 옆을 지나던 빠뚤을 도 켄체가 큰소리로 불렀다.

"어이! 빠뚤! 자네 용기 있으면 이리 좀 와 봐!"

빠뚤이 손에 닿을 만큼 가까이 오자 도 켄체는 그의 머리채를 잡고 땅바닥에 쓰러뜨리더니 질질 끌고 다녔다.

빠뚤은 도 켄체가 술을 마셨다는 것을 바로 알아차렸다. 그가 숨을 쉴 때마다 술 냄새가 났기 때문이다. 그는 속으로 이렇게 혼잣말을 했다. '이분처럼 훌륭한 스승도 취해서 이렇게 갈팡질팡할 수 있구나!' 그러자 그의 기억에 붓다가 말씀하신 음주의 해독(害毒)이 다시 떠올랐다.

바로 그때, 도 켄체가 꽉 쥐었던 손을 풀고 빠뚤을 놓아 주었다. 그리고 그를 뚫어지게 쳐다보면서 말했다.

"푸아! 미친개 같은 녀석, 그 머릿속에는 역겨운 생각과 궤변만 잔뜩 들었구나!"

그리고 그의 얼굴에 침을 뱉으며 지독한 경멸의 표시로 새끼손가락을 그에게 내보이더니 가던 길을 갔다.

빠뚤은 문득 그의 행동에 담긴 의미를 깨달았다.

"내가 완전히 잘못 생각한 것이었어! 방금 스승님이 내게 준 것은 마음의 본성에 관한 심오한 가르침이야."

그는 명상 자세로 앉아서 구름 한 점 없는 하늘같이 투명한 순수 의식을 저절로 체험했다. 그것은 마치 새벽이 지나고 환히 빛나는 태양이 떠오르는 것과 같았다. 빠뚤에게는 일찍이 첫 번째 스승 걀와이 뇽구가 원초적 의식을 보여 준 것이 새벽에 해당하는 일이었다.

나중에 빠뚤 린포체는 이 일화를 농담처럼 얘기하면서 이렇게 말했다. "'미친개'는 도 켄체가 나를 입문시키면서 붙여 주신 이름이지"라고. 그리고 빠뚤 린포체는 자신이 집필한 어떤 책의 저자명으로 이 별칭을 썼다.*

---

* 딜고 켄체 린포체가 해 준 이야기다.

제3장

마음수행
실천하기

1. 마음의 본성 깨닫기

　마음이 스스로를 점검할 때, 자신의 본성에 대해 무엇을 깨달을 수 있을까? 첫째로 마음이 확인하는 사실은 우리 감각, 기억, 상상으로 촉발된 수많은 생각이 우리도 모르는 새에 끊임없이 마음을 관통한다는 것이다. 그러나 이 움직임 뒤에, 심지어 생각이 없을 때도 항상 존재하는 첫 번째 의식, 즉 이른바 인식의 근본 기능이라 부를 수 있는 그 무엇도 있지 않은가?

　끊임없이 관찰해 보면 이 깨어 있는 현존 그리고 그 안에서 생각들이 일어나는 방식을 반드시 체험할 수 있다. 그러니까 그 있음은 일정 방식으로 존재하는 것이다. 그러나 그게 있다는 것 말고는 우리가 그에 대해 무엇을 말할 수 있겠는가? 우리가 면밀하고 주의 깊게 검토해 볼 때 생각들에 어떤 특성이나 실체가 있다고 말할 수 있는가? 생각들은 어디에 있는가? 생각에 색깔이나 형태가 있는가? 찾아보아도 소용없고, 결국 앞에서 언급한 그 인식 기능만 발견할 수 있을 뿐이다. 그러나 그 또한 그 자체로서 실체는 없다. 불교는 이런 의미에서 마음은 '당체(當體, 해당하는 실체) 없이 비었다'고 확실히 말하는 것이다.

생각의 '공성'이라는 이 개념은 우리에게 어떤 도움이 될 수 있는가? 한 생각 혹은 분노 같은 하나의 감정이 우리 마음에 일어날 때, 보통 어떤 일이 발생하는가? 우리는 속수무책으로 그것에 빠져 버린다. 이 생각은 점점 커져 수많은 다른 생각들을 낳고, 그 생각들은 우리를 어지럽히고 눈멀게 하고 자극하여 어떤 말을 내뱉거나 어떤 행동을 범하게 한다. 그런 말이나 행동은 때로 과격해서 남들을 괴롭히고 우리 자신에게도 후회거리를 남기기 마련이다. 그런데 이런 연쇄 반응이 일어나게 두지 말고 생각들이 확산되기 전에 점검하는 일이 가능하다. 그렇게 해 보면 생각에는 견고한 실체라 할 것이 없다는 것을 알게 되며, 생각에 꽉 잡혀 있는 상태에서 해방되는 것이 가능해진다.

생각의 공한 본성을 알아차리면 또 하나의 이점이 있다. 생각들이 깨어 있는 의식, 즉 근본 마음에서 생겨났다가 종내는 그 속으로 다시 흡수된다는 것을 깨달으면 ─ 마치 대양의 파도들이 나타났다가 도로 없어지는 것과 같다 ─ 내면의 평화를 향해 커다란 한 발자국을 내디딘 셈이다. 이리되면 생각이 사람을 해칠 수 있는 힘의 큰 부분을 잃어버리기 때문이다.

이런 방법에 익숙해지려면, 한 생각이 마음에 일어날 때, 그 생각이 어디서 오는지를 보려고 노력해 보자. 그리고 생각이 사라질 때는 어디로 갔는지 자문해 보자. 과거의 생각이 사라지고 미래의 생각은 아직 표현되지 않은 그 짧은 틈새 시간 동안 우리 마음의 본성을 관해 보자. 빛나는 순수 의식, 우리가 마음에 쌓아 올리는 것들에 의해 변하지 않는 그것이 포착되지 않는가? 이렇게 하다 보면 조금씩 조금씩, 직접 체험에 의해 불교에서 '마음의 본성'이라 하는 것이 무엇인지를 깨닫게 된다.

보통 '마음'이라 부르는 것은 휘몰아치는 생각들의 회오리바람과 같아서 집착과 거부, 기쁨과 고통 사이를 오간다. 이 생각들은 우리 안에 혼란 상태를 유지시키고, 혼란 상태는 또 윤회의 고리를 영속시킨다. 깨어 있는 의식과는 반대로, 이런 생각의 흐름은 우리를 끊임없이 하나의 환상에서 다른 환상으로 이끈다. 탐욕이나 증오의 느낌은 갑자기, 길 가다 뜻밖에 친구나 원수를 만난 상황처럼 무척이나 다양한 상황에 의해 촉발된다. 이런 느낌들은 즉시 적절한 해독제, 즉 방편을 써서 막아 내지 않으면 깊이 뿌리내리고 확 번져 가면서 마음을 어지럽히는 감정의 힘을 강화한다. 또 불행한 결과에 이르는 성향을 끊임없이 더 많이 만들어 낸다. 그렇지만 겉으로 나타나는 힘이 크든 작든, 그것들은 결국 공한 본성을 드러내며 사라지고 말 생각들일 뿐이다. 우리가 마음의 참본성을 깨달으면 그 즉시, 나타났다 사라지는 것처럼 보이는 생각들이 결코 그치는 것은 아니지만 더 이상 우리에게 영향을 주거나 우리를 현혹할 수 없다. 마치 하늘에 생겨나 잠시 머물다 허공 속에 스르르 없어져 버리는 여름날의 구름처럼, 부질없는 생각들도 우리 안에 일어나 한순간 머물다가 마음의 텅 빈 차원 속으로 스러지는 것이다. 사실은 아무 일도 진짜로 일어난 적이 없는 것이다.

수정 한 조각에 햇빛이 통과하면 그 광선으로 말미암아 색색이 아롱진, 밝고 찬란한 빛이 나타나지만 그 빛은 실체가 없다. 생각도 마찬가지다. 탐욕이든 헌신이든 연민이든 악의이든 그 무엇이든, 한없이 다양한 모습으로 나타나지만 잡을 수 없고 만질 수 없다. 물질이 아닌 것이다. 순수 공성이 아닌 생각은 없다. 생각이 일어나는 바로 그 순간 이를 깨달을 수 있다면, 생각들은 사라진다. 예컨대 생각이 표현하는 증오 같은 것은 더 이상 우리를 흔들 수 없다. 그 밖의 번잡스러운 감정들도 저절로 멈출 것이다. 당신은 더 이상 악의적 행위를 범하지 않을 것이며 따라서 더 이상 고통을 자아내지도 않을 것이다.[53]

– 딜고 켄체 린포체(1910~1991)

❖

마음은 보통 두 가지 상태이다. 평온한 상태와 출렁이는 상태. 마음은 때로 차분하여 마치 잔잔한 수면처럼 아무 생각이 없기도 하다. 이것이 마음이 평온한 상태다. 이 상태는 보통 오래가지 않는다. 생각들이 떠오르고 출렁인다. 실제로 생각의 출렁임은 일견 평온과 명확히 구분되는 것 같지만, 이 두 상태는 본성상 아무 차이가 없다. 두 상태 모두 그 자체로서의 실체가 없다는 것이 특징이다. 평온도 출렁임도 마음의 두 면모일 뿐이다.

대부분 우리는 자신의 마음 상태를 알아차리지 못한다. 심지어 우리 마음이 차분한지 출렁이는지 그것도 잘 살피지 않는다. 명상 시간에 앉아서 문득 장 보러 가는 생각을 한다고 치자. 이 생각을 스스로 알아차리고 저절로 스러지게 놓아두면, 생각은 거기서 더 멀리 나아가지 못한다. 반면 그 생각을 알아차리지 않고 점점 더 커지게 놓아두면 그 생각은 두 번째 생각, 예컨대 명상 수행을 중단하고 싶다는 생각을 낳고 이어 세 번째 생각, 자리를 박차고 일어나 시장 쪽으로 가고 싶다는 생각을 낳는다. 머지않아 또 다른 생각들이 당신 마음에 마구 떠오를 것이다. 이건 어디서 살까, 저건 어떻게 팔까, 이런 생각들. 그렇게 되면 당신은 명상에서 이미 아주 멀어진 셈이다!

생각들이 하나둘 꼬리를 물고 떠오르는 것은 너무도 당연한 일이다. 우리의 목적은 생각을 멈추는 것이 아니다. 그건 불가능하다. 우리의 목적은 생각을 놓아 버리는 것이다. 지금 이 순간의 단순함과 생생함 속에 머무르면 그럴 수 있다. 생각이 떠오르고 사라지도록 가만히 두고 생각을 조장하지도 생각에 집착하지도 않으면 그럴 수 있다. 생각의 움직임을 더 이상 부추기지 않으면 생각은 저절로 스러져 흔적도 남기지 않는다. 마음에 무엇을 자꾸 구축하여 평온한 상태를 바꾸는 일을 더 이상 하지 않다 보면 애쓰지 않고도 마음을 자연스러운 평온 상태로 유지할 수 있다.

　때로 아주 많은 생각이 한꺼번에 밀어닥칠 수도 있다. 그럴 때는 생각이 오게끔 놓아두고 그 생각들 속에서 불변인 것, 즉 마음의 근본 성품을 관찰하라. 또 때로는 밀어닥치는 생각의 흐름을 돌연 끊고 그렇게 적나라하게 드러난 깨어 있는 의식을 지켜보라. 한 생각이 나타나자마자, 그 공한 본성을 알아차리라. 그 생각은 즉시 두 번째 생각을 불러일으키는 힘을 잃을 것이며 그리하여 환상의 사슬은 끊어질 것이다. 앞에서 말한 바와 같이, 그렇다 하여 마음의 자연스러운 활동을 없애버리거나 떠오르는 생각마다 특별한 해독제를 써서 끊어버리려 애써야 한다는 뜻은 아니다. 설령 그런 시도를 한다 해도 그것은 불가능할 것이다. 단지 생각의 공성을 알아차리고 생각들이 편안히 이완된 마음 속에서 맑아지게 두어 마음의 원초적이고 불변하는 본성이 뚜렷하고 안정적으로 다시 나타나게 하면 된다.

　습관의 힘에 의해 우리 마음은 끊임없이 숱한 생각이 난무하는 극장이 된다. 이 생각들은 하나씩 하나씩 과거로 사라지며 현재의 생각에 자리를 내어 주는 것 같고, 또 현재의 생각들은 미래의 생각들을 낳는다. 생각 하나하나가 다음 생각을 강화하다 보니 시간이 가면서 이어지는 생각들의 힘은 연쇄적으로 증가한다. 이처럼 연속되는 덧없는 생각들에 우리는 의식 혹은 마음이라는 이름을 붙이는데, 이는 죽 이어진 진주 구슬에 목걸이라는 이름을 붙이는 것이나 마찬가지다. 생각들은 의식의 흐름을 이루고, 이런 의식이 여러 생의 대양에 에너지를 댄다. 우리는 단지 깊은 생각이 부족하여 이런 마음이 실재한다고 믿는다. 하지만 강물은 몇 분의 일 초라는 짧은 시간에도 결코 같은 강물인 적이 없다. 그런데도 우리는 우리 눈에 보이는 강물이 어제 본 강물과 똑같다고 생각한다. 하지만 사실 그 강물은 아마도 이미 큰 바다로 들어갔을 것이다. 아침부터 저녁까지 우리 마음을 관통하며 우리 마음이 절대 독립된, 그 자체만의 정체성이 있는 하나의 실체가 아님을 보여주는 무수한 생각도 강물과 마찬가지다.

그러므로 우리 마음에서 일어나는 일을 주의 깊게 점검해 보자. 과거의 생각들은 시신과 마찬가지로 죽은 것이다. 미래의 생각들은 아직 존재하지 않는다. 현재의 생각들은 우리를 꽉 잡고 있으나 빛깔도 모습도 없으며 결코 그 위치를 정할 수도 없다. 그것들은 절대적으로 포착할 수 없다. 게다가 논리적으로 볼 때 과거의 생각, 현재의 생각, 미래의 생각은 서로 만날 수 없다. 만약 과거의 생각과 현재의 생각 사이에 어떤 지속성이 있다면, 그건 과거의 생각이 아직도 있으며 스러지지 않았다는 뜻이다. 아니면 현재의 생각이 과거에 속해 있어 지금은 있는 것이 아니라는 얘기가 된다. 만약 과거가 이렇게 현재에까지 확장될 수 있다면 그 결과 미래도 역시 이미 여기 와 있을 수 있을 터이다. 그런데 실제로는 전혀 그렇지 않다. 우리가 생각의 진정한 본성을 모르기 때문에 생각들이 계속 이어지도록 놓아두고, 심지어 여러 감정과 혼돈이 우리를 온전히 지배할 때까지 놓아두는 것이다.

우리 마음속에서 생겨나는 생각들을 알아차리고 우리를 덮치는 추론과 감정의 물결을 차분히 평정하는 것이 중요하다. 예컨대 분노는 가장 상서롭지 못한 감정 중 하나로서, 우리가 지닌 모든 좋은 품성을 망가뜨릴 수 있다. 화난 사람과 함께 있는 것은 아무도 좋아하지 않는다. 우리가 뱀을 그저 보기만 해도 공포에 사로잡히는 것은 뱀의 생김새 자체가 공포스러워서가 아니라 뱀이라는 동물이 거의 언제나 성을 낼 수 있고 우리를 공격할 수 있기 때문인 것이다. 우리 마음이 적의를 품기 쉬운 것은 오직 악의적인 생각들이 걷잡을 수 없이 쌓이기 때문이다. 화가 난다는 생각이 드는 순간, 그 생각을 있는 그대로 알아차리고 그 화가 얼마나 파괴적일 수 있는지를 이해한다면 화는 저절로 잦아들고 우리는 항상 남들과 좋은 관계를 가질 수 있을 것이다. 반대로 처음 일어난 적개심이 두 번째 생각을 낳도록 놓아두면 잠깐 사이에 우리는 모든 통제를 잃고 심지어 자기 목숨을 걸어서라도 적을 파멸시키려 나서게 된다.[54]

— 딜고 켄체 린포체

❖

존귀하신 스승, '감미로운 영광', 그분께 경배합니다!

행복과 고통은 마음에 달린 것.

우리가 '아들'이라 부르는 존재가 죽으면 우리는 괴롭다.

우리가 '적'이라 부르는 존재가 죽으면 우리는 기뻐 날뛴다.

그러나 고통과 기쁨은 바깥 대상의 고유한 것이 아니다.

몸을 아끼는 이들은 몸을 보호한다.

몸에 집착 않는 이들은 기꺼이 몸 바칠 태세가 되어 있다.

자신과 타인에 대해 전혀 인내심 없는 사람들은

작은 가시 하나에도 겁먹고 놀란다.

그 무엇도 자기 것으로 하지 않는 현자는

지옥불 앞에서도 전혀 두려움을 느끼지 않는다.

그러니 모든 것은 마음에 달린 것,

마음은 그 자신의 습관에서 나오는 생각들에 굴복한다.

이렇게 마음은 수많은 개념, 즐거움, 괴로움에 의해 끝없이 동요한다.

아아! 우리가 방황하는 이 마음의 움직임을 관찰하면

행복할 때는, 우쭐하고 바라는 바가 더 많아지며

괴로울 때는, 용기를 잃고 행복해지고자 한다.

어떻게 되건, 결코 지속적인 행복의 길을 택하지는 못한다.

아아! 마음은 고통 속을 끝없이 헤매는구나!

단 하루 동안에 수면의 물결처럼 이어지는
생각의 숫자를 누가 헤아릴 수 있으랴?
배척과 소유, 희망과 두려움의
헛된 개념에 지쳐 제 고통을 제가 사고 있구나!

아무도 멈출 수 없는 이런 마음속 이야기들은
바퀴처럼 구르고 또 구른다.
그 뿌리는 이원성에 대한 믿음
그것 없이는 마음이 아무것도 쌓아 올리지 못하리니.

이렇게 쌓아 올린 것으로부터 불순한 생각들이 생겨난다.
아만심이 불쑥 일어나고 좋은 것은 찾고 괴로운 것은 밀어내는
끝없는 줄거리가 꿈속에서조차 끊임없이 이어진다.

이런 고통의 쓸데없는 짐 덩어리
아무도 내게 억지로 지우지 않았고
나 자신이 내게 지우는 그 짐 덩어리
내려놓는 것이 좋지 않겠는가?[55]

– 미팜 린포체(1846~1912)

❖

주체와 객체가 둘이 아닌데도

우리에겐 마치 근본적으로 구분되는 두 실체인 듯 보인다.

그런 것에 집착하면서 우리는 늘 이런 경향을 좀 더 강화한다.

윤회, 그건 바로 이것일 따름.

선행과 악행에 고유한 실체가 없음에도

우리의 의도의 힘에 의해 선행 악행은 행불행을 낳는다.

식물의 낟알이 달거나 쓰면

그 열매도 그에 맞게 달거나 쓰듯이.

이처럼, 세상은 같은 업을 지닌 자들에게는 똑같이 보인다.

업이 다른 자들에겐 다르게 보인다.

사실, 우리가 지옥이든 다른 곳이든 '간'다고 해도

그건 우리가 세상을 보는 인식이 바뀌는 것일 뿐

꿈속에서 우리에게 보이는 것들이 실제로 존재하지는 않듯이

허깨비 같은 모든 인식의 근원은 마음.

마음의 본성은 존재와 비존재의 개념을

영원과 부의 개념을 초월한다.

이 본성에 우리는 '절대 허공'이라는 단순한 이름을 붙인다.

그 자체가 완벽히 순수한 이 공간,

중간도 변방도 없는 이 텅 비고 빛나는, 티 없는 하늘은

모든 중생의 마음에 언제나 있는데
마음이 만들어 낸 덧없는 너울이 그 '면목'을 가리고 있다.

끊임없이 이어지는 생각 생각을
억지로 끝내는 것은 어려운 일
그러나 생각들이 일어날 때 그 본성을 알아차리면
생각들은 꼼짝 없이 자신만의 영역에서 해방될 수밖에 없다.

과거의 생각들을 따라가지 말고
미래의 생각들을 불러오지도 말고
지금 이 순간에 있으라.
그리고 단지 네 마음에 일어나는 것의 본성을 알아차리라.
의도와 집착의 자유로운 단순함 속에 긴장을 풀라.

비록 거기에 굳이 '명상할' 것이 아무것도 없더라도
산만해지지 말고 온전한 알아차림 속에 머물라.
아무것도 바꾸지 말고, 사물이 저절로 현전하는 방식에 버릇 들이라.
스스로 빛나는 원초적 지혜가 내면에서 일어나리라.

"어떻게 그리 되나?"라고 너는 물으리라.
흙탕물을 가만히 놓아두면
자연히 맑은 물이 되리라.
대부분의 다른 '명상'들은

마음의 흔들림이 일시적으로 멎은 것일 뿐

변함없는 큰 공성의 허공과

끊김 없는 깨어 있는 현존의 소박한 찬연함

이 둘은 태고적부터 늘 뗄 수 없이 하나인 것을.

너 스스로 이 정수를 체험해야 한다.

네 안에 있는 그것을.

아무도 너 대신 해 줄 수 없다.

– 녠닥 룽릭 니마(19세기)

우리가 누구를 미워하고 그에게 성을 낼 때, 그 미움과 분노는 그것을 받는 상대방의 속성이 아니다. 그것은 우리 마음에만 있을 뿐이다. 우리가 원수로 여기는 사람이 앞에 있으면 그 즉시 우리의 모든 생각은 그가 예전에 내게 잘못한 일, 지금 내게 끼치는 해악, 나중에 저지를 수 있는 해악에만 초점을 맞춘다. 우리는 이 정도로 마음에 상처가 깊어서 그 사람의 이름만 귀에 들려도 견딜 수 없다. 이런 생각을 일어나는 대로 풀어놓을수록 분노가 우리를 엄습하고 그와 함께 돌멩이나 몽둥이를 들고 싶다는 욕구가 억누를 길 없이 일어난다. 이리하여 처음에 단순히 일어난 분노가 종국에는 지독한 공격성으로까지 발전할 수 있다.

분노는 우리를 온전히 삼켜 버릴 수 있다. 그런데 분노는 어디서 그 힘을 이끌어 낼까? 팔다리, 무기, 싸우는 사람, 이런 외부적인 힘일까? 아니면 우리 안 어느 곳엔가 도사리는 내면적 힘일까? 만약 후자라면 우리는 그 힘이 있는 자리를 뇌, 심장, 아니면 다른 어떤 신체 부위로 명시할 수 있을까? 그럴 수 없겠지만 그래도 그 힘은 확실히 존재하여 우리와 타인들 안에 있는 일련의 고통을 전체적으로 촉발시킴으로써 마음을 얼어붙게 만들 수 있는 듯하다. 구름을 예로 들어 보자. 구름은 만질 수도 없이 여려서 아주 가벼운 무게도 견딜 수 없지만 하늘을 뒤덮고 해를 가릴 수 있다. 이처럼 생각들은 깨어난 의식의 빛을 가릴 수 있다. 마음의 공성, 그 초월성을 알아차리자. 그러면 마음은 본래 자유로운 그 자리로 저절로 돌아올 것이다. 분노의 공성을 알아차리자. 그러면 분노는 해로운 힘을 상실할 것이다.[56]

— 딜고 켄체 린포체

❖

마음의 본성, 그 핵심 가르침의 세 가지 주안점

마음의 본래 단순함은 언어로 표현할 수 없다.
자유롭고 광대하다. 마음 자체가 마음을 알아차려야 한다.
마음으로 짓는 모든 것, 모든 집착과 모든 거머쥠이 자연히 사라질 때
그것이 이른바 '마음의 본성을 알아차리는 것'이다.

일단 생각의 그물에서 벗어나면
현존과 원초적 본성이 이어지는 연속성, 그것을 잃지 말라.

반응하지도 애쓰지도 원하지도 않는 것
이를 '명상을 지키는 것'이라 부른다.

숱한 생각의 물결이
하늘의 구름처럼
평온한 마음에 더 이상 선도 악도 끼치지 않을 때
이것이 이른바 '마음을 본래 성품으로 해탈시키는 것'이다.

내면 체험을 꾸준히 닦는 명상 수행자는
이 세 가지 핵심 가르침을 이해할 것이나
말만 많은 지식인은 알아듣지 못하리라.[57]

– 미팜 린포체

❖

자발적으로 빛나는 단순함. 바로 이것!
어찌 그대는 붓다인 그대의 마음을
보지 못한다 말할 수 있는가?
거기엔 닦을 것도 없다.
"나는 닦지 못했다"고
끙끙댄들 무엇하랴?

깨어난 이 마음, 명징하게 드러난 이 마음. 바로 이것!
어찌 그대 마음을 찾지 못하겠다 고집하는가?
끊기지 않는 이 투명한 밝음. 바로 이것!
어찌 그대 마음의 정수, 그것이 안 보인다 하는가?

이 본성에 일단 자리 잡으면, 할 것이 조금도 없다.
어찌 그 경지에 이르지 못한다 하는가?
쉼과 움직임에 더 이상 둘로 나눌 것이 없다면
어찌 그대가 그 자리에 머물 경지에 이르지 못한다 할까?

이 깨어난 경지, 저절로 생겨난 이 경지에서는
깨달음의 삼신이 애쓰지 않아도 저절로 성취된다.
어찌 수행에 의해 그를 증득할 수 없다고 말하는가?

없음, 무위(無爲)에 머물기만 하면 그것으로 족하거늘

어찌 그럴 수 없다 하는가?

생각은 치성함과 동시에 해탈하나니
어찌 이 치료약이 그대에겐 소용없다 하는가?

이러한 지금 이 순간의 알아차림. 바로 이것!
어찌 그를 알아차릴 수 없다 하는가?

─ 샵까르(1781~1851)

✦

만약 오늘 '나'라는 것이 실제로 있다는 믿음을 넘어선다면, 당신은 오늘 당장 해탈한다. 만약 내일 넘어선다면 당신은 내일 해탈한다. 그러나 당신이 결코 그 믿음을 넘어서지 못한다면, 절대로 깨달음에 이르지 못할 것이다.

그렇지만 이 '나'란 단지 한 생각에 불과하다. 그리고 생각들은 그 자체로서 실체, 형태, 빛깔이 있는 것이 아니다. 예컨대 성내는 한 생각이 거세게 당신의 마음을 온통 차지해 당신이 누군가와 싸우다 그를 죽여 버리고 싶다고 치자. 그 분노 자체가 칼을 휘두르는 것인가? 그 분노가 군대의 선봉에 설 것인가? 그 분노가 불처럼 당신을 태우고 바위처럼 당신을 덮쳐 깔아뭉개고, 콸콸 흐르는 급류처럼 당신을 떠내려 보낼 힘이 있는가? 아니다. 왜냐하면 모든 생각이나 느낌이 다 그렇듯이, 분노도 실제로 존재하는 것이 아니기 때문이다. 분노는 몸이나 마음의 어떤 곳에도 위치하지 않는다. 분노는 허공에 부는 바람과 같다. 치밀어 오르는 생각에 매여 그 노예가 되지 말고, 그 생각들의 본질이 텅 비었음을 깨달으라! [⋯]

만약 안에서 분노를 제어한다면, 당신은 바깥에 더 이상 단 하나의 적도 없다는 것을 깨달으리라. 그렇게 하지 못하면, 비록 이 우주의 모든 존재를 쳐부수더라도 당신의 분노는 여전히 커지기만 할 것이다. 분노가 제멋대로 커 가게 놓아두면 분노를 흩어 버리지 못한다. 왜냐하면 가장 참을 수 없는 당신의 적이 바로 분노이기 때문이다. 반면 분노의 본성을 살펴보면 분노는 하늘의 구름처럼 스러질 것이다. [⋯]

마음은 형태도 빛깔도 실체도 없다. 마음의 텅 빈 면모가 이것이다.

그럼에도 마음은 수없이 다양한 현상을 인식하고 인지할 수 있다. 이 것이 마음의 '빛나는' 혹은 알아차리는 면모이다. 이 두 면모, 공성과 빛남이 뗄 수 없이 결합한 것이 이른바 마음의 본래 성품이다.

지금 당장은 당신 마음의 본래 광명이 환상에 의해 가려져 있지만 이 너울이 사라지면 차츰차츰 당신은 깨어난 의식이 환히 빛나는 것을 발견하기 시작할 것이다. 마침내 당신의 생각은 생겨나는 바로 그 순간 물 위에 그린 그림처럼 스러질 것이다. 마음의 본성을 바로 알아차릴 때, 그것이 이른바 '열반' 즉 고통의 피안이다. 이 본성이 환상에 의해 가려져 있을 때 이것이 이른바 '윤회(삼사라)' 즉 거짓된 외양의 세계이다. 궁극적 실재에 따르면, 윤회와 열반은 절대 본성의 연속과 따로 구분된 적이 한 번도 없다. 깨어난 의식이 충만함에 이르렀을 때 마음의 혼란의 장벽은 무너지고 절대의 성채는 결정적으로 정복돼 명상이라는 개념조차 뛰어넘게 된다.[58]

– 딜고 켄체 린포체

❖

윤회와 열반의 세상들

눈에 보이는 세상과 모든 형태의 삶,

이것은 허공의 무지개에 불과하니

원인과 조건이 모여 나타난 것일 따름.

이 현상들은 어떤 것이건 간에

궁극적 실재가 없다.

오 놀라워라 그것들은

하늘과 같은 마음 본성의 하고 많은 장식 같은 것.

마음은 형태도 빛깔도 없다.

마음을 찾으라. 그 어디에서도 찾지 못하리라.

마음의 본성은 빈 것!

마음을 그냥 두라.

그대로 여여히

빛나는 광휘!

티끌 하나 없고, 텅 비고, 무한한

마음이 바로 그 본성대로 여여하기를.

순수하고, 빛나고, 깨어 있고

언제까지나 깨어 있고 투명한 본성

네 마음을 쉬게 하라.
열려 있고 집착이 없게 하라.

마음이 마치 모든 것을 껴안는 허공 같은 이 상태에 저절로 녹아들면
깊은 광채 덕에 현상들을 알아차릴 수 있다.
그 광채로부터 깨달음의 성품들이
여러 다른 길과 여정에 연결되어 생겨난다.

그러면 무한한 연민이 생긴다.
일체를 성취할 수 있는 이 지혜를
모르는 중생에 대한 연민이

공성과 연민에 대한 이 깊은 체험은
모든 중생을 위한 모든 선행의 자연스러운 원천.

공성의 지혜가 드러날 수 있기를.
하늘처럼 티 없고 투명하게
이 게송을 듣는 이들의
지속되는 의식 속에!⁵⁹

– 샵까르

❈

마음의 본성이라는 태어남 없는 성채[*]를 정복하려면 생각의 원천 그 자체로 돌아갈 필요가 있다. 그렇게 하지 않으면 한 생각은 다른 생각을 이끌어 오고, 그다음에는 세 번째 생각⋯⋯. 이렇게 이어진다. 과거는 기억으로 우리를 엄습하고, 우리는 미래를 염려하고 그럼으로써 바로 지금 이 순간의 깨어 있는 의식을 완전히 잃어버리게 된다. [⋯]

우리로 하여금 윤회라는 삶의 악순환을 벗어나지 못하고 헤매게 하는 것이 우리의 마음이다. 마음의 본성을 포착할 수 없어 우리는 생각의 내용에만 집착한다. 생각이란 마음의 본성의 표현, 바로 그것인데도 그렇게 그 내용에만 달라붙는 것이다. 그럴 때 우리의 의식은 '나'와 '남', '좋다'와 '나쁘다' 같은 고착된 개념의 형태로 굳어진다. 이렇게 하여 존재의 순환인 윤회가 이루어진다. 만약 이렇게 생각을 사물화(事物化)하는 대신 생각이 빈 것임을 깨닫는다면 마음에 떠오르고 사라지는 생각마다 공성(空性)을 더 명확히 체득할 수 있을 것이다. [⋯]

겨울이면 추위에 호수와 강이 얼어붙고 물이 딱딱한 얼음이 되어 그 위로 사람, 짐승, 탈것까지 지나다닐 수 있게 된다. 봄이 오면 땅과 물은 다시 녹는다. 그렇다면 얼음의 딱딱함에서 무엇이 남았는가? 물은 액체이고 얼음은 고체이다. 둘이 같다고 할 수는 없지만, 다르다고도 할 수 없다. 왜냐하면 얼음은 물이 언 것이고, 물은 얼음이 녹은 것이기 때문이다.

---

[*] '성채'는 마음의 본성의 불변하고 일체 고통에서 자유로운 특성을 상징한다. 그리고 '태어남 없는'이란 마음의 본성이 생사라는 개념을 초월하여 애초부터 있었다는 뜻이다.

이 비유는 우리가 바깥세상을 보는 인식에도 적용될 수 있다. 우리가 사물이 실재한다고 집착하고 쾌락과 고통, 이득과 손실, 영광과 모욕, 칭찬과 비판 앞에서 이것은 좋다고 끌어당기고 저것은 싫다고 밀쳐 내는 마음에 사로잡히면 우리의 마음은 굳어진다. 그런데 우리가 가진 개념이라는 얼음을 녹여 내적 자유의 생생한 물로 바꾸는 것은 가능하다.

윤회와 열반이라는 현상 또한 무지개에 실체가 없는 것처럼 실체가 없다. 왜냐하면 윤회에도 열반에도 진짜 실존이 없기 때문이다. 현상들이 비어 있으면서 동시에 분명히 눈앞에 보이는 이 본성을 알아차리는 순간, 마음은 환상의 장악에서 풀려난다. 마음의 궁극적 본성을 알아차리는 것, 그것이 불성을 체득하는 것이다. 이를 알아차리지 못하는 것, 그것은 무명 속에 잠기는 것이다. 어떤 경우에나 우리를 얽어매거나 해방시키는 것은 우리 마음, 오직 그것뿐이다. [⋯]

생각이 떠오를 때 차츰 저절로 스러지게 놓아둘 줄 안다면, 생각은 하늘의 새처럼 흔적도 남기지 않고 당신 마음을 관통해 지나갈 뿐이다. 이어서 찾아오는 단순함의 상태를 간직하라. 만약 당신이 행복, 성공, 번영 그 밖의 행복한 상황을 만나면 그것을 꿈이나 신기루처럼 여기고 집착하지 말라.

만약 당신이 질병, 가난, 무고, 그 밖의 다른 심신의 고난 때문에 타격을 받는다면 그 또한 허깨비 같은 것임을 깨닫고 낙담하지 말라. 연민심을 되살려, 모든 중생의 고통이 당신의 고통을 매개로 하여 소진되기를 발원하라. 어떤 상황에서나 자유롭고 긴장 없는 상태로 살면서 흔들리지 않는 평정심을 기르라.

우리가 보통 마음이라 부르는 것은 미혹된 마음, 탐욕과 분노와 어리석음에 휘둘리는 생각들의 소용돌이다. 이런 마음은 깨어 있는 의식과는 반대로 끊임없이 의심한다. 우연히 친구를 만나면 갑자기 좋아서 어쩔 줄 모르고, 만난 사람이 원수라면 증오심을 느낀다. 이런 반응을 적절한 처방으로 통제하지 않으면 그것이 아예 당신 안에 끈질기게 자리를 잡을 것이다. 또 더욱 확산되면서 매번 커질 때마다 탐욕과 미움의 힘을 더 키워 갈 것이다. 그리고 그때마다 매번 경향들을 지어낼 것이며 그 경향은 경향대로 밖으로 표출될 것이다.

그렇지만 이런 반응이 아무리 강력하다 해도, 기껏해야 생각일 뿐이며 그것은 결국 사라지게 마련이다. 만약 자기 마음의 본성을 알아차린다면, 거기서 끊임없이 나타나는 생각들은 더 이상 당신을 현혹시키지 못한다. 심지어 그다지 큰 인상도 주지 못할 것이다. 하늘에 생겨나서 얼마 동안 떠 있다가 사라지는 구름처럼 생각들도 떠올라서 잠시 머물다가 다시 마음의 공성 속에 흡수될 것이다.

실제로는 아무 일도 일어나지 않는 것이다.

태양 광선이 수정 프리즘을 통과할 때 색색의 무지개가 나타나는데, 이는 우리가 장악할 수 있는 어떤 실체로 이루어진 것이 아니다. 생각도 마찬가지다. 한없이 다양하지만 견고한 실체라고 할 것이 조금도 없다.

깨달은 사람의 마음속에는 모든 생각이 고유의 실체 없이 비었다는 알아차림이 있다. 만약 생각이 나타나는 바로 그 순간 그 공성을 알아차리면, 생각은 사라진다. 탐욕과 미움이 더 이상 당신 마음을 흐트러뜨릴 수 없을 것이다. 환상에서 나온 감정들도 저절로 사라질 것이라서 당신은 더 이상 부정적 행위를 저지르지 않게 되고 그 결과 더 이상 어떤 고통도 만들지 않게 된다.[60]

– 딜고 켄체 린포체

❈

규르메 도르제는 그의 정신적 아들인 오셀 뗀진의 청에 따라
마음에 떠오르는 대로 이렇게 말로 엮은 꽃다발 같은 게송을 지었다.

나모 구루 라뜨나야!
존귀한 스승님께 경배합니다!

스스로 생겨난 각성된 의식은
본래부터 순수하다.
가지도 않고 오지도 않으며 더할 것도 뺄 것도 전혀 없다.
그 안에서 일어나는 모든 것을
물에 비친 달그림자와 같은 본성을 지닌 것으로 보고
그대로 두라!

생각의 정수를 점검하라.
역경(逆境)의 본질을 점검하라.
그리고 그런 것들을 계속
무한히 큰 바다에 합쳐지는 물결처럼 보라.

더없이 부지런하게
악행 혹은 덕스럽지 못한 행위를 감시하라.
해야 할 일, 하지 말아야 할 일을
오류 없이 선택하면서

그대 자신의 행복을 만들라!

삼보는 그대가 하는 일, 말, 생각

모두 알고 계시기에

위선 떨지 말고 집착을 끊으라.

그대 자신이 엮어 낸 집착을,

그러니 쓸모 있는 일을 하라!

허깨비 같은 세상의 행불행은

꿈 같고 신기루 같으니

그런 것들이 저절로 사라지게 두면서

견고한 실체에 대한 믿음의 사슬을 가차 없이 잘라라!

현상은 그 어떤 것이든

궁극적 본성의 장난이다.

선악의 구분이 없어질 때

이중(二重)의 집착, 희망과 두려움의 원천인 그 집착은

빈집에 들어온 도둑처럼 우두커니 있다.

요컨대, 방일하지 말고 명상하라.

마음이 지어내는 바에서 자유로운 본성 자리를 체득하기 위해.

그리고 네 모든 행위를 법을 기준으로 규제하라.

옛 현자들의 삶에서 영감을 받으며!

— 민링 떼르첸 규르메 도르제(1646~1714)

❋

그의 마지막 말씀

내 마음은 허공 같아서, 나지도 죽지도 않는다.

허공 같은 마음에는 중심도 주변도 없다.

허공 같은 마음은 매임도 풀림도 없다.*

허공 같은 마음은 위도 아래도 없다.

이렇게 말씀하시고, 괴썅빠는 마음 자체의 본래 밝은 자리에 평온
하게 머물렀다. 그 자리는 허공 같은 절대 차원이다. 그리고 그는 이
세상을 떠났다.**

— 걀와 괴썅빠, 곤뽀 도르제(1189~1258)

---

* 절대의 관점에서 보면 마음은 한 번도 진짜로 무명에 의해 속박된 적이 없다. 왜냐하면 그 근본 성품은 순
수한 깨달음인데 이것은 불변이기 때문이다. 이 사실 때문에 이 본성을 가린 너울이 사라지면 마음은 더
이상 '해탈한' 것이 아니다. 한 번도 매인 적이 없기 때문이다.

** 뇨슐 켄 린포체가 해 준 이야기. 녹취를 듣고 번역한 것이다.

✺

어느 산등성이 풀밭에서 빠뚤 린포체는 제자 뇨슐 룽톡과 함께 노숙하고 있었다. 그러다 갑자기 그가 제자를 불렀다.

"마음의 참본성이 무엇인지 네가 여전히 모른다 하지 않았느냐?"

"맞습니다."

"그러나 그건 어렵지 않느니라."

그는 제자에게 바로 옆으로 와서 몸을 쭉 뻗고 누워 보라고 했다. 룽톡이 땅바닥에 등을 대고 쭉 뻗어 누워 하늘을 바라보았다. 빠뚤 린포체가 말했다.

"저 아래 절에서 개 짖는 소리가 들리느냐?"

"예."

"별들이 빛나는 게 보이느냐?"

"예."

"그렇다면, 마음의 본성이 바로 그것이다!"

바로 그 순간 뇨슐 룽톡은 자기 마음의 본성을 깨달았다. 여러 해 동안 명상 수행을 한 결과, 곁에 있는 스승의 존재 그리고 이같이 특별한 순간, 이런 것이 모여 내면적 증득이 활짝 피어날 수 있었던 것이다.

– 빠뚤 린포체(1808~1887)

2. 은거 수행의 의미 바르게 알기

　은거 수행자의 소명을 사람들은 종종 잘못 이해한다. 은거 수행자는 세상에서 내쳐졌다는 생각 때문에 은거하는 것이 아니다. 산중을 헤매는 것보다 더 나은 일을 찾지 못해 은거하는 것도 아니며, 맡은 바 소임을 해낼 능력이 없어서 그러는 것도 아니다. 극단적으로 보일 수도 있는 은거를 굳이 결정한 것은 마음을 어지럽히는 하찮고 끝없는 일상사 속에서는 자기 마음을 제어할 수 없고 행복과 고통의 문제를 해결할 수 없다는 것을 알았기 때문이다. 그는 세상에서 도피한 것이 아니라 좀 더 세상을 잘 관조하고 세상이 돌아가는 이치를 더 잘 간파하기 위해 세상과 거리를 둔 것이다. 또한 그는 주위 사람들을 피해 도망친 것이 아니라 유쾌와 불쾌, 이득과 손실, 칭찬과 폄훼 같은 일상 관심사의 영향을 받지 않는 진정한 자애와 연민을 키워 갈 시간이 필요한 것이다. 음계를 연습하는 음악가, 신체를 단련하는 운동선수처럼, 그에게는 혼돈 상태의 마음을 제어하고 삶의 의미를 꿰뚫어 보고 자신의 지혜를 남들을 위해 쓰기 위한 시간과 집중 그리고 꾸준한 수행이 필요한 것이다. 그의 좌우명은 이런 것이 될 수 있다. '세상을 더 잘 바꾸기 위해 자기 자신을 바꾸기.'

일상의 삶, 그 소란스러운 상황들은 사실 수행의 진전을 매우 어렵게 한다. 내면의 힘을 기르기 위해서는 시간이 필요하며, 그 시간에는 마음수행에만 전념하는 것이 바람직하다. 상처받은 짐승은 숲속으로 숨어들어 상처를 치유한 다음에 다시 제 마음대로 뛰어다닐 수 있다. 우리의 상처는 이기주의, 악의, 집착, 그 밖의 마음의 독이 초래한 상처들이다.

　은거 수행자는 혹자가 썼듯이 '골방에서 푹푹 썩고 있는' 것이 아니다. 오히려 은거 수행을 제대로 체험한 사람이라면 은거지에서 자신이 성숙해졌다고 말할 것이다. 지금 이 순간의 마음챙김의 생생함 속에 머무는 이에게 시간은 산만하게 한눈팔며 보낸 날들의 무거운 시간이 아니라 온전히 맛본 체험의 가벼움을 지닌다. 은거 수행자가 일상 잡사에 대해 흥미를 잃었다면 그건 그의 삶이 무미해진 탓이 아니라, 모든 가능한 인간의 활동 중에 진정으로 자신이 활짝 피어나고 남들의 행복에 도움 되는 일이 무엇인지를 그가 알아차렸기 때문이다.

흠 없는 붓다로부터 현재의 우리 스승들까지, 깨달음을 이루고 박식한 모든 위대한 정신적 스승들은 이 생의 일상사를 포기하고 다르마에 전념했다. 이는 가르침이 올바로 전해지도록 하기 위함이요, 무한한 중생에게 도움이 되기 위함이다.

그런 스승들은 세속의 여덟 가지 관심사에 물들지 않고, 일생을 수행 기간으로 정하고 모든 어려움을 받아들였다. 자신의 몸과 목숨을 걱정하지 않고, 그들은 오직 고적하고 인적 없는 곳이나 은거 수행처에서 법을 실천하는 데만 전념했다. 그들은 정신병자도 아니고 살면서 무슨 일을 할지 모르는 사람들도 아니요, 가업을 경영하기 싫은 자식들도 아니다. 그런데 수행자라는 오늘날 우리의 실태를 관찰해 보면 이런 현자들처럼 사는 사람은 대낮에 뜨는 별보다도 드물다. 몇몇 그런 사람들이 있다 해도 그들은 삶의 이런저런 상황에 꽉 잡혀 수행 길의 최종 목표까지 이르는 경우가 매우 적다.

만약 우리가 정말 다르마의 궁극적 목표에 이르고자 한다면, 우리는 고독을 기꺼이 즐기도록 만드는 여섯 조건을 채워야 한다. 모르는 것이 없는 현자 롱첸빠는 그것을 다음과 같이 서술하였다.

"정신적 스승이 없을 경우 자기 자신의 힘을 믿을 수 있을 것. 해명해야 할 의혹도 없고 물리쳐야 할 장애도 없을 것. 질병이라는 암초와 불길한 영향력에서 벗어나 있을 것. 세속적인 사람들과의 교류에서 물러나 있을 것. 자신과 타인의 행복을 성취할 수 있게 하는 가르침을 모두 받았을 것. 그리고 궁극적 견해를 명확하고 결정적으로 이해했을 것."

– 다르마 셍게(1177~1237)

❈

고독한 장소에는

무찌를 적도

보호할 가족도

존중할 웃어른도

거느릴 하인도 없다.

그렇다면 달리 무엇을 해야겠느냐, 마니바스

자신의 마음을 다스리는 것 말고 무엇을 하겠느냐?

– 걀체 톡메(1295~1369)

❈

마음을 관하는 마음, 그것이다.

떠돌이인 내가 명상하는 것이 바로 그것.

자기 자신보다 남을 더 귀히 여기는 것, 그것이다.

떠돌이인 내가 실천하는 것이 바로 그것.[61]

– 코닥빠(1170~1249)

그대가 산의 고독을 열망한다면

절벽 가장자리에 기꺼이 품어 줄 동굴이 열려 있다.

안개 자욱한 산꼭대기 아래

이런 수행처에 홀로 머무는 것은

짧게 보나 길게 보나, 말로 표현 못할 기쁨의 원천.

— 칼덴 갸초(1607~1677)

마음에 새겨진 죽음에 대한 생각 그 고적한 곳에서,

집착에 넌더리 난 은거 수행자는 자신이 숨어 수행할 곳의 경계선을
긋는다.

금생의 산만한 오락거리를 끊고

세속의 여덟 가지 관심사와는 더 이상 만나지 않는다.

— 걀와 양곤빠(1213~1287)

❈

군중 틈에선 증오와 집착이 점점 커간다.

반면 고독 속에서는 좋은 품성이 활짝 피어난다.

그러니 고적한 산에 살라.

그리고 네 마음의 장관(壯觀)을 관하라!

이제부터 단념의 바람이 불게 해

공성과 연민의 불을 켜라.

주의(注意)의 부채로 그 불꽃을 점화하고

평범한 마음과 그 생각의 삭정이를 모두 태워 버리라!

－ 직메 링빠(1729∼1798)

❀

세속의 여덟 가지 관심사를 유지하는 것

이는 함정에 빠진 사슴과 같아

헛되이 끝없이 애쓰다 목숨을 마치고 만다.

최선을 다해 세상 것 단념하는 마음을 길러라.

이것이 내 진심으로 남기는 조언이다.

윤회하는 세상의 이런저런 활동들은 마치 수면의 물결 같아서

일생 그런 일에 힘을 다 빼도 결코 끝나지 않으리.

이제부터는, 단기 계획만 세워라.

이것이 내 진심으로 남기는 조언이다.

- 디궁 된둡 최걀(1668~1718)

네 가지 집착 버리기

그대 이 생에 집착한다면, 실천 수행을 하지 않고 있는 것.

그대 윤회에 집착한다면, 단념을 모르는 것.

그대 가진 것에 집착한다면, 깨달은 마음을 우습게 아는 것.

그대 마음이 무엇에든 집착하게 그냥 둔다면, 그대는 '견해'가 없는 사
람.

— 젯쭌 탁빠 갈첸(1147~1216)

그대 수명이 다할 때까지

그것이 그대의 수행 기간이 되도록 하라.

그리고 아무도 살지 않는 산중

이 수행처 저 수행처 돌아다녀라![62]

— 샵까르(1781~1851)

스승님이 명하신 바대로, 내 안에 명상 체험이 나타나고 비범한 성취를 이루기 전에는 이곳을 떠나지 않을 것이다. 밤이면 보통 사람들이 잘 때 취하는 자세처럼 시체같이 사지를 쭉 뻗어 눕지 않고, 앉아서 상체를 곧추 세우고 가부좌한 채로 있을 것이다. 쓸데없는 말을 짧게 줄이고 묵언을 지킬 것이다. 나는 하루에 한 번, 정오에만 식사할 것이다. 나의 벗은 오직 고독일 뿐이며 스승님의 가르침이 유일한 생각이 될 것이다. 나는 안락을 추구하지 않을 것이며 반대로 내가 마음속으로 각오한 은거 수행 생활의 어려움을 받아들일 것이다. 나의 정신적 증득이 완벽하게 자리 잡을 때까지는 일체의 외적 오락거리를 금할 것이다. 요컨대 나는 밤낮으로 몸과 말과 마음이 범속한 상태에 떨어지게 놓아두지 않고 수행할 것이다.[63]

– 샵까르

❖

눈[雪]의 사자가 산정의 추위를 두려워 않듯이

독수리가 하늘을 날다 떨어지지 않듯이

물고기가 물에 빠져 죽지 않듯이

수행자는 배고파 죽을 수 없다.

이 생의 모든 관심사를 끊으라.

그리고 너의 미래 계획 짜기를 멈추라!

[…]

제가 핵심 가르침을 낭패 없이 실천할 수 있기를.

옛 현자들이 모범 되는 삶을 살면서 그리하였듯

바로 이 생의 수행 길 끝에 이르러

쉼 없이 중생의 행복을 위해 일할 수 있기를.

그 중생은 내게 그 숫자만큼의 어머니이니!⁶⁴

— 샵까르

❖

산다는 것은 얼마나 경이로운 일인가
명철하고 평온하게
어느 쪽 편에도 서지 않으며
허공처럼 광대하게 산다는 것은!

기쁨이여! 명징한 의식은
밤과 낮 사이의
안과 밖 사이의
잠과 깨어 있음 사이의
모든 분별을 없애 버렸다!
밤과 낮 사이의
안과 밖 사이의
잠과 깨어 있음 사이의
분별에 작용하는
빛나는 현존을 알다니
이 얼마나 큰 기쁨인가!

경이로워라! 모습의 세상은
마치 무지개처럼
절대체의 불변하는 밝음 속에 나타난다!
모습의 세상이
절대체의 불변하는 밝음이

무지개처럼 반투명으로 나타나는 것은 얼마나 경이로운가!

기쁨이여! 윤회의 바닥을 긁어

모든 존재들을 깨어남으로 데려가는 것!

윤회의 밑바닥까지 휘저어

존재들을 깨어남이라는 완성으로 인도하는 것은

얼마나 큰 기쁨이랴![65]

– 샵까르

❖

전념은 모든 미덕의 원천이니

오락거리 모두 끊고, 상처 난 짐승이 숨어들 듯

호젓한 곳에 홀로 머물라.

이것이 내가 진심으로 하는 조언이다.

만약 그대 방일하면, 황무지에 사는 짐승들보다

나을 바가 없으리니.

시간이 없다는 것을 간절히 생각하며 용기를 북돋우라.

그리고 모든 오락거리를 끊으라.

이것이 내가 진심으로 하는 조언이다!

— 리진 최키 닥빠(1595~1659)

❖

펫!*

만약 그대가 진정으로 가르침을 실천하고자 한다면
그 무엇에도 그 누구에게도 기대어서는 안 된다.

진정한 불방일을 스스로 보이고 싶다면
자아에 대한 집착을 털끝만큼도 갖지 말고 다 버리라.

만약 그대가 참으로 순수한 견해를 갖고 싶다면
매사에 스승을 보라.

만약 그대가 진정한 내면의 평정을 지니고 싶다면
밤이나 낮이나 그 평정을 유지하라.

만약 그대가 진정한 깊은 견해를 지니고 싶다면
모든 겉모습들이 깨어 있는 상태에서 현존해야 한다.

그대가 마음의 평온과 깊은 견해를 안정되게 자리 잡게 하고 싶다면
움직이는 마음과 쉬는 마음을 구분하는 것을 멈추라.**

– 라쎈 남카 직메(1597~1650)

---

* 이야기 중간에 갑자기 던지는 말로 한국 선불교의 '할'에 해당하는 간투사. 이야기처럼 줄줄 펼쳐지는 생각들의 흐름을 단박에 끊고 주의의 명료함을 재확립하기 위해 내지르는 소리다. – 옮긴이 주
** 엮은이가 소장한 필사 원고이다.

❖

은거를 위한 조언(제1부)

모든 욕망의 대상은 수행 길에서 우리의 습관적 경향과 연결된 장애일 뿐임을 알고, 탐욕 없는 상태를 계발하라. 소유와 부(富)에 관해 말해 보리라. 적은 것에 만족할 줄 모른다면, 하나를 가져도 다시 둘을 갖고 싶어질 것이다. 그런 욕심을 내는 사이에 탐나는 물건으로 정신을 흐리는 마라[惡魔]가 아무 어려움 없이 마음속에 들어와 자리 잡을 것이다.

당신에 대해 사람들이 찬사를 하든 상처 주는 말을 하든, 그런 말을 전혀 믿지 말라. 칭찬은 받아들이고 폄훼는 내치지 말라. 희망과 두려움의 놀음에 빠지지 말라. 사람들이 제멋대로 무슨 말을 하든, 마치 그들이 죽은 자에 관해 얘기하는 듯이 그냥 놔두라!

모두 인정하는 훌륭한 스승 말고는 심지어 부모도 우리에게 올바른 조언을 해 줄 수 없다. 그러니 당신 자신의 키를 잘 쥐고, 남이 당신 코에 코뚜레를 꿰고 좌지우지하도록 믿고 맡기지 말라. 밖으로는, 아무도 성나게 하지 말며 누구와도 잘 지내는 벗이 되라. 그러면서도 만약 누가 – 약하든 힘이 세든 – 당신의 수행에 실제로 역행한다면, 마치 누가 비단 목도리로 움직이려 해도 안 되는, 쇠로 된 바위같이 불굴의 모습을 보여라. 만약 당신의 천성이 우유부단하여 바람이 불면 부는 대로 사방팔방으로 수그러지는 고갯마루의 풀잎같이 반응한다면 그런 성격은 당신에게 아무 도움이 안 될 따름이다.

어떤 수행을 하건, 수행을 시작하는 순간부터 끝마칠 때까지는 하늘에 벼락이 쾅쾅 쳐도, 지하에서 호수가 솟아난다 해도, 바윗덩어리들이 이쪽저쪽에서 무너져 내린다 해도 세운 서원을 깨지 않고 심지어 목숨을 버리는 한이 있어도 끝까지 지킨다는 결심을 굳게 해야 한다.

처음부터 나쁜 습관을 버리고 수행에, 수면에, 식사에, 휴식에 할애하는 기간을 조금씩 조금씩 조정하라. 무엇보다도 당신의 수행이 단순한 것이든 정교한 것이든, 간헐적이 아닌, 늘 똑같이 규칙적인 수행이 되게 하라. 단 한순간도 마음을 무의미한 일상 범사에 빠지게 놓아두지 말라!

은거할 때는 거처의 문을 잠그든 안 잠그든, 당신 얼굴을 남들에게 보이지 말고, 남들을 엿보지도 말고 남에게 말을 걸지도 말라. 정신을 산란하게 하는 오락거리는 모조리 단념하라. 허파에서 악에 찌든 공기는 내보내고, 수행 자세의 요점(비로자나불 자세의 일곱 가지 요점에 대한 설명을 볼 것. 108쪽)을 택하라. 그다음에는 주의 깊게, 알아차리며 한순간도 몸을 뒤척이지 말고, 마치 초원에 박힌 말뚝처럼 머무르라.

은거 수행처의 외부 경계와 내면의 밀밀한 경계를 엄격히 지킨다면, 성공의 모든 신호와 미덕이 신속히 나타날 것이다. 만약 거꾸로 중요한 동기가 있다는 핑계로 이런저런 사람을 만나 그와 함께 "오늘만 이렇게 하고, 내일부터는 엄격하게 수행할 거야"라고 말한다고 치자. 이런 규칙을 한 번 위반하면 당신의 수행은 생생한 힘을 잃고 점점 느슨해질 것이다.

그렇기 때문에 처음부터, 움직이지 않겠다는 번복할 수 없는 결정을 하라. 그러면 당신의 은거는 점점 더 엄격해질 것이며 당신의 수행은 장애 때문에 엉뚱한 곳으로 가 버리지 않을 것이다.

어떤 장소가 수행에 적합한 징표나 특성이 있는지 알아보는 방법이 여러 가지 있지만, 보통은 파드마삼바바나 다른 옛날의 깨달은 스승들이 축복한 장소 – 그런 장소 중에서 스승과의 거룩한 인연을 깨 버린 제자들이 사용했던 장소는 빼고 – 에 자리 잡는 것이 좋다. 또한 우리 마음에 들고 여러 조건(음식, 그 밖의 다른 기본 생활 필수 조건)을 잘 결합시켜 살 수 있는 아주 외딴 장소를 선택할 수도 있다.

외부와 내면의 산만한 소일거리들에서 내내 차단되어 있을 때, 그리고 '함이 없음'에 머물 때라야 진정한 고독인 것이다.

마음의 수행이라 함은 돌고 도는 삶의 순환, 즉 윤회를 피해 가는 네 가지 숙고*에 공통된 수행과 귀의 그리고 깨어난 마음 · 너울의 정화 · 공덕과 지혜를 쌓음, 이 네 가지 비범한 수행을 말한다. 이 각각을 경이나 주석서에 쓰인 말씀의 가르침을 따라서, 깊고 진정한 체험을 할 때까지 참을성 있게 수행하라.

특히 스승의 요가를 수행의 생명력으로 여기고 꾸준히 그 수행을 하라. 그러지 않으면 명상이 제대로 이루어지기까지 시간이 걸릴 것이며 비록 조금 진전이 있더라도 수행이 장애에 부딪혀 마음속에서 진정한 증득이 빛을 볼 수 없을 것이다. 그러니 성실하고 열렬한 헌신으로 스승께 청하라. 그러면 언젠가 스승의 증득이 당신에게 전해질 것이 확실하다. 그러면 말로 할 수 없는 특별한 증득이 반드시 내면에서 나타날 것이다. 스승이신 샨 린포체는 이 점에 대해 다음과 같이 말

---

* 이 네 가지 숙고는 사람 몸으로 태어난 것의 가치, 무상, 행위의 인과법, 윤회의 불완전함에 대한 숙고이다. 이 책 제1장에서 설명했다.

씀하셨다.

"내면의 평온을 계발하는 것, 체험, 깊은 집중 등 이 모든 것은 보통 누구나 하는 수행이다. 그러나 스승의 축복과 연결된 증득, 헌신의 힘에 의해 내면에서 떠오르는 증득, 이는 아주 드문 것이다."

           - 두좀 린포체(1904~1987)

3. 꾸준히 규칙적으로 수행하기

때로 제한적인 의미를 띠는 '수행'이라는 말은 힘써 규칙적으로 전념하는 사람이 하는 것이다. 스승 밑에서 공부하는 제자에게는 수행이 깨달음으로 나아가는 필수 조건이다. 실제로 초심자가 수행을 규칙적으로 하지 않으면, 즉 어떤 규율을 채택하지 않으면 어떻게 해도 마음을 안정되게 할 수 없고 이타적 자애와 그 밖의 핵심적 품성들을 계발할 수 없다. 수행이란 동시에 자기 안으로 돌아가는 것[返照]과 남에게로 열리는 것을 의미한다. 처음에는 자기 안을 돌아보는 것부터 시작한다. 이는 마음의 긍정적, 부정적 면모를 알아차리도록 해 주며 여기서 출발하여 부정적 마음을 고치면서 긍정적 마음을 강화하도록 해 준다. 그다음에, 자신의 마음을 계속 정화하면서 우리는 관심의 영역을 넓혀 바로 이 마음의 부정적 측면의 영향으로 고통받는 중생 전체의 운명을 염두에 두게 된다.

규칙적 수행은 또한 참된 스승이 베푸는 깊은 가르침을 차츰 자기 것으로 하는 데에 꼭 필요하다. 근본적으로 이는 내적 성숙의 과정이며 우리를 윤회의 굴레에 붙들어 놓는 나쁜 습관들을 뛰어넘는 과정이다.

수행자의 하루 일과에서 명상 수행 시간은 몇 분에서 몇 시간까지 다양할 수 있다. 은거수행자는 밤낮으로 수행하기도 한다. 이렇게 여러 해를 수행하면 명상과 명상 후의 구분이 사라지고, 마침내 자유로워진 마음이 수행과 일상생활을 더 이상 구분하지 않는 순간이 온다.

다음에 나오는 조언은 수행자를 돕기 위한 것이다. 수행을 하다 보면 반드시 나타나서 원만한 수행을 가로막는 장애들이 있는데, 이를 물리치면서 수행을 진전시키고 심화시킬 수 있도록 돕는다. 그다음에는 꾸준하고 균형 잡힌 수행이 자리 잡을 수 있도록 한다. 그래서 마침내 삶의 순간순간에 수행이 배어들도록 돕는 것이다. 고금의 현자들이 베푼 이 가르침은 그들 자신의 체험이 바로 표현된 것이다. 그들이 우리에게 이 가르침을 베푸는 것은 마치 전통적 표현에 따르면 그들이 가슴을 활짝 열고 아무것도 감추지 않고 '자기 심장의 선홍빛을 보여 주는' 것과 같다. 이 가르침을 자신의 내면 체험과 연결시키면서 명상하는 것이 꼭 필요하다. 왜냐하면 그럴 때에만 비로소 그 가르침의 온전한 의미가 증득되고 가르침의 진실함, 깊이, 아름다움이 지속적인 영감의 원천이 되기 때문이다.

실천하지 않는 가르침은
메아리처럼 의미가 없다.

－ 디궁 된둡 최걀(1668~1718)

그대가 끊임없이 수행에 전념한다면
보이는 외양마다 모두 스승이 될 것이며
모든 현상 세계가
지극한 행복임을
깨닫고 죽게 될 것이다.

－ 팍모 둡빠(1110~1170)

※

수행의 요점

비할 데 없는 귀의처, 스승께 귀의합니다!

그대 지금은 자유롭고 소중한 인간 생의
빼어난 뒷받침을 누리고 있다.
그것을 헛되이 낭비하지 말고
오히려 그 핵심을 끌어내는 데
힘쓰라!

모든 현상은 그대 마음이 원천이니
잘 점검하지 않으면, 현상들은 좋아 보이나 교묘하게 그대를 현혹시
킨다.

분석해 보면 현상들은
뿌리도 없고 토대도 없다.

온 곳도 없고, 머무는 곳도 없고, 가는 곳도 없다.
윤회와 열반의 모든 것은
그대 마음이 지어내는 순수하거나 불순한 마법일 따름
근본 성품을 보면 어떤 실재도 없다.

본래 텅 비고 순수한 이 본성은
그렇다 하여 허무는 아니다.
왜냐하면 스스로 밝고
의식과 연민의 원천이기 때문이다.

깨어 있는 현존은 지울 수 없고 형언할 수 없다.
그의 창조적 힘으로부터
윤회와 열반의 숱한 것들이 생겨난다.
이 펼쳐지는 현상들과 그 원인이
두 개의 다른 실체가 아닌 채로
다른 둘이니
이 둘 아님[不二]의 단순함에 머물라.

몸은 '함이 없음'에 내맡겨라.
말과 숨을 자연스러운 움직임에 맡겨라.
마음은 광활하고 자유롭고 이완된 상태에 맡겨라.
조금도 집착심을 따라가지 말고

궁극적 차원의, 태어남 없는 깨어 있는 의식은
원인과 조건이 낳은 산물이 아니다.
그것은 스스로 여여히 명료하게 단순하고 적나라하게 있을 뿐이다.
주객이라는 개념으로 그것을 오염시키지 말고
개념적 알음알이로 오염시키지도 말고

그대 마음을 이 자연스러운 관조 속에 놓으라.
그러나 '놓으라' 해도 말이 놓는다는 것일 뿐
실제로 놓을 것도 놓는 사람도 없기 때문이다.

매 순간, 방일하지 말고 '깨어 있음-공성'의 현존을 유지하라.
궁극적 차원의 면목이 바로 이것!

환상이 지어내는 윤회의 활동들은 끝이 없어
거기 악착같이 매달릴수록 그 수는 더욱 많아진다.
그런 활동들은 생각, 집착, 적의의 회오리바람으로
그대 마음을 온통 차지한다.
그러는 사이에 인간보다 하열한 세상에 다시 태어날 원인이 만들어
진다.
그러니, 그대 온전히 다르마에 굴복하라!
다르마와 친숙해질 때
그대 몸, 말, 마음
그대는 해탈과 깨어남의 길을 택한 것이다.
죽을 때 그대는 회한이 전혀 없을 것이며
이생에나 다른 생에나
행복만을 누리리라!

그대 머리 위 혹은 가슴속에
그대에게 그토록 선한 마음을 지닌 스승을 깊이 생각하라.

스승 파드마삼바바와 떼어 놓을 수 없는 스승의 선의

그 마음이 그대 안에 지극한 신심을 불러일으킨다.

어떤 상황에서나, 좋은 상황이든 나쁜 상황이든

좋은 일, 괴로운 일 무엇을 겪든

스승을 부르고 그대 마음을

스승의 마음과 뗄 수 없이 하나로 연결하라. [···]

요컨대 가르침의 실천은

윤회에 대한 집착을 단박에 끊는 것.

육도 중생에 대한 자애와 연민을 기르는 것.

마음을 완벽하게 다스리는 것으로 귀착된다.

그대에게 끊임없이, 방일함 없이 이렇게 하라고 당부하노라.

비록 내가 내면 체험은 조금도 하지 않았으나

나, 최키 로되, 다르마를 모르고

수도원의 공덕으로 살고 있는 이 미개인 나는 이 몇 가지 조언을 글로
썼다.

고귀하고 덕 높은 다메 펠루(켄체 최키 로되의 제자 중 하나)의

청을 물리치지 못하여 쓴 것이다.

사르바 망갈람(모두가 행복하기를)!

                 – 켄체 최키 로되(1893~1959)

4. 정견(正見)과 명상 그리고 행위

정견(견해), 명상, 행위는 모든 가르침에 항상 나오는 세 가지 주제로서 불교 수행을 규정할 수 있게 하는 개념이다. 정견이란 실재를 인지하는 방식을 말한다. 분석과 관조에 토대를 둔 정견은 사물에는 견고한 실체가 없는데 사람들이 습관적으로 그런 실체가 있다고 생각한다는 것을 확실히 이해하게 한다. 모든 것이 상호 의존적이고 무상하며 고유의 실체가 없다. 이런 견해는 특히 마음의 본성을 밝혀 준다. 명상을 습관화하면 이 과정을 통해 차츰 견해를 통합해 마침내 견해가 우리 존재와 하나가 되게끔 해 준다. 여기서 행위란 정견과 명상으로 얻어진 체험을 행동으로 실천함으로써 우리가 세상과 연결되는 방식을 말한다.

❈

마음을 해탈시키기 위한 심오한 여섯 가지 가르침

정견이란 마음 그 자체에 관련된다. 마음의 참본성을 알아차리라.

명상은 빛에 관련된다. 명상의 광채가 더없이 밝은 상태에 이르도록 놓아두라.

행위란 허깨비 같은 현상에 관련된다. 나타나는 모든 것을 수행 길에 통합시키라.

체험이란 현현하는 진여의 체험이다. 일체의 집착을 뿌리째 잘라 버리라.

깨어남의 행위는 중생에게 좋은 일을 하는 것이다.

그들을 연민으로 이끌어 주라!

– 롱첸 랍잠(1308~1363)

❖

어느 날 돔푄빠(아티샤의 수제자. 까담빠 계보의 창시자 중 한 사람)가 아티샤에게
물었다.

"오로지 공성에 대해서만 명상하면 불성에 이를 수 있습니까?"

아티샤가 대답했다.

"우리가 보고 듣는 것 모두 마음에서 나오지 않는 것이 없다. 정견이
란 깨어 있는 의식이 전혀 실체가 없는 공성임을 알아차리는 것이다.
명상은 그 알아차림을 지속적으로, 한눈팔지 않고 유지하는 것이다.
그리고 행위란 이 알아차림을 간직하면서 공덕과 지혜의 증득을 실천
하는 것이다. 네가 진정 그 알아차림을 내적으로 체험한다면 그것은
네 꿈에 나타날 것이다. 만약 그것이 꿈에 문득 나타난다면 죽는 순간
에도 마찬가지일 것이다. 죽는 순간에 나타난다면, 죽은 후 삶과 죽음
의 중간 상태인 중음(바르도bardo) 기간에도 마찬가지일 것이다. 만약 그
렇다면 너는 수승한 깨달음에 이르렀음을 확신할 수 있을 것이다."

— 아티샤(982~1054)

견해, 명상, 행위를 하나로 묶고 실천하는 것은 꼭 필요한 일이다. 왜냐하면 이것들은 마치 창(槍) 하나하나가 모여 한 묶음을 이루듯이 서로 밀접하게 의존하기 때문이다.

견해 없이는 행위가 아무리 선하다 할지라도 실재가 있다고 믿게 되고 그래서 윤회가 계속된다. 행위 없는 견해로는 공덕 쌓는 일을 완벽하게 해낼 수가 없다. 게다가 견해를 기르는 당사자를 허무주의의 심연까지 이끌어 갈 위험이 있다. 명상이 없는 견해와 행위는 땅속에 묻힌 보물과 마찬가지로 무용하다. 오두막집 밑에 보물이 무진장 숨겨져 있어도 가난한 사람이 그것으로 배고픔을 면할 수 없듯이, 견해와 행위에 대한 가르침이 엄청 많아도 실제 명상 수행을 하지 않으면 수행자는 마음을 다르마(불법)에 계합시킬 수 없다. 즉 견해와 행위가 필요할 때 전혀 유용하지 못할 것이다.

— 젯쭌 타라나타(1575~1634/5)

정견(견해)

❖

모든 현상은 애초부터 순수하니, 잡을 수 없는 공성.

공하지만, 뚜렷이 감관에 포착되니(보이고 들리고……)

마치 마법 환영의 모습이 그러하듯이.

거기서 뭔가 이것이다 할 만한 것 찾으려 살펴보아도

모습은 실체가 없는 것으로 판명된다.

실재하지 않으나 그러면서도 현상은 우리의 즐거움과 고통을 자아
낸다.[66]

- 제5대 달라이 라마, 아왕 롭짱 갸초(1617~1682)

❈

모든 현상은 원인과 조건의 허깨비 놀음에 의해 공성으로부터 나타난다. 바로 이 텅 빈 본성으로 말미암아 만물이 나타난다. 허공이 우주 전체를 펼쳐지게 하면서도 그 어느 것도 바꾸거나 영향을 주지 않는 것과 마찬가지로 — 마치 허공이 그저 무지개의 출현을 가능케 하듯이 — 현상들은 공성의 '장식'이지만 결코 공성을 물들이지 않는다.

— 딜고 켄체 린포체(1910~1991)

❈

주체와 객체는 백단나무 그리고 그 향기와 같다. 윤회와 열반은 마치 얼음과 물 같은 관계다. 외양과 공성(空性)은 구름과 하늘 같은 관계다. 생각과 마음의 본성은 파도와 바다 같은 관계다.

— 게셰 차율와(1075~1138)

❖

상호 의존을 깨닫는 것.

그건 공성의 의미에 깊이 들어가는 것.

공성을 깨닫는 것.

그건 상호 의존의 의미를 깨닫는 것.

중도의 견해는 이와 같아서

상견(常見)과 단견(斷見)의

무서운 절벽을 훌쩍 뛰어넘어

전자에도 후자에도, 전자 후자 모두에도

기대지 않는 참된 견해

상호 의존의 연기법을 깨닫는 것은

공성의 의미를 투철히 꿰뚫는 것.

공성을 깨닫는 것은

연기의 의미를 깨닫는 것.[67]

　　　　　　　　　　　　　－ 제7대 달라이 라마 켈상 갸초(1708~1757)

투명한 호수에 비치는 그림자처럼
수많은 현상들은
고유의 실체 없이 비었으면서도 모습을 드러낸다.
오늘부터 확실히 믿으며 깨달으라.
일체가 빈 모습뿐임을.

구름 없이 화창한 하늘처럼
마음이라는 왕[心王]의 본성은 절대적 차원.
오늘부터 확신을 갖고 깨달으라.
마음은 애초부터 태어난 적 없으며
변함없이 공하고 빛난다는 것을.
허공 중에 스러지는 구름처럼, 많고 많은 생각은
절대체 안에서 저절로 해방된다.
오늘부터 확신을 갖고 깨달으라.
진실로 일어나는 모든 것은 저절로, 부여잡을 길 없이 흩어진다는 것을.

마음이 허공 한복판에 있음을 알라.
하늘을 유유히 나는 아름다운 새들처럼
명상 체험, 증득이라는 두 날개를 펴고
마음의 본성이 절대체임을 깨달으라. 절대체는 머무는 곳이 없다.

마음의 본성 속에 생각이 번득이는 것은

마치 맑은 하늘의 무지개 빛깔과 같다.

당장 확신을 갖고 깨달으라.

일어나는 모든 것은 수승한 마음, 텅 비고 환한 마음

일체의 집착을 넘어서는 마음이라는 것을.

노래의 선율처럼

모든 것은 일정 숫자의 원인에서 귀결되는 것.

원인 자체도 실체가 없다.

당장 확신을 갖고 깨달으라.

모든 것이 원초적인, 텅 빈 본성, 뿌리도 토대도 없는 본성임을.

불변의 하늘에 뜬 구름처럼

행위, 부정적 감정, 선하고 악한 모든 것은

마음에서 생겨나고 마음에 의지한다.

그러나 마음의 본성은 뿌리도 토대도 없다.

– 롱첸 랍잠(1308~1363)

❖

스승이신 붓다와 보살들께 귀의합니다!

수승한 해탈을 이루신
모든 스승님께 절합니다.
또한 연민심으로
윤회의 밑바닥까지 휘저어 중생을 구하기 위해
이 세상에 남아 계신 스승들께 절합니다!

깨어난 마음이라는 위대한 치료제의 도움으로
실재의 개념에 대한 집착을
없애는 방법에 대해 한마디 하겠습니다.
깨어난 마음[正覺]은 대승 수행 길의 핵심
모든 불보살이 이 길을 걸으셨네. [⋯]

땅속에 더없이 순수한 물이 있듯이
부정적 감정의 한복판에도
애초부터 현전하는 지혜가 있다네. [⋯]

사물의 궁극적 본성, 깊고 평온하고 꾸밈없는 그것
환히 빛나는, 짜 맞춘 것 없는, 본래부터 고요한 차원
한 번도 나타난 적 없는 것은 한 번도 멈춤이 없으리니.
자연스레 여기 있는 열반은

오점 없는 붓다의 정수

깨알에 스민 기름처럼

열반은 애초부터 모든 중생 안에 있다.

중생과 뗄 수 없이. 이것이 그들 마음의 본성

그러나 가난한 자의 집 땅속에 감춰진 보물처럼 열반은

이원성의 거짓된 인식에 의해 가려져 터득되지 않아

그리고 세 가지 습관적 경향의 누에고치 속에 꽁꽁 숨겨져 있다.

그럴 때 업, 감정, 고통이 비처럼 내린다.

생사윤회의 끝없는 평원, 뚜렷하지만 실재가 아닌 그곳에

그대는 아득한 무시이래 헤매고 있다.

아아! 행위와 무명의 힘이 이리 크구나!

그러니 참스승의 발치에 공손히 머리 숙이고

자아가 있다고 굳게 믿은 흠결을

스승의 감로수 같은 가르침의 물줄기에 씻어 내는 것은

해 볼 만한 일 아닌가.

그대가 자유롭고 풍부하고 중요하고 희유한

이번 생에 삶을 받아 누리는 동안에

세상의 무의미한 삶에 집착하지 않고

마음을 고독 속에서 완벽하게 만드는 것은 꼭 해 볼 만한 일.

덧없고 헛된 구름 한가운데 삶의 섬광이 춤춘다.

그대가 심지어 내일까지 살지 그것도 확실치 않다.

그러니 부디 명심하라.

죽는 순간을 위하여 수행하는 것은 이치에 딱 맞는 일이다!

무시이래로 생사윤회의 감옥에서

삼중의 고통의 징벌이 그대를 괴롭히나니

그런데 정신 나간 그대는, 그 고통이 지겹지도 않은가!

커다란 행복의 성채를 공략할 때는 지금이다!

행복과 고통은 행위의 산물

붓다가 말씀하시길, 행위의 인과는 피할 수 없다고.

이를 알고, 세심하게 전심전력으로

악행을 멀리하고 선행을 하라!

존귀하신 삼보의 이름만 들어도

윤회의 도시가 산산조각으로 부서지나니

그러니 삼보를 모든 귀의처 중에서도 난공불락의 핵심으로 여기라!

무시이래 수많은 생에서 사랑으로 돌봐 준 어머니들을*

윤회의 고해에 내팽개치고

열반의 평화를 오직 자기만을 위해 찾는 이,

---

*   여기서 '어머니'는 모든 중생을 말한다. 언젠가 어머니였을 수 있다는 뜻에서 그러하다. – 옮긴이 주

그보다 더 뻔뻔한 자가 이 세상에 있겠는가?

억겁의 세월 동안 가장 명철한 견해를 지닌 존재들
불보살님들은 견자(見者)를 정성 다해 찾았다.
그들의 지혜의 힘으로 찾았고, 보았다.
깨어남의 소중한 마음 오직 그것만이 유익함을.

그렇기에 목표에 이르는 모든 길 중에서
그대가 택한 길이 정각의 길
그대에게 좋고 남들에게도 좋은 보물이 그대 앞에 활짝 열리리라.
또 다시 어떤 증거가 필요하랴.

그러니 의도와 행위에서 정각의 마음을 지어라.
두 관습 중에 전자나 후자를 따라
정각의 가르침을 배워라.
자세한 것이든 압축된 것이든 일반적인 것이든 특수한 것이든.
그리고 그 가르침을 실천하라.
그것이 핵심이다.

여러 붓다들 사이의 차이를 보라.
남을 잘되게 하는 사람 그리고 우리들처럼
자기만 생각하는 사람,
그러니 설령 목숨이 위험하더라도

무상정등각을 결코 등한히 하지 말라!

정각의 마음은 보살행의 너른 바다의 원천
이것이 모든 수행의 주안점이요
대승의 뿌리임을 알라!

그와 함께 그대는 참된 길을 가리라.
그대가 하는 일마다 오직 공덕만을 지어내리라.
선도 악도 아닌 행위조차 선으로 변하리라.
온전한 해탈의 길에서 절대 뒷걸음치지 말라. [⋯]

무시이래로 나의 적은
자아에 대한 믿음, 그것이 내 심장에 똬리를 틀고 들어앉았다.
하여 나를 생사윤회의 끔찍한 감옥에 가두었다.
그 적에게 나는 아무 나쁜 짓도 하지 않았건만
그는 내게 수백 가지 고문을 가했다.
그러나 난 그를 원망하는 대신 그를 믿었고
그의 권세에 넘어가고 말았다. 그의 권세의 품으로 떨어지고 말았다.
이보다 더 망신스러운 일이 있는가? 이보다 더한 무지를 범할 수 있겠
는가?

적(자아에 대한 믿음)을 너그럽게 보아 넘긴 나는 멸시받아 마땅하다.
이제부터 나는 삼보를 요새로 삼으리.

나의 탈것, 그건 반드시 해탈하고 말겠다는 결심.
무기로는 사무량심을 갖추리라!

육바라밀을 군대로 동원하여
오늘부터 이 적을 무찌르리라.
공성과 연민의 날카로운 무기로!

만일 내가 적을 무찌르지 못한다면
그건 내게 여전히 무한한 두려움이 있기 때문일 터.
비할 바 없이 고통스러운 지옥의 공포처럼 무한한 공포
정신이 멀쩡한 사람이라면 그 누가 반응하지 않으랴.

그러니 이 '나'의 본성을 찾아보라.
'나'란 어디에 머무는가? 어디로 가는가?
그대는 '나'라는 놈에게서 손톱만 한 실재도 찾지 못하리니.
일단 무찌르고 나면, 그놈이 어찌 다시 일어설 수 있으랴.

진정한 영웅, 사람 중 최고의 사람은 이 적을 무찌름으로써
지복에 이르렀다.
무엇이 문제인지 알고서
이 적이 빳빳이 고개 쳐들게 두지 않는 사람은
현자 중에서도 가장 지혜로운 현자
용자 중에서도 가장 씩씩한 용자. 그보다 더 높은 지견을 지닌 자 누가

있으리. [···]

개인의 자아에 대한 믿음은

'나'를 실재로 보는 생각을 하는 것이다.

그 믿음은 흩어질 오온(五蘊)˙에 대한 그릇된 집착에서 나온다.

여럿이면서 또한 번개, 폭류, 등잔불만큼이나 일시적인

이 다섯 덩어리가 뭉쳐 형성하는 것이 무언지 주의 깊게 살펴보라.

그대는 깨닫게 되리라.

이 '나'란 거짓된 인식일 뿐 아무것도 아님을.

마치 새끼줄 한 토막을 뱀이라 착각하듯이

'나'에는 아무런 고유한 실체가 없는 것을!

사물의 '자체'란 주객의 개념에서 나온다.

사람들이 집착하는 내면이나 외부의 대상은 모두

습관적 성향에 기인하는 거짓된 상˙˙이다.

시각적 결함이나

물에 비친 달그림자, 착시 현상처럼

˙   '나'를 구성하는 다섯 가지 요소, 즉 형태(물질)인 색온(色蘊), 느낌인 수온(受蘊), 개념인 상온(想蘊), 지
    어 감을 뜻하는 행온(行蘊), 의식인 식온(識蘊), 이 다섯 덩어리를 말한다. 여기에서 '흩어질 오온'이라 한
    것은 이 다섯 요소 자체가 원인과 조건에서 나온 것이므로 덧없기 때문이다.

˙˙ 빨리어로는 'sañña', 영어로는 'perception', 우리말로는 '개념'과 같은 말이다.

제대로 살펴보지도 않고 사람들은 그것이 좋은 것이라 여기지만
잘 관찰해 보면 그것은 빈 것임이 드러난다.

그것들은 원자나 순간이나 그 밖의 무엇무엇이라고
식별할 수 있는 실체가 아니다.
원자나 순간이 그러하듯이
그대는 알게 되리. 어떤 주체도 객체도
그 자체로서 스스로 성립[自性]하는 것이 아님을.

쉬지 않고 분석을 계속해 보면
그대는 중생의 '그 자체'도
사물의 '그 자체'도 실체가 없다는
확신을 갖게 되리.

그대가 두 가지 진리를 확신할 날이 언젠가 오리라.
연기에 의해 나타나는 허깨비 같은 현상
그리고 일체의 확언을 넘어서는 공성
이 둘은 번갈아 나타나는 것이 아니고
뗄 수 없는 하나를 이룬다는 것을.

– 셰첸 갈삽(1871~1926)

요컨대, 애초부터 깨어난 의식은 마음이 지어낸 이러저러한 특성을 갖춘 실체인 적이 없었다. 깨어난 의식의 정수는 어디에나 있으며 본래부터 순수한 크나큰 공성이다. 그러나 이 공성은 태양처럼 막힘없이 비추면서 윤회와 열반의 한없이 많은 형태의 현상도 자발적으로 모습을 드러낸다. 깨어 있는 의식은 그러므로 결코 무가 아니다. 그 자연스러운 표현이 원초적 지혜가 지닌 품성의 여여하고도 위대한 현존이다.

– 두좀 린포체(1904~1987)

명상

❖

그대가 내면의 체험을 증득하지 못하고

명상에 의해 견해를 완연히 환하게 밝히지 못했다면

철학적 쟁론이나 독서만으로는 거기에 이르지 못하리라.

끊임없이 명상하라.

이것이 내가 진심으로 하는 조언이다.

– 리진 최키 닥빠(1595~1659)

명상에 들면, 마음을 허공처럼 자유롭게 가져라.

명상과 명상 사이에 일어나는 일들의 흐름을

마치 무지개와 같은 것으로 보라.

그러면 세상의 유혹이 그대에게 나타나리니

이는 마치 덧없는 환각과 같을 것이다.

기쁨과 고통은 꿈에서 본 구경거리

허깨비 같은 모습들, 마술사가 지어낸 도시들

소리들, 동굴에 메아리치는 음성들

그리고 그대, 이 주술에 붙박여 꼼짝 못하는 한시적 생명

그대는 덤벙대는 아이일 뿐이다!

거울에 제 모습 비춰 보는 사람에게

분명히 나타나는 영상이 보이듯이

사물은 뚜렷이 나타나면서도 빈 것이고

바로 이러한 이유로, 인과법은 무너질 수 없다.[68]

— 제7대 달라이 라마, 켈상 갸초(1708~1757)

❀

마음 자체는 애초부터 정신이 지어내는 것으로부터 자유롭다.

과거를 들이파며 생각할 것도 없고

미래를 열띠게 미리 걱정할 것도 없다.

어떤 일이 일어나건 집착도 산만함도 없이, 마음 저 위에 머물며

생각이 떠오르는 그 즉시 보내 버리라.

이것이 내가 진심으로 하는 충고이다.

감관이 인식하는 것들을 하나하나 가두지 말고

그것들을 실재로 알고 걱정하지도, 거기에 꼬리를 잇지도 말며

무엇을 보건 듣건 그것을 네 마음의 자연 상태에 놓아 버리라.

이것이 내가 진심으로 하는 충고이다.

― 리진 최키 닥빠

❖

무엇이든 할 수 있는 마음은 마치 마술사 같아서

모든 것을 나타나게 한다.

윤회의 불행도 열반의 행복도

마음의 본성에 대한 알아차림을 정성껏 간직하라.

이것이 내가 진심으로 하는 충고이다.

— 디궁 된둡 최걀(1668~1718)

은거를 위한 조언(제2부)

일단 내면에서 의심 그리고 견해에 관한 그릇된 개념을 끊어 버린 후이 견해를 지속적으로 유지하는 것이 우리가 '명상'이라 부르는 것이다. 다른 모든 명상은 그 자체를 목적으로 삼는 것으로, 생각이 구축한 개념적 명상이다. 우리는 그렇게 하지 않는다.

흔들림 없이 이미 정한 견해에 자리 잡고서, 자유롭고 이완된 상태로 있으면서 다섯 가지 감각 기관에 잡히는 감각을 떠오르는 대로 그냥 놓아둔다.

"이것이다, 저것이다" 하면서 그게 무엇이든 어떤 특별한 것에 대해 명상하지 말라. (이후 모두) 만약 당신이 "명상한다"고 하면, 당신은 지성에 호소하는 것이다. 명상할 대상은 아무것도 없다. 또한 단 한순간이라도 멍하니 방심하지는 말라. 만약 방심하면 깨어 있는 의식 상태는 중단된다. 또한 그게 바로 방황이다. 그러니 방심하지 말라! 어떤 생각이든, 생각이 오면 오게 하라. 그러나 그 생각을 따라가지도, 멈추지도 말라.

어쩌면 당신은 이렇게 자문할 것이다. "그렇다면, 대체 뭘 해야 해?" 당신이 감각으로 포착하는 대상이 무엇이든, 자연 그대로의 생생한 상태에 머물며, 어떤 집착도 갖지 말라. 마치 절에 가서 그 안을 들여다보는 어린아이처럼 말이다. 온갖 현상이 계속 떠오르며, 계속 그 자리에 있고 그 면모가 바뀌지도 않고 그 색깔이 달라지지도 않고 그 광휘가 사라지지도 않는다. 그러나 감각과 생각은 믿음과 집착에 물들지 않았기에 텅 비고 환한 원래의 의식으로서 그대로 적나라하게 드러난다.

제한된 지성을 지닌 존재들은 "매우 광대하고 심오한" 가르침이라고 사람들이 인정하는 수많은 가르침 앞에서 헷갈리는 상태로 있다. 그런데 쉽게 말하자면 주안점을 손가락으로 가리키는 방법이 이것이다. 지나간 생각들은 멈추고 미래의 생각들은 아직 떠오르지 않았을 때, 이 간격 속에는 머리털 한 올만큼도 변한 적이 없는 지금 여기의 지각, 명징하고 깨어 있고 적나라한 신선함이 있지 않은가? 이거다! 이것이 각성된 의식의 자연스러운 상태인 것이다.

그런데 이 상태는 지속되지 않을 것이다. 한 생각은 문득 일어나지 않는가? 그것이 각성된 의식의 표현 바로 그것의 힘이다. 그러나 생각이 일어나자마자 그 생각을 있는 그대로 알아차리지 않는다면 그것이 이른바 '환상의 사슬'이며, 그것이 바로 윤회의 원천인 것이다.

만약 생각이 떠오르는 바로 그 순간 당신이 그 생각을 떠오르게 그냥 두고 알아차기만 하고 다른 생각이 거기 가서 달라붙지 않게만 한다면 모든 생각은 자연스럽고 수월하게, 절대체의 깨어난 의식의 허공으로 자유롭게 날아갈 것이다.

견해와 단단한 집착 끊기. 명상*을 단 하나의 수행으로 합치는 주요 부분이 바로 이것이다.

－ 두좀 린포체(1904~1987)

---

* '켁초드khregs chod'. 마음이 주객이라는 개념에 단단히 달라붙는 것을 끊어내고 마음의 투사인 현상에 중첩시키지 않는 것이 목표인 대원만(족첸) 수행 중 하나. 영어로 하면 'cutting through'이다.

가랍 도르제가 선언한다.

"각성된 의식이 본래부터 순수한 차원에서 일어날 때
의식의 이 순간은 대양에서 보물 하나를 찾은 것에 비할 수 있으니
이것이 그 무엇으로도 구축되지도 변질되지도 않는 절대체로다."

바로 이것에 관해 부지런히, 방일함 없이 밤이나 낮이나 명상해야 한
다. 그러니 모든 것을 각성된 의식으로 돌려보내고, 공성이라는 것을
단순한 지적(知的) 이해의 대상과 동급으로 치지 말라.

❖

지혜 없는 명상은

얼마간은 좋은 것들을 줄 수 있겠지만

그런 명상으로는 진정한 목표에 이룰 수 없어

금은을 녹인들 무슨 소용이랴.

일단 불이 꺼지면 도로 굳어지는데.*

— 감뽀빠(1079~1153)

---

* 구전으로 이어진 것을 받아 적었다.

❖

스승은 보배의 산

거기서 거룩한 가르침의 원천이 샘솟아 난다.

지칠 줄 모르는 믿음을 갖춘 이들은 거기서 목을 축일 줄 알고

모든 허물에서 해방되리라.

확실히 믿으라!

오온이 합하여 만들어진 몸은 항아리 같아서

그 안에 타고 난 불꽃이 빛난다.

명상에 의해 그 불을 얻은 사람들은 다른 곳에서 찾지 않으며

안과 밖을 절대체로 볼 것이니

확실히 믿으라!

허깨비 같은 몸은 산 같아서

그 위에 의식의 사자 새끼들이 싸운다.

집착 없음에 의해 감각의 여섯 기능을 정화할 줄 아는 이들은

윤회와 열반을 동시에 넘어서리라.

확실히 믿으라!

무명은 새 둥지

거기에 의식의 독수리가 거한다.

방편과 지혜의 양 날개로 날 줄 아는 이들은

다시 태어남의 육도, 즉 육도 윤회를 훌쩍 넘어 날아오르리니

이를 확실히 믿으라!

벗이여, 그대, 마음의 눈으로 바깥세상을 보라!
세상을 지켜보는 것만으로도 그대는
세상이 거울에 비친 형상처럼
실체가 없음을 보게 되리.

벗이여, 그대, 마음의 눈으로 내적 차원을 보라!
마음이 개념으로부터 자유로운
바람에서 보호된 불꽃같은 밝음인 걸 보게 되리.

벗이여, 그대, 마음으로 안팎의 경계를 관하라!
다만 그 경계를 지켜보는 것만으로도
그대는 (안팎을 구분하는) 이원성의 표지가 스르르 녹아 없어지는 걸 보리라.
마치 해가 뜰 때 그림자가 스러지듯이

벗이여, 그대, 방편의 심오한 길에 마음을 집중하고 명상하라!
이 길에 대해 명상할 때
빼어난 길잡이처럼
그대는 마음을 그대가 원하는 곳으로 데려가리라.

벗이여, 그대, 커다란 상징에 대해 명상하라!

그대가 커다란 상징에 대해 명상하면

모든 외양은

숲에 산불이 번져가듯이 오히려 도움이 되리라.

벗이여, 그대, 목표 없는 나그네처럼 되라!

그대가 거기에 이를 때

생각들은 당장 녹아져

호수에 내린 눈이 녹듯 하리라.[69]

– 목촉빠 린첸 쬔두

❖

이 세상의 많고 많은 현상, 일시적인 현상들은

마음이 짓는 마술이거니.

평범한 생각의 물결 그 바깥에는

윤회의 고통이 전혀 없다.

행복도 마음에서 오고, 불행도 마찬가지.

수승한 세상, 하열한 세상, 천신들과 마군

모든 선한 것과 악한 것은

마음이 부리는 마술일 뿐 아무것도 아니다.

이걸 해야지, 저걸 해야지 하는 일체 욕망을 버리고

확신을 갖고 마음의 본성, 일체의 원천인 그것을 밝히라.

그대가 마음 자체의 불변하는 본래 상태를 알아차리면

그 현존의 지속 안에 머무르라.

모든 가르침의 핵심점이 바로 그것이니. […]

네 마라가 이끄는 군대[魔軍]가 너를 공격한다 한들, 그것 역시 마음(의 작용)이다.

신들과 마군이 갑자기 나타난다고? 그것도 여전히 마음이다.

몸을 이루는 요소들의 불균형조차도 그 시원(始原)은 똑같다. […]

무시이래 계속되어 온 습관의 힘이다.

치성한 생각의 지속적 흐름을 이토록 생생하고 이토록 견고하게 만드

는 습관의 힘

그러나 무찌르기 어려운, 허깨비 같은 생각 떼거리도

결국은 신기루보다 더 힘 있는 것은 아니다. [⋯]

행복해지고 의식은 넓게 트여

병에서 쾌유하듯이

요기(요가 수행자)는 진여(眞如)를, 마음의 본성을 알아차리고

자기 생각의 나쁜 습관을 기억한다.

스승의 머리보다 더 높이 제 고개를 쳐드는 하인 같은 그 생각들을.

그는 자기 가슴에서 지복(至福)의 태양이 떠오름을 본다.

생각이라는 적을 굴복시키면

윤회의 삼계에는 더 이상 아무런 적이 없고,

어떤 마군도 어떤 큰 공포도 없다.

요기여, 그대는 지고한 승리를 거두었다.

일단 마음의 비밀을 꿰뚫고 진여를 체험하면

사량(思量) 분별과 수많은 실천 수행이 탈진의 원인

그대가 무슨 수행을 하든, 그 열매는 하나의 핵심점으로 귀결된다.

그 핵심점은 자신의 본성을 되찾은 마음. [⋯] [70]

― 미팜 린포체(1846~1912)

행위

❋

『완벽한 행동 경』의 발췌

매 순간, 중생이 잘되기를 지치지 말고 기도하라. 잠드는 순간에는 이 렇게 생각하라. '일체 중생이 절대 본성에 이를 수 있기를!' 아침에 깨 어나면 이렇게 기도하라. '일체중생이 붓다로 깨어나기를!', 자리에서 일어날 때는 '일체중생이 붓다의 몸을 얻을 수 있기를!', 옷 입을 때는 '일체중생이 악행을 부끄러워하는 능력과 남에 대해 삼가는 마음을 가 질 수 있기를!', 불을 붙일 때는 '일체중생이 부정적 감정의 장작을 다 태울 수 있기를!', 밥을 먹을 때는 '일체중생이 집중이라는 음식을 섭 취할 수 있기를!', 문을 열 때는 '일체중생이 해탈 문을 열 수 있기를!', 문을 닫을 때는 '일체중생이 하열한 존재로 몸 받아 다시 태어나는 문 을 닫을 수 있기를!', 외출할 때는 '내가 일체중생을 위한 해탈의 길을 택할 수 있기를!' 어디로 올라갈 때는 '내가 일체중생을 더 나은 세상 으로 이끌 수 있기를!', 내려갈 때는 '내가 하열한 세상의 중생을 해방 시킬 수 있기를!', 행복한 사람을 볼 때는 '일체중생이 불성의 행복을 찾을 수 있기를!', 남들의 고통을 보게 될 때는 '일체중생의 괴로움이 멈출 수 있기를!'*

– 라훌라바드라(6세기)

---

* 라훌라바드라의 책에 나온 내용을 기초로 한 딜고 켄체 린포체의 법문 중에서 발췌한 것이다.

❖

잘난 척하는 사람들과 논쟁하지 말라.

운 좋은 사람들과 너 자신을 견주지 말라.

복수하려는 사람을 깔보지 말라.

힘센 자에게 앙심을 품지 말라.

악습을 버리라. 심지어 아버지나 조상들로부터 내려온 관습이라 해도.

선한 관습을 택하라. 설령 그 관습을 너의 적들이 실행하고 있다 하
여도.

독(약)을 먹지 말라. 설령 네 모친이 직접 손으로 건네준다 하여도.

황금은, 원수가 준 것이라도 여전히 황금다운 성품을 지닌다.

어떤 이들은 남들이 산을 옮기는 것을 보아도 놀라지 않으나

자기 일이 되면 털 오라기 하나도 무거운 짐으로 여긴다.

― 감뽀빠(1079~1153)

❖

부정적 감정의 소멸

이런 말이 있다.

"사람이 지혜를 증득했다는 표시는 자신을 제어할 줄 안다는 것이다. 또 정신적 체험이 순숙(純熟)했다는 표시는, 서로 갈등을 빚는 이런저런 감정들이 없다는 것이다."

이 말의 뜻은, 진정한 정신적 증득의 경지에 이르면 그만큼 고요하고 평온하고 절도 있으며, 방일하지 않고 우쭐하지 않고 자만심에 들뜨지 않게 된다는 것이다. 세월이 가면서 수행이 아무리 대단한 경지에 이르더라도, 당신은 일신의 안락을 괘념치 않을 것이고 일체의 자만을 경책할 것이다. 당신은 항상 평온하고 겸손하며, 희망도 두려움도 품지 않을 것이다. 바깥에서 벌어지는 일들에 마음이 흔들리지 않을 것이며, 세속의 여덟 가지 관심사 - 이득과 손실, 쾌락과 고통, 칭찬과 비난, 영광과 수치 - 에 무관심해질 것이다.

이런 말이 있다.

"수행에서 어려움은 초기에 찾아온다. 그런데 세속 잡사에서는 맨 마지막에 찾아온다."

일상사를 접고 수행에 심신을 다 바치다 보면 아마도 당신의 내면과 외부에서 동시에 장애에 부딪히게 될 것이다. 그러나 이를 잘 견뎌 낼수록 행복해질 것이다. 반대로 세상일들은 처음에는 덧없고 피상적인 만족을 가져다주지만, 결국은 쓰디쓴 환멸로 끝나기 마련이다.

그러니 다른 것은 모두 배제하고 오직 하나의 원(願)만 간직하라. 수행에 의해 내적으로 변화하겠다는 바람 그것만을. 영광도 권력도 부도 괘념치 말라. 오히려 겸손을 키우라. 단지 몇 달만이 아니라 일생 동안 겸손을 키우라.

가르침을 내 것으로 만들어 부정적 감정을 길들이는 데에 성공했는지 끊임없이 점검하라. 만약 어떤 수행이 이와 정반대의 결과를 가져와서 수행할수록 이기심과 대립적 감정만 커진다면 차라리 그 수행을 그만두는 것이 낫다. 그것은 당신을 위한 수행이 아니다.

일단 붓다의 가르침을 실천하기 시작했으면, 아무나 던지는 조언을 더 이상 따르지 말라. 함정에서 벗어나서 가능한 한 멀리멀리 도망치는 야생 동물처럼 하라. 당신에게 필요한 것은 윤회에서 온전히 벗어나는 것이지, 몸의 절반은 함정 속에 절반은 함정 밖에 둔 채로 엉거주춤 남아 있는 것이 아니다.

군중 한복판에 있게 될 때는 정신이 산만해지도록 그냥 두지 말라. 마음의 변함없는 단순성을 간직하고, 스승의 가르침을 기억하라.

품안의 갓난아기를 빼앗긴 어머니처럼 행동하라. 어머니는 아기를 매우 부드럽고 주의 깊게 대한다. 그런데 누가 아기를 빼앗아 가면, 어머니는 단 한순간도 그 아기를 생각하지 않을 수 없다. 이와 마찬가지로 주의를 느슨하게 하지 말고, 절대로 불방일을 포기하지 말라.

오늘 당장 죽음이 번개처럼 당신을 덮친다 해도 슬픔이나 회한 없이 죽을 준비를 갖추라. 당신이 뒤에 남기는 것에 대해 전혀 집착하지 말라.

진여의 참안목을 알아차리는 일을 멈추지 말고, 푸른 하늘로 날아오르는 독수리처럼 이생을 떠나라.

무한한 허공으로 날아오를 때 독수리는 '내 날개로 날 수 없을 거야'라거나 '그렇게 멀리까지는 날아갈 수 없을 텐데'라고는 결코 생각하지 않는다. 마찬가지로, 죽음의 순간 스승과 그의 가르침을 생각하며 전적인 믿음으로 그것을 오롯이 받아들이라.*

‒ 딜고 켄체 린포체(1910~1991)

---

*   직메 링빠가 구두로 해설한 내용이다.

은거를 위한 조언(제3부)

행위를 통해 명상에서 진전을 보이는 방법
그리고 당신의 내적 체험이라는 자[尺]에 비추어 행위를 평가하는 방법

앞에서 말한 바와 같이, 가장 중요한 것은 스승에게 불굴의 열성을 다해 기도하는 것, 한 순간도 멈추지 말고 스승을 붓다 그분처럼 보는 것이다. 이 수행을 일컬어 '이것 하나만으로도 모든 것을 이룰 수 있는 열렬한 신심'이라고 한다. 이는 장애를 물리치고 수행에 진전을 보기 위한 만병통치약으로서, 어떤 다른 방편보다 월등하다. 이렇게 하면 해탈의 높은 수준과 그 길을 힘차게 주파할 수 있다.

명상에서 자칫 빠지게 되는 결함을 메꾸기 위해서는, 우선 혼침에 빠진다면 각성된 의식을 새롭게 하라. 만약 마음이 흐트러지고 제멋대로 날뛴다면, 안에서부터 마음의 긴장을 풀라. 매 순간 주의를 지금 여기에 두어야 한다. 그래서 마음의 본성에 대한 알아차림을 절대 놓치지 않는 방향으로 가야지, '명상하는' 자를 노리듯이 지켜보는 주의가 마음을 규제하는 방향으로 가서는 안 된다. 어떤 상황에서든 이런 수행을 유지해야 한다. 밥을 먹든, 잠을 자든, 길을 걷든, 앉아 있든, 정해진 명상 시간 중이든 명상 후이든 이렇게 해야 한다.

생각들이 떠오르면, 행복한 생각이건 불행한 생각이건 부정적 감정에 연관된 생각이건 아니건, 절대로 그 생각을 떨쳐 버리거나 그 생각을 채택하거나 어떤 해독제를 써서 그 생각을 눌러 버리는 일을 피하라. 그 생각이 당신에게 유쾌한 기분이 들게 하건 불쾌한 기분이 들게 하건, 있는 그대로 그 생각을 자연스러운 상태로 적나라하게 명징하게 넓게 투명하게 놓아두라. 이 모든 경우에 적용되는 유일하고 핵심적인 점이 바로 이것이다. 그러니 온갖 숙고에 끄달리지 말라. 공성을 명상하되 이를 바람직하지 못한 생각과 부정적 감정*을 해독하는 확실한 요법으로 생각하며 명상할 필요는 없다. 온전히 깨어 있는 의식 덕분에 버려야 할 것의 참본성을 알아차린다면, 그 즉시 생각은 저절로 자유로워질 것이다. 마치 뱀이 틀고 있던 똬리를 스르르 풀듯이.

사람들은 대부분 빛나는 정수인 아다만틴**의 감추어진 궁극적 의미에 대해 말할 줄 안다. 그러나 그들은 그것을 내면으로 체험할 줄은 모른다. 그들에게는 이것이 앵무새가 주워 섬기는 길고 긴 기도와 같이 되어 버렸다. 그것을 실제로 수행하는 우리는 얼마나 운이 좋은 사람들인가!

주의 깊게 더 들어 보라. 아직도 깨달아야 할 것이 더 남아 있다! 무시이래로 우리를 윤회에 칭칭 얽어매는 두 원수는 주체와 객체이다. 이제 스승의 선함에 힘입어 당신은 당신 안에 있는 절대체와 접촉에 들어갔으니, 주체와 객체라는 이 두 말썽꾼을 마치 불에 던져진 새가

---

* 부정적 감정과 마음의 너울은 본성상 빈 것이므로, 거기에 개념적인 공성을 치료제랍시고 적용하는 것은 소용없는 일이다. 그리하면 개념적 공성이 부정적 감정과 마음의 너울에 말하자면 중첩될 터이다.

** 티베트어로 'od gsal rdo rje snying po'는 '대원만(족첸)'의 동의어로, 마음의 본령인 깨어 있는 의식을 가리킨다. '빛나는'이라는 말은 무명의 너울에 가려져 어두워지지 않고 모든 것을 알아차리는 마음의 자발적 능력을 말한다. '아다만틴'이라는 말은 무엇으로도 마음을 부술 수 없다는 사실을 지칭한다.

깃털 하나 남기지 않듯 남김없이 떨쳐 버림이 어찌 기꺼운 일이 아니 겠는가!

이렇게 빠른 길에 대한 심오한 가르침을 받았으니 실천으로 그것을 체험하지 않는다면 소원을 흡족히 채워 주는 보물을 시체의 입 속에 넣어 두는 것과 마찬가지일 것이다. 얼마나 아까운 노릇인가! 당신의 가슴이 썩어들게 두지 말고, 실제 수행을 하라!

당신이 초심자라면, 주의를 산만하게 하는 부정적 생각들이 틀림없 이 엄습해 올 것이다. 숱한 생각이 알게 모르게 은근히 재빠르고 끊임 없이 연속으로 움직일 것이다. 잠시 주의가 명징해질 때, 회한과 더불 어 이런 생각이 들 것이다. '내가 방심했구나!' 그러나 이런 현상이 생 길 때, 생각의 흐름을 멈추려 하지 말고, 방심한 것을 후회하지도 말라. 명징한 주의의 한복판에서 자연스러운 상태의 지속을 지금 여기에 지 니기만 하면 된다.

떠오른 생각들을 내치지 말고 그것들을 절대적 차원으로 받아들여 보라는, 익히 알려진 조언을 따르라. 그렇지만 깊은 안목을 제어하지 못하는 한, 만약 당신이 '이것이 절대적 차원이야'라고 생각하는 데에 만족하고 멍한 상태의 정신적 평온에 머무른다면 무기(無記), 즉 이도 저도 아니고 명징하지 못한 상태에 떨어질 위험을 무릅쓰게 된다. 그 래서 처음에 떠오르는 생각들을 똑바로 직시하되 조금이라도 숙고하 거나 분석하지 말라는 것이다. 그리고 '생각을 알아차리는 자' 안에 자 리 잡고 그 생각의 내용은 전혀 중요하게 여기지 말라. 마치 어린아이 들이 노는 것을 물끄러미 바라보는 노인처럼 말이다. 이렇게 해 간다 면, 당신의 마음은 자연히 점점 오랫동안 생각 없이 있게 될 것이다. 만약 갑자기 이 체험을 깨뜨린다면* 바로 그 순간 본래의 적나라하고 생생하고 투명한, 정신적인 것을 초월한 지혜가 나타날 것이다.

실제로 하다 보면 당신의 수행은 반드시 지극한 행복, 명징함, 생각 없음의 경험과 섞일 것이다. 그러나 그때 전혀 우쭐한 느낌이나 집착, 희망, 의심 같은 것 없이 머물면 길을 잃을 위험은 제거될 것이다. 끊임없이, 일체의 방심을 피하라. 틈새 없이 전심전력으로 수행하는 것이 중요하다.

방일해져서 수행을 했다가 하지 않았다가 하거나 수행에 대한 이해가 단지 이론의 차원에 머물면, 설령 당신이 마음의 평온의 초기 단계에 도달했다고 우쭐하더라도 사실 결정적인 체험은 전혀 하지 못한 것이다. 말로만 전문가가 되어서는 아무 이득이 없다. 대원만 수행에 관한 글들에서 읽을 수 있듯이 "이론적 이해는 옷에 누덕누덕 기워 붙인 자투리 천 조각과 같다. 그것은 결국 떨어져 나간다." 또한 이런 말도 있다. "체험은 안개와 같아서 결국 흩어진다." 이런 식으로 수많은 명상 수행자가 좋고 나쁜 여러 상황의 덫에 갇혀 더욱더 헤매는 것이다.

명상이 마음의 흐름 속에 배어들었더라도, 규칙적으로 계속 정진해야 한다. 그러지 않으면 깊은 가르침은 그저 책 속에만 남아 있게 된다. 마음은 시들해지고, 수행은 고착되고, 진정한 명상은 결코 해 보지 못하게 된다. 그대, 늙은 명상 수행자여, 지극한 주의를 기울여라. 수행의

---

* 생각 없이 명징하지 못한 상태에 빠져 그 상태에 정체되어 머무는 것을 피하기 위해 스승에게서 제자에게로 전수된 명상법이 있다. 이 명상법은 이런 무기 상태를 '깨뜨리고' 깨어 있는 의식의 현존을 좀 더 명확하게 해 준다.

초심자로 죽을 수도 있다. 그저 '입에 소금을 대어 그 맛만 좀 보다가'** 죽을 수도 있다는 말이다.

오랫동안 꾸준히 수행하면 언젠가는 당신의 헌신에 의해 혹은 어떤 다른 상황에 의해 명상의 체험이 증득으로 바뀌고 당신이 깨어 있는 의식을 적나라하게 그리고 완전히 투명하게 보게 되는 날이 올 것이다. 이는 마치 당신이 얼굴에 덮어 쓰던 가면을 벗는 것과 같다. 벗는 순간, 한없이 자유로운 느낌이 들 것이며 이 자유로움은 그 무엇도 막을 수 없을 것이다! 이것이 이른바 '보이지 않는 것을 수승하게 봄'이라 불리는 것이다. 이때부터는 생각이 명상과 구분되지 않을 것이며, 마음의 부동(不動)과 동(動)**이 함께 탁 트이면서 자유로워질 것이다.

우선, 생각은 우리가 그것을 알아차리기 때문에 자유로워진다. 마치 낯익은 사람을 만났을 때와 같다. 그다음에 생각은 저절로, 뱀이 틀고 있던 똬리를 풀듯이 자유로워진다. 마지막으로, 생각은 선도 악도 초래하지 않고 자유로워진다. 빈집에 들어간 도둑과도 같다. 그때 내면에서 굳고 뚜렷한 확신이 든다. 모든 현상은 깨어 있는 의식의 현현일 뿐이라는 확신이다. 연민 – 공성의 물결이 내면에서 일어난다. 윤회와 열반 중에 하나를 선택하는 일을 멈추게 된다. 붓다와 중생이 있어서 전자는 선하고 후자는 악한 것이 아님을 깨닫게 된다. 무엇을 하건, 평정심은 더 이상 사물의 본성을 빗나가지 않으며 밤낮으로 끊임없이 그

---

* 이 표현이 말하고자 하는 바는, 필요한 것(여기서는 다르마)이 갖추어져 있고 그것을 제대로 활용하고 싶어 하지만 결국은 그것으로 아무것도 하지 못한다는 뜻이다

** 이 두 단어는 각각 마음의 두 상태에 해당한다. 마음에 생각이 없을 때가 부동, 생각이 떠오를 때가 동이다.

본성 안에 머문다.

　'대원만(족첸)'의 가르침은 말한다. "증득은 하늘과 같아서, 불변한
다"라고.

– 두좀 린포체(1904~1987)

❖

마음의 다섯 가지 독에 굴복하지 말라. 그 독이 나타나는 순간 해독하면서, 그것을 전혀 중요하게 여기지 말라. 자제함 없이 이러한 마음의 독에 몸을 맡긴다면, 스스로 불행을 준비하는 셈이다. 다르마를 실천하기 위해서는 마음을 길들여야 한다.

미움의 불길을 선한 자애의 물로 꺼뜨려라. 집착의 큰 강물을 강력한 해독제의 다리로 건너라. 무명의 어둠을 지혜의 횃불로 밝히라. 아만의 바위를 용맹심의 지렛대로 치워 버리라. 질투의 거센 바람을 인욕의 옷을 입어 막으라. 일반적으로 사람들은 이 다섯 가지 독이 마음대로 작용하게 놓아둠으로써 자신의 마음을 파멸시킨다. 그러므로 이 다섯 가지 독이 제멋대로 날뛰게 두지 말라. 이 점이 가장 중요하다.

— 파드마삼바바(8~9세기)

❖

어느 날 빠뚤 린포체가 충실한 제자 뇨슐 룽톡에게 물었다.

"너는 기도할 때 어느 라마(티베트불교의 스승)의 이름을 부르면서 하느냐?"

"불행히도, 저는 오래 기도할 능력이 없습니다."

"좋다. 제대로 기도하지 못할 때도 가끔 있구나. 됐다. 하지만 집중할 수 있을 때는 누구를 부르느냐?"

"바로 스승님을 부릅니다."

"어째서 나를? 이 나라에는 라마도 많은데!"

"아주 짧은 순간이라도 제게 긍정적 생각이 일어나면, 그건 스승님과 스승님의 가르침 덕분이라는 것을 저는 압니다. 그러면 스승님께서 제게 보여 주신 한량없는 선의를 생각합니다."

"그렇다면, 좋다. 넌 계속 기도해도 좋다."*

— 빠뚤 린포체(1808~1887)

＊ 뇨슐 켄 린포체가 들려준 이야기이다.

❖

은거를 위한 조언(제4부)

그대가 내면적 증득의 장점들을 완벽히 통달하지 못했다면, 당신의 체험을 듣고자 하는 이들 모두에게 함부로 이야기해 주는 것은 적절치 못하다. 입 다물고, 몇 달 혹은 몇 년간 은거 수행을 했노라고 자랑하지 말라. 잘 견디며 수행에 전념하고, 금생이 끝날 때에나 수행 기간을 셈해 보라.

상대적 진리의 인과법을 존중하면서, 선행을 얕잡아 보지 말라. 공성에 대해 하나 마나 한 헛말을 해서 스스로를 미혹시키지 말라. 장수를 비는 의식, 마귀를 쫓는 의식, 그 밖에 이런 류의 다른 짓들로 밥벌이를 하려고 세속 사람들 사는 곳에 오래 머물지 말라. 쓸데없는 활동, 괜한 말, 공연한 사량 분별은 최소한으로 줄이라. 다르마를 거스르는 온갖 사기나 덤터기 행위로 남을 속이지 말라. 이익을 겨냥한 아첨과 찬사를 남발하여 옳지 못한 방법으로 밥벌이를 하지 말라. 자신의 욕망을 채우기 위해 남을 이용하지 말라. 견해와 행위로 보아 자신과 맞지 않는 사람들과 함께 살지 말고 남에게 함부로 하는 도반과도 함께 살지 말라. 그대의 허물을 드러내되 남의 부족한 점은 들추지 말라.

그대를 신뢰하는 사람들이 도움 되는 일을 해 주거나, 그대를 믿지 않는 사람들이 비판하고 함부로 대하면, 이런 관계를 – 그 관계가 좋건 나쁘건 그것은 문제 삼지 말고 – 수행하면서 변화시키라. 그리고 그런 행동을 하는 사람들을 위해 순수한 기도를 하면서 그들을 돌보라.

매 순간 밖으로는 겸손하게 행동하되 안으로는 결코 희망을 잃지 말고 스스로를 강하게 단련하라. 소박한 옷을 입으라. 남들 모두를 – 선하든 악하든 선하지도 악하지도 않든 – 자신보다 우월하게 여기라. 단순하게 살며, 반드시 고적한 산중에 머무르라. 떠돌이 나그네의 조건을 보고 그런 식으로 살 생각을 하라. 그리고 과거의 깨달은 존재들의 삶을 본받으라. 나무랄 데 없는 방식으로 가르침을 따르되, 자신의 과거 업을 핑계 삼으며 도피하지 말라. 어떤 일이 일어나도 굳건함과 꾸준함을 지키며, 불시에 닥쳐오는 상황을 차별하지(좋고 싫음을 구분해 받아들이지) 말라.

요컨대, 자신의 마음을 증인 삼으며, 일생을 다르마에 헌신하여 죽는 순간 미진한 느낌이나 자신에 대한 부끄러움을 갖지 않도록 하라. 이것이 모든 수행에 적용할 주안점이다. 죽는 순간이 닥치면 조금도, 바늘 하나에도 집착하지 말고, 가진 것 모두를 남들에게 나눠 주라. 죽는 순간 최선의 경우라면 당신은 기쁠 것이다. 중간 경우라면 앞으로 닥칠 일에 대해 아무 걱정 없을 것이다. 최악의 경우에도 당신에게는 아무 후회도 없을 것이다.

– 두좀 린포체(1904~1987)

과보

❀

모든 현상의 원천인
자신의 마음을 관하면
명징한 공성
그것만 보인다.

실재라 여겨질 수 있는
아무런 실체도 없다.
투명한 현전
안도 밖도 없는
무한한 열림은
모든 것을 껴안으며
경계도 방향도 없다.

견해의 한량없는 광대무변함이여
허공처럼 중심도 없고 주변도 없는
잣대도 따로 없는
마음의 진정한 조건

나타나는 것을 있는 그대로
고요하게 두면서

나는 너르디너른 들판
절대 무한의 들판에 당도했다.

한계도 테두리도 없는
무한한 공성에 녹아들어
소리와 형태, 내 마음, 하늘, 모든 것은
이제 하나일 뿐
'하나'라거니 '여럿'이라거니 하는
개념조차 훌쩍 넘어

깨어 있는 현존의 절대 무한 속에
모든 것은 한맛으로 돌아간다.
한편 상대적 차원에서는
각각의 현상이
환히 빛나는 공성으로 모습을 드러낸다.
놀라워라!

생생하며 반짝이고, 티 없는
빛나는 환함에서 나온
지극한 행복에 취해서
나는 기뻐 춤추네!

그러자 내 안에서 저절로, 한없는 연민이 샘솟아나네.

모든 하늘 아래 사는 모든 중생

이러한 증득을 못한 중생에 대한 연민

그리고 이 게송을 크게 읊고 싶은

절대적 욕망이 저절로 일어나네!

차분했다 출렁였다 하는

마음 관찰이라는

좁디좁은 길을 통하지 않고

지성이 짜낸

'견해'와 '명상'이라는 그물에 걸리지 않고

무기의 불투명한 구름을 관통하지 않고

고삐 풀린 생각의 폭풍에 휩쓸리지도 않고

커다란 가루다' 같은 내 마음은

자유로이 날아올랐네.

절대 차원의 허공으로.

　·

눈을 크게 뜨고, 천 개의 지평선을 껴안으며

너무도 자유롭게 날아가는 내 마음

이 얼마나 행복한가!

하늘처럼 차별 없는 차원의

---

*   사람 몸에 독수리 머리, 부리, 날개, 다리, 발톱을 지닌 인도 신화 속의 신조(神鳥)이다. – 옮긴이 주

무한히 펼쳐진 곳에서
현상들, 모습들, 소리들
윤회의 현상이나 열반의 현상은
비록 나타나 보이나 텅 비었느니
실체가 없지만 감각에는 포착된다.

현상은
당체가 없이 비었어도 나타난다.
바로 그 사실 때문에 영원이라는 개념을 뛰어넘는다.

그리하여, 이 견해의 방대함은
개념의 두 한계에서 자유롭다.
그때 이 기쁨의 찬가가 저절로 샘솟는다!

공성의 안목은 하늘보다 더욱 광대하여
거기서 자애의 태양과 연민의 달이 떠오른다.

쉼 없이 나는 기도한다.
유정중생이 활짝 피어나기를.
무니*의 가르침이 활짝 피어나기를.
질병과 전염병이 없어지기를.

* '샤꺄무니 붓다'에서 '무니'는 주석에 따르면 '현자' '묵언하는 이' '금욕하는 이' '능력자'를 의미한다.

굶주림과 전쟁이 없어지기를.

모든 이가 기쁨과 행복을 체험하기를.[71]

- 샵까르(1781~1851)

❖

'설산 여왕'*의 성지에 다다르자 나는 깨어난 의식의 결정적 체험을 했다. 그 의식은 구름 없는 하늘처럼 맑고, 심오하게 밝고 광대하고 차분하며, 복속이나 해방 같은 개념 자체를 훌쩍 뛰어넘었고, 투명하고 안팎이 없어, 그 안에서 현상들이 끊임없이 나타났다. 그러나 나타나는 모든 것, 현현하는 모든 것, 모든 생각의 움직임은 내가 체험한 직접적 의식 속에서는 속이 다 들여다보이도록 맑았고, 모든 한계를 초월하였다. 현상들이 이처럼 장벽 없이 나타날수록, 체험은 더욱 명징해졌다. 나타나는 모든 것이 자발적인 광명에 다름 아니라는 것을 나는 깨달았다. 생각의 밑바닥에 깔린 끊임없는 움직임에 대해서 말하자면, 나는 그것을 깨어난 의식의 지속적인 현전으로 느꼈다. 나 자신의 가장 깊은 곳에서 떠오른 확신이 드러났다. 그때까지 내가 이해한 어떤 것과도 다른 확신이었다. 거칠거나 미세한, 선하거나 악한 생각이라는 표현 자체가 더 이상 적용되지 않았다. 나타나는 모든 것, 감관으로 지각하는 모든 것은 더 이상 내게 선도 악도 끼치지 않았으며, 더 이상 희망도 두려움도 일으키지 않았다. 현현과 비현현 사이에 더 이상 차이가 없었으나, 내 마음은 많은 현상과 생각 앞에서도 완벽히 맑은 상태였다. 심지어 폴짝 뛰거나 달리면서도, 내 입과 눈이 헤벌어지거나 풀린 상태인데도 마음은 넓디넓고 이완된 채였다. 있는 것과 없는 것, 명

---

* 　여기서 설산은 동부 티베트에 있는 카일라서 산(6,714m)을 말한다. 일명 수미산이라고 하며 아시아의 성산(聖山) 중에서도 가장 중요한 산으로, 수많은 명상 수행자가 이 산의 동굴에서 금욕 생활을 하며 은거 수행을 했다. 그중에 밀라레빠(1040~1123), 걀와 괴쌍빠(1189~1258), 링제 레빠(?~1188)가 있다.

상에 든 것과 들지 않은 것에 관한 모든 담론이 무너져 버렸다. 깨어난 의식은 끄떡 없이, 저절로 나타난 채 계속 현전했고 그 안에서 모든 활동은 없어졌다.

명상 기간과 비명상 기간을 구분할 필요도 없이, 내 마음 깊은 곳에서 확신이 떠오르는 것을 체험했다.

- 꾼가 로되(1619~1683)

❈

물 한 방울처럼 아주 작은 것

그러나 그 물방울 호수에 부으면

언제 마르리?*

　　　　　　　　　　　　　　　　　　　　　　　－ 감뽀빠(1079~1153)

---

* 　구전으로 이어진 것을 받아 적은 인용문이다.

제4장

—

마음수행의
장애 제거하기

1. 허물 찾기

큰스승 까담빠는 늘 말씀하시곤 했다. 가장 자비로운 스승은 누구인
가? 우리의 숨겨진 허물을 드러내 주는, 그리하여 수행 길의 진전을 방해
하는 것이 무엇인지를 깨닫게 하는 스승이라고. 칭찬은 우리의 무지, 허영,
고통만 커 가도록 부추길 뿐이다. 제자를 깨우는 일을 유일한 목표로 삼는
참스승의 경책은 제자를 깔보는 일도 아니요, 남의 행동에서 허물만 찾아
내는 경향과도 무관하다. 어떤 상황에서도 확실히 북쪽을 가리키는 나침
반 바늘처럼, 스승의 경책은 제자가 방향을 잘못 잡거나 스스로의 나약함
속에 매몰되어 시간을 낭비하지 않게 해 주는 소중한 지침이다.

앞으로 나오는 글들을 읽어 보면, 때로는 그 글을 쓴 사람들이 채찍으
로 자기 자신을 때리는 것처럼 느껴지기도 한다. 그러나 그런 표현들은 일
종의 겸손이자 전통적 방편일 뿐이다. 제자는 보통 그런 것에 속지 않으
며, 스승이 자기에게 거울을 내밀며 비추어 보라는 것임을 안다.

명상을 통해 깨달은 것을 일상생활에 체현할 수 없다면 조금만 장애가
생겨도 비틀거리게 되고, 마음이 진전을 보이면서 삶의 우여곡절을 정면
으로 돌파할 수 없다. 그러므로 명상 기간과 명상 후 기간은 서로 힘을 주

는 것이 되어야 한다. 그렇지 못하다면, 수행의 과보는 여전히 잡지 못할 곳에 있을 뿐이다.

이 모든 조언을 적용하려면 순간순간 게으름 없는 자세를 견지해야 한다. 스승 까담빠의 말씀을 다시 인용해 보겠다.

주의의 칼이 내 마음 문을 지키네!
정념아 위협해 보라. 이번엔 내 쪽에서 정념을 위협하리!
정념이 꽉 쥐었던 그 손아귀를 푼다면,
나도 내 손으로 꽉 쥐고 있던 것을 풀리라!

수행에는 꾸준한 노력이 필요하다. 만약 단번에 집착과 분노에서 자유로워진다면 그리고 끊임없이 존재의 무한함을 생각한다면, 우리는 이미 깨달은 자일 터이며 수행할 필요도 없을 터이다. 보통 그렇지 못하기 때문에 우리는 마음속에 가르침의 의미를 늘 간직해 사라지지 않도록 해야 하며, 행위와 말과 생각을 주의 깊게 관찰해야 하는 것이다. 다르마를 실천하는 수행자는 오직 꾸준한 규율에 의해서만 존재 방식을 깊이 그리고 지속적으로 변모시킬 수 있다.

붓다의 모든 가르침은 단 하나의 목표로 수렴한다. 마음을 다스리는 것. 실제로 마음을 다스리면 자연히 몸과 말도 다스릴 수 있게 되고 그것만으로도 고통을 아주 끝낼 수 있다.

우리의 행위와 말이 겉으로 아무리 완벽하다 해도, 만약 마음에 악의가 가득하다면 우리는 깨달음으로 가는 길에서 멀리 떨어져 있는 것이다. 그러니 내내 스스로의 행위와 말을 알아차릴 필요가 있다. 늘 마음을 점검하라. 그리고 나쁜 생각이 떠오르면 적절한 해독제를 적용하라. 자신의 생각을 모든 중생의 깨달음을 위해 바침으로써, 이타적인 생각을 증장시키라. 내면의 고요함(定. 산스크리트로 '사마타')과 통찰지(洞察智. 慧. 산스크리트로 '위파사나')를 닦을 때에 이와 같이 게으르지 말라. 그러면 일상적으로 활동하고 쉬는 바로 그 가운데에서 지혜를 알아차릴 수 있을 것이다. 그러므로 불방일(게으르지 않음)은 기본이다. 그것은 윤회의 모든 고통에 대한 처방이다.

만약 누가 당신을 비판한다면, 그 기회를 틈타 자신의 감추어진 허물을 알아차리고 더욱 겸손해져라. 비판은 스승과 같다. 왜냐하면 당신의 집착과 아만을 없애 주기 때문이다. 만약 비판을 수행 길에 잘 끌어들여 체화할 줄 안다면, 비판은 당신의 수행에 자극이 되며 규율을 한층 강화해 줄 것이다. 그렇다면 어찌 비판한 사람에게 '도움을 주어 고맙다'고 하지 않을 수 있겠는가?

칭찬과 비판으로 말미암은 기쁨과 괴로움은 덧없다. 누가 당신을 칭찬한다 해도 자부심에 들뜨지 말라. 꿈에 들은 소리이거니, 내 상상 속에 떠오른 것이거니 생각하라. 아니면 저 사람이 칭찬하는 대상은 내가 아니라 수행 덕에 얻게 된 미덕들이라고 생각하라. 사실, 정말 칭찬 받을 만한 사람은 해탈을 이룬 수승한 존재들뿐이다. […] 자신이 우월 하다는 생각이 잔뜩 들어 차 있고 누가 조금만 거기 어긋나는 말을 해도 못 참는다면 결코 진정한 수행자가 될 수 없다. […]

누가 우리의 허물을 지적하면, 심지어 그 말을 한 사람이 친부모나 스승이라도 우리는 발끈한다. 반대로 누가 우리를 잘났다고 추켜세우 며 실제로 우리가 갖지도 않은 미덕을 들먹여 칭찬하면 우리는 기뻐서 어쩔 줄 모른다. 옛말에 '우리의 감관에 늘 차고 넘치는 사람들은 우리 의 자만심을 잘도 핥아 주지만, 우리의 정신적 미덕이 계발되도록 도 움을 주지는 못한다'는 얘기가 있다. 반면 우리의 허물을 들춰내고 그 것을 어떻게 고칠지 가르쳐 주는 사람은 소중한 도움이 된다. 금은 녹 이고 두드려서 제련하는 것이다. 마찬가지로 스스로 앞뒤가 맞지 않는 점을 알아차리고 참스승의 가르침을 적용해 그런 것을 고칠 때 우리는 마침내 약점과 악습을 변화시켜 깨달음으로 가는 길의 조력자로 삼을 수 있다.

일단 말썽꾼이 누군지 식별하고 파악하면, 마을에는 평화가 온다. 이 와 마찬가지로, 우리의 허물을 들추어 보임으로써 그것을 알아차리게 해 주는 스승은 우리에게 그 허물을 없앨 가능성을 주어 마음에 평화 가 다시 찾아오게 해 주는 것이다. 참스승은 우리를 옳은 길로 가게 하 려고 조금만 비뚤어진 것도 직접 손가락으로 지적하여 알려주는 사람 이다. […]

심지어 일상생활에서도 사람들은 부정직한 자는 전혀 믿지 않지만 올곧음과 정직함을 몸으로 보여 주는 사람은 존중한다. 그러니 스승에게 간청하자. 우리의 잘못과 그릇된 행동을 명확히 알려 달라고. 그리고 스승이 그렇게 하면 그 지적을 고맙게 받아들이고 질책을 통해 우리를 개선할 줄 알아야 한다.[72]

– 딜고 켄체 린포체(1910~1991)

❈

뾰족한 바늘

스승이시여, 보이지 않는 왕국의 꼭대기에서
부디 저라는 이 가련한 인간을 보아 주소서!

이제 저 자신의 허물을 고하려 합니다.
마치 손가락으로 몸에 들끓는 이를 가리키듯이
그리고 단호히 제 잘못을 뿌리 뽑으려 합니다.
마치 발에 박힌 가시를 뽑아내듯이.

샵까르, 너는 소중하고 자유로운 인간의 몸을 받아 누리고 있다.
너는 붓다의 현신(現身)인 스승을 만났다.
그 스승의 넓고도 깊은 가르침도 받았다.
법을 귀담아 듣고 그 의미를 관조함으로써 우러난 가르침을.
이로 인해 응당 몸과 말과 마음을 다스리고 평정했어야 한다.
그런데 그러기는커녕 갈수록 태산이로구나!

너의 어두운 감정은 마땅히 줄어들었어야 하거늘
줄기는커녕 늘기만 했구나!

너의 마음은 정련되었어야 하거늘
그러기는커녕 더욱더 희미해졌구나!

이것이 네 모습이다.

종교적 물건들과 신도들이 보시한 음식으로 빵빵해진 부대 자루

시체 같은 모습으로 잠든 얼간이

증오를 내뿜으며 쉿쉿대는 뱀

욕망으로 짹짹대는 새

우매하여 멍하게 퍼져 있는 돼지

저 잘났다고 으르렁대는 사자

질투에 정신이 나간 개

욕정에 불타는 유령

상대에게 고통을 준다는 생각조차 없는 도살자

살과 피를 맛나게 먹는 식인종

붓다들의 정수(精髓)인 스승에 대해

너는 참된 헌신이 부족하다.

눈에서 눈물이 날 만한 그런 헌신이.

금강석 같은 형제자매에 대해서도

너는 그들을 신처럼 볼 수 있게 하는

순수한 인식을 지닐 능력이 없다.

전생에 네 어머니였던 모든 중생에 대해

너는 진정한 연민을 느끼지 못한다.

가슴 떨리게 하고 감동케 하는 그런 연민을.

너는 방대하고 힘 있는 가르침을 알기는 하나
불방일의 정진력을 발휘하지 못한다.
그런 정진력에 박차를 가해
가르침을 실천할 수도 있으련만.

믿음과 존경이 없어
너는 오래전부터 거룩한 인연을 깨 버렸다.

너는 순수한 견해가 없어
일체의 조심성을 잃었다.

연민이 부족한 너,
가슴에 철갑을 두른 듯하구나.

명상 수행의 부족으로
너는 완전히 무기력해졌다.

스스로의 허물을 못 보는
너는 장님과 같다.

남의 비열한 점만 이야기하는 너
험담을 실어 나르는 배달꾼이 되었구나.

마치 너를 지옥 밑바닥으로 이끄는 돌처럼

너는 나쁜 악업을 지었다.

믿음도 규율도 없는 악인인 너

삼세제불의 현신인 스승까지 속인

배신자인 너.

너는 금강석 같은 형제자매를,

순수한 정신적 인연을 소중히 여겨 간직한 그들을 이용했다.

너는 가르침을 타락시켰고

교법(敎法)의 위용을 흐려 놓았다.

너는 정말 한낱 돌팔이 장사꾼일 뿐

겉모습은 수행자와 비슷하지만

가르침에 거스르는 행동을 하며

감히 벗들의 허물을 트집 잡는구나.

너는 살아도 죽은 것이나 다름없으며,

유령 같고, 걸어 다니는 시신 같을 뿐

마군에 사로잡힌 것은 아니겠지만

완전히 정신 나갔구나.

지푸라기로 만든 꼭두각시야, 너는 어디서 왔느냐?

재수 없는 인간, 너는 어디서 왔느냐?

너의 불방일은 어떠한가?

그저 먹고 마실 뿐

아무 다른 일을 안 하고

들쥐처럼 잠만 자는구나.

보라, 녹초가 된 당나귀마냥 힝힝대며

선한 길로 들어서기를 고집스레 거부하는구나!

누구보다도 빨리

악으로 향한 비탈로 폭포수처럼 치닫고 있음을

너는 잘 알고 있지.

게다가 너는 어떤 질책도 견디지 못한다.

지적하는 말을 들으면 바로 화가 나서 퉁퉁 부어 버리는 것을 보라!

너는 허물과 위반의 덩어리일 뿐

누구에게 서원을 하였느냐?

너는 악의 무거운 짐을 지고 있다.

네 미덕은 어디로 갔느냐?

너는 혼란으로 가득 찬 오줌보와 같다.

대체 누가 너의 미덕을 앗아가 버렸느냐?

너는 세속의 여덟 가지 관심사를 짐처럼 짊어지고 있다.
거룩한 가르침은 어찌 하였느냐?

어느 모로 보나 진정한 수행자 같지 않으니
부끄럽지 않은가?

꼬리 없는 늙은 개
차라리 너는 개떼들과 어울리는 것이 낫겠구나!

윗니가 우스꽝스럽게 난, 소 같은 인간아*
소떼나 찾아 가렴!

혹시라도 남들 틈에 끼고 싶다면
감히 전처럼 계속 그렇게 행동하겠느냐?

가여운 인간,
스스로를 존중하는 마음이 손톱만큼이라도 남아 있다면
가슴에 용기라도 남아 있다면
머릿속에 뇌가 조금이라도 있다면
그리고 어느 정도의 존엄성이 있다면
과거에 저지른 행위를 뉘우치고

---

* 소와 다른 점이라고는 윗니가 있다는 점밖에 없는 수준 낮은 인간을 말한다.

태도를 고칠 수 있으련만!

지금이 바로 그때다! 지금도 이미 너무 늦었다!

태어난 자는 모두 죽는다는 것을

모인 것은 모두 흩어진다는 것을

합쳐진 것은 모두 결국 뿔뿔이 나뉜다는 것을

만물이 예외 없이 본질이 없음을 알라.

부조리한 세속 활동을 단념하라!

중요하고 수승한 가르침의 실천을 목표로 삼고,

전 존재를 바쳐 힘쓰며

스승과 승리자들의 말씀에 계합하라!

오 스승이시여, 오 삼보시여, 연민으로 나를 살펴 주소서![73]

– 샵까르(1781~1851)

일미(一味)

허깨비 같은 환상에 집착하며 잘못 생각하면
눈속임 환상 때문에 함정에 빠질 수 있다.
그러나 마음과 외양이
마치 물과 달그림자 같음을 깨달으면
마음도 외양도 이제 한맛일 뿐.

만약 늙은이가
한창 피어난 청춘에 눈을 팔며 매달린다면
그 안에 있는 집착의 독 맛이 나타날 수 있으리라.
절대 차원에서 몸에 대한 집착이 없어지면
젊음도 늙음도 이제 한맛일 뿐.

인생의 세 시기에 너무 집착하여
그것이 영원한 줄 안다면
죽음의 공포가 혹독하리.
깨어난 의식의 본성 속에서는
태어남도 죽음도 이제 한맛일 뿐.

부모형제와 친지에게 애틋해하는 인연이 도를 넘으면
이별은 가슴 찢는 일이 될 터

윤회조차 환이라는 본성을 깨달으면
모임도 흩어짐도 이제 한맛일 뿐.

신에게 바라는 게 너무 많으면
악마에 대한 공포도 그만큼 세게 일어나리라.
세상과 중생이 신(神)임을 알면
신도 악마도 이제 한맛일 뿐.

생각을 좇아 달려가다 보면
숱한 활동이 저절로 나타나니
생각 없는 마음을 지켜본다면
무위(無爲)의 경지에서 마음 턱 놓을 수 있다.

남들이 뱉는 말을 일일이 귀담아 듣는다면
해야 할 일이 한도 끝도 없으나,
스스로 결정을 내릴 때는
단호히 계획의 범위를 정할 수 있다.

설혹 남들의 감탄스러운 시선을 받는다 해도
우리가 스스로의 허물을 볼 때
짐짓 탁월한 척하는 것은 말도 안 되는 일.

나쁜 사람이 제 시신을 감출 때는 지금이다.*

여우가 왕위를 꿰어 찼구나.**

얼마간은 여우가 그 열매를 맛보더라도

차디찬 북풍에 도리 없이 당하니

여우가 제 굴을 찾아들 때가 왔다.

마르와 사람들이 하는 말대로 한다면

도*** 지방을 보기는 어려우리라.

그러나 떠날 순간을 결정하는 사람에겐

도나 마르와 똑같은 고개의 양쪽 비탈일 뿐.

아! 아! 이 얼마나 한심한 담론인가!

에! 에! 그야말로 아무 의미도 없구나.

오! 오! 저절로 입 밖에 나온!

"돌 던져 그들을 쫓아 버리라……!"

나는 스승 발치에 엎드린다!

---

*   여기서부터는 빠뚤 린포체가 자기 자신에 대하여 하는 말이다.

**   이와 관련된 전설이 있다. 어느 날 염색장이의 염료 끓이는 냄비 속에 여우가 빠져서 멋진 푸른색으로 물 들었다. 여우가 그런 상태로 들판에 돌아오자 다른 짐승들이 여우를 알아보지 못하고 신적인 존재로 여기 며 더없이 존경하고 심지어 짐승의 왕으로 추대까지 하였다. 어느 보름날 밤, 여우가 신하들을 거느리고 왕좌에 앉아 있는데 멀리서 다른 여우들이 울부짖는 소리가 들렸다. 여우 왕은 자기도 모르게 여우 소리 를 내며 울부짖고 말았다. 정체가 탄로 난 사기꾼 여우는 목숨을 부지하려고 줄행랑을 쳤다.

***   도와 마르와는 동부 티베트의 두 계곡으로, 서로 맞닿아 있다.

늙은 개와도 같은 내가 고독 속에 머물 때
내 수승한 귀의처이신 스승의 말씀 기억하며
나 혼자 이렇게 말하고 싶었다.

처음 스승을 만나 뵈었을 때
내 서원이 모두 이루어진 느낌이었다.
순금의 섬에 도착한 항해자처럼
이를 일러, 가르침의 의미를 마음에 간직한다 한다.

나중에 스승님 계신 곳에 이르자
재판관 만나는 범인처럼
죄의식이 들었다.
이를 일러, 질서 앞에 부름 받는다 한다.

지금은 스승을 찾아뵐 때
절집에 깃들인 비둘기가 느끼는 만큼이나 마음이 흔들릴까.
나와 동등한 사람과 같이 있는 듯하다.
이를 일러, 거리를 두었다 한다.

처음 정신적 가르침을 받았을 때
나는 서둘러 그것을 실행하였다.
굶주렸다 음식 만난 사람처럼.
이를 일러, 수행하는 티가 난다고 한다.

나중에, 가르침을 들었을 때
나는 엄청난 불확실함에 사로잡혔다.
멀리서 말하는 사람의 소리가 어렴풋이 들리듯이
이를 일러, 의혹을 확실히 규명하지 못했다 한다.

이제 다르마를 귀담아 들으니
싫다고 밀어내는 느낌이 든다.
마치 내가 토한 것을 먹으라고 누가 강요하는 것처럼.
이를 일러, 가르침을 청하고자 하는 마음을 잃었다 한다.

처음으로 고적한 곳에 있을 때,
나는 온전히 편안함을 느꼈다.
마치 제 집에 돌아온 나그네처럼.
이를 일러, 있을 곳에 있음을 즐긴다 한다.

나중에, 홀로 사는 미인처럼
나는 더 이상
인적 없는 곳에 거처하는 것을 견딜 수 없었으니
이를 일러, 제자리에 진득이 있지 못한다고 한다.

이제, 호젓한 곳에 거처하니
여기가 좋은 자리라고 혼잣말 하네.
마치 절벽에 난 좁은 길 아래 누운, 빈사의 늙은 개처럼.

이를 일러, 죽으려고 몸을 감춘다 한다.

처음에, 견해에 대해 생각할 때는

견해가 고상할수록 더 행복했다.

깃들일 자리 찾는 독수리처럼.

견해라는 것도 결국 말에 지나지 않았던 것을.

나중에, 견해를 생각하니

혹시 내가 잘못 생각한 건 아닌지 두려웠다.

마치 교차로에 다다랐을 때처럼.

이를 일러, 당황스러운 상태라 부른다.

이제, 견해에 대해 생각하니

내가 잘못 생각한 것 같다. 노인에게 객쩍은 소리 들은 어린애처럼.

이를 일러, 지금의 상황을 더 이상 모른다 한다.

처음엔, 명상에 대해 생각할 때는

열정이 가득했다.

서로 만나 홀딱 반해 버린 소년 소녀처럼.

이를 일러, 명상에 목마르다 한다.

나중에는, 명상을 생각하면

기진한 느낌이 들었다.

마치 무거운 짐에 허리가 휜 약자처럼.
이를 일러, 길게 못 가는 명상이라 한다.

이제, 명상하고 싶은 마음이 드는데
잠시도 가만히 앉아 있지를 못한다.
마치 돌 위에 바늘을 똑바로 세우려 하듯.
이를 일러, 명상할 마음이 더 이상 없다고 한다.

처음에, 행할 바를 생각할 때는
내 서원에 매여 있다는 느낌이었다.
마치 방금 기둥에 비끄러매인 야생마처럼
이를 일러, 겉만 멀쩡한 규율이라 부른다.

나중에, 내 행할 바를 생각했을 때
마음대로 해도 된다는 느낌이었다.
마치 기둥에 매였다 풀린 늙은 개처럼
이를 일러, 서원을 저버렸다 한다.

이제, 내가 행할 바를 생각함에
전혀 조심성이 없다.
더 이상 외모에 신경 안 쓰는 여인네처럼
이를 일러, 조건을 개의치 않는다 한다.

처음에, 수행 길의 목표를 생각할 때
나는 잘될 것 같다고 혼잣말을 했다.
자기가 파는 물건을 부풀려 자랑하는 돌팔이 약장수처럼.`
이를 일러, 큰 포부를 품게 한다고 한다.

나중에, 목표를 생각하며
목표가 무척 멀리 있구나 하고 혼잣말을 했다.
마치 대양의 이쪽 해안에서 저쪽 해안만큼 멀다고.
이를 일러, 의욕에 불타지 않는다 한다.

이제, 수행의 열매에 대해 생각하면
목표에 이를 운(運)이 전혀 없다는 느낌이다.
마치 밝아 오는 새벽빛을 보는 느림보 도둑처럼.
이를 일러, 일체의 희망을 잃는다 한다.

처음에, 이야기할 준비를 갖추었을 때는
내 재능이 몹시도 만족스러웠다.
마치 장터 광장에 도착한 미녀처럼.
이를 일러, 떠벌이는 경향이 있다 한다.

나중에, 발표를 시작할 때는
내심 모든 것을 다 아노라 생각했다.
옛 이야기하는 옛날 사람처럼.

이를 일러, 말이 헤프다 한다.

오늘, 내가 발표할 때
마치 나의 허물을 백일하에 펼쳐 공개하는 느낌이다.
퇴마사의 일격을 맞은 악령처럼.
이를 일러, 부끄러움투성이라 한다.

처음 철학적 논쟁을 할 때는
승리를 거두며 끝내고 싶은 마음 간절했다.
더러운 사건으로 법정에 설 때처럼.
이를 일러, 종종 분노에 굴복한다고 한다.

나중에 논쟁을 할 때는
궁극의 의미를 찾는 느낌이었다.
매사에 공정한 안목을 지니려 애쓰는 중재자처럼.
이를 일러 자신의 지성을 총동원한다고 한다.

이제, 내가 논쟁할 때는
아무 말이나 해도 된다는 느낌이 든다.
마치 온 나라를 순회하는 허풍쟁이처럼.
이를 일러, 염치 체면을 잃었다 한다.

내가 글을 짓기 시작했을 때는

저절로 내 안에서 글이 샘솟는 느낌이었다.

깨달음의 게송(偈頌)을 즉흥적으로 지어내는 대가들처럼.

이를 일러, 붓놀림이 수월하다 한다.

나중에, 내가 글을 쓸 때는

문체에 노력을 기울이는 느낌이었다.

마치 운문(韻文)을 자르고 다듬는 노련한 시인처럼.

이를 일러, 좋은 문학을 한다 한다.

오늘, 내가 글을 지을 때는

나는 아무짝에도 쓸모없다는 느낌이 든다.

마치 알지도 못하는 장소에 대해 안내서를 쓰는 것처럼.

이를 일러, 종이와 먹을 낭비하기 싫다 한다.

처음에, 동학(同學)들과 다시 만나자

나는 격렬한 경쟁심에 사로잡혔다.

마치 활쏘기 대회에 모인 청년들처럼.

이를 일러, 욕망과 혐오의 노리개가 되었다 한다.

나중에, 벗들과 같이 있자니

모든 이들과 절친하다는 느낌이었다.

마치 축제에 가는 매춘부처럼.

이를 일러, 친구가 많다 한다.

요즘, 다른 사람들과 같이 있을 때는
내 자리가 아니라는 느낌이다.
마치 군중 속의 나병 환자처럼.
이를 일러, 고독을 느낀다 한다.

처음에 내가 부를 볼 때는
그저 일시적인 기쁨만을 느꼈다.
마치 꽃을 따 모으는 아이처럼.
이를 일러, 축재에 뜻이 없다 한다.

나중에, 부를 보고
나는 아무리 가져도 부족하겠구나 싶었다.
마치 밑 빠진 독에 물 붓듯이.
이를 일러, 더 이상 크게 동기부여 되지 않는다 한다.

이제, 풍족한 재물을 보면
저것이 무거운 짐이구나 싶다.
마치 거지 노인에게 수많은 권속이 짐 되듯이
이를 일러, 아무것도 갖지 않는 편을 선호한다 한다.

내게 처음 제자가 생겼을 때는
위대해지고 싶었다.
마치 주인 자리 차지하는 하인처럼.

이를 일러, 저 잘난 맛에 산다고 한다.

훗날, 제자들이 내 문하에 들어오자

나는 그들에게 없어서는 안 될 존재라는 느낌이었다.

성지에 도착한 순례자들에게 내가 필요하듯이.

이를 일러, 남들을 위해 최선을 다한다 한다.

이제 제자들이 내게 다가오면

나는 그들을 큰소리로 꾸짖고 싶다.

마치 인적 없는 곳에서 마군을 만났을 때처럼.

이를 일러, 돌 던져 마군을 쫓아 버리고 싶다 한다.

이것이 "돌 던져 그들을 쫓아 버리라"라는 제목의 이 설법의 결론이다.

부디 복덕이 따르기를!

– 빠뚤 린포체(1808~1887)

❖

**나, 룽포 출신의 칼덴 갸초는 허물과 그 치료 수단을 구분하는 데
도움이 되도록 이 질책의 말을 적었다.**

무명의 무력함은 점점 더해만 가는데
지혜여, 그대의 심장은 잠들어 있는가?

욕망은 점점 더 뻔뻔스러워지기만 하는데
염오*의 느낌이여,
그대는 어떤 늪에 빠진 것인가?
증오가 떨치는 광휘는 그 어느 때보다 요란한데
남을 위하는 자애심이여, 그대는 어디로 달아났는가?

자만심은 여전히 더욱 시끄럽게 소리치는데
겸손이여, 그대는 귀 먹었는가?

질투의 심연은 점점 더 손에 잡힐 듯한데
순수한 견해여, 그대를 나는 헛되이 사방팔방 찾노라.

그릇된 견해는 점점 더 위험해진다.
믿음과 존경이여, 그대들은 완전히 사라졌는가?

---

*   세상의 욕망이 넌덜머리 나서 떨치고자 하는 마음이다. – 옮긴이 주

장례의 식사는 점점 더 맛이 있다.

덕스러운 수행이여, 그대는 사라지려 하는가?

허물과 위반은 비처럼 억수같이 쏟아져 내린다.

서원과 규범, 그대들은 아직도 그 자리에 있는가.

인색함의 매듭은 점점 더 꽉 죄어오는데

너그러이 보시하는 마음이여, 그대 손은 잘렸는가 마비되었는가?

– 칼덴 갸초(1607~1677)

❖

옴 마니 파드메 훔 흐리*

아래에 나오는 것은 감추어진 허물과 잘못을 드러내는 마니**로서,
구루(정신적 스승)인 **최키 왕축**이 파조 톡덴 찹촐에게, 또 그의 모든
정신적 자녀들에게 준 조언들이다.

흐리, 저희를 생각하소서, 오 대비 관세음보살이시여!
다르마의 세계에 발을 들였음은 굉장한 일이나,
윤회에 넌더리내지 않는다면 아무 소용없으니
그래서 차라리 '마니' 진언을 외는 것이 나으리!

몇 년 동안 고독 속에 칩거한다 하여도
욕망에서 벗어나지 못하면 소용없으니
그래서 차라리 '마니' 진언을 외는 것이 나으리!

금욕 수행에 전념해도 소용없고
원소들의 핵심을 체험하는 수행***도 소용없다.

---

* 대비심(연민)의 붓다인 아발로키테슈바라(관세음보살)의 진언으로, 티베트인들은 이 진언을 가장 자주
  외운다.
** 티베트인들은 '옴 마니 파드메 훔'이라는 진언을 보통 줄여서 '마니'라 부른다.
*** 신체적인 혹은 명상적인 방법을 통해 원소들의 핵심(허공, 물, 흙, 불, 바람)을 추출하여 그 생명력을 다시
  불러일으키고 증장시키는 것을 목적으로 하는 특별한 수행을 말한다.

음식에 대한 갈애를 단절하지 못하면 아무 소용없으니
그래서 차라리 '마니' 진언을 외는 것이 나으리!

귀 담아 듣고, 깊이 생각하고 명상한다 해도
네 마음이 거기서 어떤 선한 것도 이끌어내지 못한다면 아무 소용없
으니
그래서 차라리 '마니' 진언을 외는 것이 나으리!

구차제승(九次第乘)*의 의미를 이해한다 해도
그대에게 연민심이 없다면 아무 소용없으니
그래서 차라리 '마니' 진언을 외는 것이 나으리!

그대가 견해와 명상과 행(行)에 통달했다 해도
세속을 놓아 버리지 않았다면, 아무 소용없으니
그래서 차라리 '마니' 진언을 외는 것이 나으리!

그대가 힘과 권세와 별의별 기막힌 장점을 가졌다 해도
마음을 다스리지 못했다면 아무 소용없으니
그래서 차라리 '마니' 진언을 외는 것이 나으리!

그대가 철학적 교설을 그럴듯하게 좔좔 풀어놓는다 해도

---

*　제자들을 성숙과 해탈로 이끌어 주는 아홉 단계 수레, 즉 수행의 아홉 단계를 말한다. – 옮긴이 주

말[言]만 좇아 달린다면 아무 소용없으니
그래서 차라리 '마니' 진언을 외는 것이 나으리!

그대가 계속 외딴 곳에 산다 해도
세속적 활동을 단념하지 않는다면 아무 소용없으니
그래서 차라리 '마니' 진언을 외는 것이 나으리!

그대가 벗도 다 끊고 독신으로 산다 해도
오락을 버리지 않으면 아무 소용없으니
그래서 차라리 '마니' 진언을 외는 것이 나으리!

그대가 대원만의 의미를 이해한다 해도
생각이 탁 트이지 않으면 아무 소용없으니
그래서 차라리 '마니' 진언을 외는 것이 나으리!

그대가 자타(自他) 평등의 의미를 능히 깨친다 해도
겉치레일 뿐이라면 아무 소용없으니
그래서 차라리 '마니' 진언을 외는 것이 나으리!

그대가 항상 스승과 함께 있다 해도
스승의 덕을 체화하지 못했다면 아무 소용없으니
그래서 차라리 '마니' 진언을 외는 것이 나으리!

그대가 폭넓은 입문 지도(指導)를 받았다 해도
마음이 성숙하지 않았다면 아무 소용없으니
그래서 차라리 '마니' 진언을 외는 것이 나으리!

그대가 중요한 가르침을 숱하게 배워 지녔다 해도
내면 체험 없이는 아무 소용없으니
그래서 차라리 '마니' 진언을 외는 것이 나으리!

그대에게 수천 명의 스승이 있다 해도
섬기지 않으면 아무 소용없으니
그래서 차라리 '마니' 진언을 외는 것이 나으리!

그대가 여러 겁(劫) 동안 법을 듣는다 해도
믿음 없이는 아무 소용없으니
그래서 차라리 '마니' 진언을 외는 것이 나으리!

그대가 숱한 동굴에서 수행했다 하여도
온전한 증득이 없다면 아무 소용없으니
그래서 차라리 '마니' 진언을 외는 것이 나으리!

그대가 대원만을 이루었다 공언하여도
여전히 세속적 꿈이 남아 있다면 아무 소용없으니
그래서 차라리 '마니' 진언을 외는 것이 나으리!

그대가 경과 율과 론에 주석을 달 줄 안다 해도

자기 본성을 모른다면 아무 소용없으니

그래서 차라리 '마니' 진언을 외는 것이 나으리!

　　　　　　　　　－ 구루 최키 왕축(1212~1270)

❖

나 자신에게 주는 조언

스승님께 경의를 표합니다!
소중하고 영광스러운 미덕으로 빛나는
스승님 당신은 신들을 포함한 온 중생의 귀의처이십니다.
강력한 승리자, 당신 생각만으로도 모든 고통이 산산이 흩어집니다.
연꽃 같은 당신의 발치에 엎드립니다!

카르마의 숱한 씨앗은, 습관적 성향의 의지처인 근본 의식이라는 밭에
일단 뿌려지면
모든 허황된 외양이라는 곡식을 거두게 하니
공성의 허공에서 이 환상들이 정화되도록 저를 축복하소서!

세상의 외양은 혼란스러운 꿈과 같은 것.
실답지 않으면서도 수많은 행불행을 자아내는 것.
그것을 견고하다 여기어 좇지 말고
내면의 집착을 없애라, 그대 방황하는 은거 수행자야.

그대는 윤회하는 사물에서는 의미를 찾지 못하나
끝없는 활동을 열띠게 이어가고 있으니
그리 하면서도 만족을 찾지 못하는구나.
게으른 그대, 남들과 마음 맞춰 어울리는 일에 개의치 말라!

그대가 우두머리라면, 자만심에 도취할 것이고

하천한 지위라면 다들 그대를 멸시할 것이고

둘 다 아니라면, 남들의 시기 질투를 살 터이니

둔해 빠진 그대, 이 모든 활동이 정당한지를 곰곰이 생각해 보라!

그대가 솔직하게 행동하면 주위엔 적뿐일 테고

위선을 떨면 양심이 업보로 가득 차 무거울 터이고

이랬다저랬다 하면 남들이 팔랑개비로 볼 것이다.

우유부단한 그대, 저지른 행위의 결과를 깊이 생각하라!

만약 그대가 말이 많으면 수다쟁이로 통하고

아무 말 안 하면, 뚱하다고들 한다.

과묵하다가 말 많다가 하면, 불안정한 사람으로 취급한다.

그대, 린첸, 말의 헛됨을 깊이 생각하라!

— 린첸 푄촉(1509~1602)

❈

요기 디메 로되(빠뚤 린포체)가 절친한 친구 아부 슈리(바로 자기 자신)에게 실천해야 할 적절한 조언을 해 주기 위해 쓴 글이다. 설령 실천할 것이 아무것도 없다 하더라도 이 글의 핵심이 되는 점은 모든 것에 대한 집착을 놓으라는 것이다. 그리고 아부 슈리가 비록 이 가르침의 열매를 거두지 못한다 해도 속상해하지 않기를!

그 자신에게 주는 조언

활짝 피어난 연꽃의 빼어난 암술을 커다란 수술들이 둘러싸고
보름달의 원광(圓光)에 새하얀 왕관이 씌워져 있고
그 위에 당신은 흔들림 없이 앉아 계십니다.
신의 모습으로 지극한 행복-공성을 현현(顯現)하는 당신
금강살타 스승님, 하나뿐인 당신 앞에 엎드립니다.
너, 아부 슈리*
악업을 쌓은 이 게으른 놈아, 귀 담아 들거라!
남을 멸시한 탓에 네가 어떻게 속아 넘어갔는지 기억하느냐? 이제 알겠느냐?
바로 이 순간에도 너는 계속 잘못을 저지르고 있으니, 정신 차리라!
속임수투성이에다 텅텅 빈 이 삶을 이어가는 것을 단념하라.

---

* 빠뚤 린포체의 별명. '아부'는 친구 녀석이라는 뜻. '슈리'는 티베트어로 하면 '팔' 즉 '영광스러운'이라는 뜻에 해당하는 산스크리트. '빠뚤'의 별칭인 '팔게'의 첫 음절이 '팔'이다.

앞으로는 너 자신의 마음이 저지르는 사기며, 전혀 불필요한 숱한 계획들을 내던져 버리라!
끝없이 이어지면서 결코 실현은 되지 않는 생각 생각의 끈질긴 짐에도
수면 위의 물결처럼 끝이 없는 산만한 활동의 괴로운 부담에도
속아 넘어가지 말라. 잠잠히 있으라!

가르침을 듣는다고?
너는 이미 수백 번 그리 하였지.
그 가르침 중 단 한마디라도 그 의미를
네 것으로 하지 못한다면 무슨 소용 있느냐?
공부한 것을 깊이 생각만 하는 것은 아무 소용없는 일.
필요할 때 그것이 마음에 바로 떠오르지 않는다면
명상으로 말하자면, 만약 그것이 너의 부정적 감정을
치료해 주지 못한다면, 그만두어라!

너는 숱한 진언을 외웠으나
창조 단계를 장악하지 못했다.
너는 견고하다 여겨지는 현상들을 신들처럼 형상화한다.

그러나 너는 이원론을 부수지 못했다.
악마를 조복받은 양하면서
네 마음도 조복받지 못하였다.
잘 짜인 너의 수행 네 단계

그런 것은 개나 줘 버리라!

기분이 좋을 때는
너의 수행이 네 눈으로 보기에도 투명한 것 같겠으나
사실은 수행으로 네 마음을 이완시키지도 못한다.

우울에 빠질 때
너는 생각이 없는 사람처럼 보이나
실상 너에겐 명철함이 부족하다.

명징한 의식이라는 측면이 네게서는 요지부동인 듯하지만
정작 요지부동인 것은 너의 개념들이다.
그러니 땅에 박힌 팻말처럼
단단히 고정된 시선일랑 던져 버리라!

좋은 말은 귀에 달콤하나
네 마음에는 도움이 되지 못한다.
논리는 일견 마음 깊이 스며드는 듯하지만
논리가 낳는 것은, 이중의 환상.
가르침은 심오한 듯하나
너는 그 가르침을 실천하지 않는다.
그러니 책 읽는 것 집어치워라.
눈만 나빠지고 마음만 흩어진다!

너의 작은 북을 둥둥 울려대도 소용없다.

그것은 네 이미지를 좋게 하기 위한 소음일 뿐.

너는 소리친다 "내 살을 가져가오! 내 피를 가져가오!"

하지만 사실 너는 네 살과 피 아끼는 일을 뿌리치지 못했다.

너는 심벌즈를 친다 챙챙!

그러나 너는 조금도 집중을 못한다.

그러니 그 잘난 거추장스러운 물건들 좀 내려놓으라.

겉모습만 번지르르하게 꾸며 주는 그런 것들!

지금 이 순간, 그들은 배우느라 등골이 휘는 듯하지만

결국은 포기하고 만다.

오늘은 그들이 모든 걸 다 이해하는 것 같지만

차츰차츰 아무것도 남는 게 없다.

백 가지를 배운다 한들

그것을 마음에 적용하지 않으니

그토록 중요해 보이는

이 제자들을 다 그만 내려놓으라!

끝없는 수다는

집착과 증오의 원인

놀라고, 동의하는 듯하지만

사실 사람들은 남을 험담하고 있다.

사람들이 하는 말은 소리로는 그럴 듯하나

남들은 그 말에 상처받는다.
그러니 수다를 그만 내려놓으라!
수다는 갈증만 낳게 마련!

개인적 경험 없이 남을 가르치는 것은
마치 책에서 배워 춤추는 것 같으니
남들이 네 말을 헌신적으로 듣는 듯해도
네 편에서 보면 그건 순전히 속임수.
만약 네가 가르침을 배반한다면
조만간 너는 네가 부끄러울 것이니
장광설 그만두어라.
겉만 번지르르해 보이는 그런 말씀일랑.

오늘은 기분이 좋고
내일은 화가 나
사람들은 변덕스러운 기분의 노예인지라
절대 만족하지 못한다.
혹시 만족하더라도 네게 그들이 필요할 때
그들은 네게 쓸모가 없고 너를 절망케 한다.

그러니 예절 같은 것은 버리라.
아첨하는 말과 지나친 예의도 버리라!

그들은 종교적인 일이나 세속적인 일에 관여하는
유능한 사람들이다.
이런 벗들을 따라다니며 한숨 쉬지 말라.
나의 늙은 아부야.
모르느냐 외양간 늙은 물소는
내심 잠자기만 바라고 있다는 것을?

너는 먹고, 자고, 똥 싸는 것 없이는 지내지 못한다.
이것 말고 좀 더 끼어들려 하지 말라. 나머지는 네 할 바 아니다.
네 능력에 닿는 일을 하고, 구석에 조용히 머물러 있거라! [⋯]
꽉 움켜쥔 것을 놓으라! 절대적으로 모든 것을 놓으라. 이것이 핵심
이다!

– 빠뚤 린포체

게겐 팔게의 서원에 답하고자 걸인 직메는 이렇게 말하였다.

집약적인 방식의 조언을 도입해도 때로는 그 말을 알아듣기 더욱 어려워질 수 있다. 그래서 나는 평범한 일상 언어로 표현하겠다. 어쨌든, 나는 그럴듯한 거창한 말은 못한다.

좋다, 내가 하고 싶은 말을 바로 하겠다. 죽음의 마왕이 지금 당장 네 앞에 다가온다고 생각해 보라. 그는 너의 목숨이라는 팽팽히 당겨진 길을 싹둑 자르고, 네 생명력의 지속적 움직임을 중단시키고, 그러면 너의 마지막 숨은 마치 명멸하는 빛처럼 빠져나갈 것이다. 네가 그토록 아끼던 사랑스러운 너의 몸이 이렇게 침구 위에 널브러져 있다. 네 친구들도 친지들도 너를 따라 같이 죽어 줄 수 없고, 너는 평생 걸려 모은 전 재산을 뒤에 고스란히 남겨 놓고 갈 수밖에 없다.

중간 단계인 중음(바르도)에서, 밤하늘의 별만큼이나 많은 수많은 환영이 나타날 것이며, 너는 무시무시한 어둠 속으로 빠져들 것이다. 이제 너는 두렵고 고통스러운 길에 들어섰다. 그 길을 가는 동안, 네가 저지른 악업의 증거들이 모두 뚜렷이 눈앞에 나타날 것이다. 그런데도 너는 편안하고 느른한 상태로 있을 수 있겠는가?

"내일 나는 죽을 것이다"라고 혼자 말해 보았자 소용없다. 삶은 덧없는 것이라 말해 보았자 소용없다. 실제로 아침이면 법을 듣고 배울 생각을 하지만, 오후가 되면 세속의 장기 계획을 세우느라 여념이 없다. 사람들은 진정 죽음을 생각하는 것인가? 대답은 확실하다.

과거는 지나갔다. 이제부터는 매 순간, 새벽부터 해질 때까지, 마음속에 이 질문을 간직하라. '죽는 순간에 아무 후회 없으려면 어떻게 해야 하나?' 이를 잊지 말라! 바로 지금부터 이 생각을 하라. 중요한 일이다.

말하고, 걷고, 대소변을 보고, 먹고, 이런 금생의 활동들이 구역질날 만큼 역겹지 않은가? 마음수행에 전념하는 것보다 더 나은 일이 무엇이란 말인가? 삼보를 향한 믿음의 섬광, 네 안에서 우러나는 손톱만 한 연민, 그것이 이미 다르마인 것이다.

만약 지금 당장 고귀한 길을 실천하기 위해 할 수 있는 일을 하지 않으면, 일단 너의 두개골과 뼈가 땅속에 묻히고 나면 다시는, 말 엉덩이에서 말똥이 뚝 떨어지듯 그리 쉽게 인간의 생을 받지 못할 것이다. 이를 너 자신에게 분명히 말하라!

여름에는, 너의 찬장 속에 있는 상한 고기 조각에 얼마나 많은 파리가 달라붙는지 가서 똑똑히 보라. 그러면 인간 세상보다 낮은 세상에 훨씬 많은 중생이 살고 있다는 것을 쉽게 깨닫게 되리라.

마치 나무로 된 입 속에 구겨진 종이 같은 혀가 있는 것처럼, 해탈로 가는 길을 밟지 않고 기도만 건성으로 웅얼댄다면, 그리고 일상적 근심이라는 해묵은 전염병이 아직도 네 안에 잠복해 있다면, 이렇게 시늉뿐인 수행에서 무엇이 나올 수 있겠는지 말 좀 해 보라. 곰곰이 생각하고 이번에 단단히 결심하라. 너의 시간을 다르마에 바치겠다고.

눈속임하는 거짓 붓다들을 믿지 말라. 허공을 채운 허깨비들에게 보호를 구하지 말라. 상서롭지 못한 친구들이나 다른 유치한 중생에게 조언을 청하지 말라. 너의 존재 전체를 유일한 불굴의 귀의처 삼보에 바치라. 헌신하는 조복의 마음을 갖는 것을 잊지 말고, 스승 보기를 마치 붓다 그분을 보듯이 하라. 위대한 현자들을 비판하지 말라. 만약 친구들이 그대가 틀렸다고 말하더라도, 마음에 원망이 가득 차게 내버려두지 말라. 원수가 그대에게 나쁜 짓을 하더라도, 마음이 탄식에 사로잡히게 놓아두지 말라.

누가 너에게 심한 말을 할 때 그대가 속으로 '이 사람은 왜 이런 심술궂은 말을 내게 했을까?' 싶다면, 또 이런 끈질긴 생각이 떠나지 않는다면, 그건 적의로 가득 찬 악마가 네 안에 나타났기 때문이다. 너를 해치려 하는 것은 바로 그 악마라고 너 자신에게 말하라. 그 악마가 너에게 저지른 모든 악행을 확인하고 네게 지혜의 처방약이 몹시 필요하다는 것을 깨달으라.

부를 축적하여 곁에 쌓아 놓는 것, 남들에게 나쁜 생각을 품은 채 친구와 친지에게 아첨하는 것, 이 모든 행동은 집착과 혐오의 마음을 강화하기만 할 뿐이며 그대를 부정적 감정의 노예가 되게 만들 뿐이다. 만약 그대가 부정적 감정을 섬기기 시작하면, 그대를 짓누르는 악은 한도 끝도 없을 것이다.

그대가 무시이래로 윤회하면서 이런 부정적 감정들을 섬기다가 이제 가련한 상황에 빠지게 되었는데도 불순한 오온으로 이뤄진 그대의 몸은 온갖 고통을 끌어들이는 것이 보이지 않는가? 이제부터는 부정적 감정을 원수로 여기고, 그대가 틀렸다고 생각하는 사람들은 친구처럼 여겨라.

등에가 등짝을 쏘면 참지 못하고 '아야! 이 못된 벌레 같으니!'라고 소리 지른다. 이보다 큰 고통에 대해서는 뭐라고 말하겠는가? 자, 다른 존재들도 마찬가지다. 다른 존재들도 모두 행복하고자 하고 고통받기를 원치 않는다. 보통 사람들은 티끌만 한 성공에도 환호하고 하찮은 일에 대해 불안해한다. 그러니 선한 마음을 갖도록 노력하라! 이 점을 잊지 말라! 그대가 장수하기를!

– 도둡 뗀뻬 니마(1865~1926)

❈

이 게송은 금생에서 하는 일상의 활동들과 이 세상의 환상이 선행도 기댈 곳도 갖다 주지 않는다는 것을 잘 생각하라고 나 자신 그리고 나와 비슷한 사람들을 채근하는 내용이다.

무시이래로 누적된 성향의 산(山) 위에
무지한 이원론의 그물이 마음의 밝은 빛을 가리는구나.
이 윤회의 세상을 그대는 조금도 지겨워하지 않는구나.
아무 생각 없는 그대, 내 그대에게 조언할 말이 있나니.

만약 그대가 덧없는 이 생이 눈속임하고 있음을 모른다면
그토록 깊이 생각하고 또 생각한들 무엇하리?

이번 생에도 역시 해탈의 길을 택하지 않는다면
사람 몸 받아 태어난들 무엇하리?

미덕을 기르지 않고 허물을 정화하지 않는다면
다르마의 문을 넘어 들어선들 무엇하리?

하열한 세상의 고통을 마음에 생생히 간직하지 않는다면
마음수행을 하는 척한들 무엇하리?

금생의 여러 일이 공함을 마음 깊이 확신하지 않는다면

이른바 공덕이라는 것들을 쌓은들 무엇하리?

마음 깊은 곳에서 만족과 무욕을 알지 못한다면
욕심 없다 주장한들 무엇하리?

마음을 다스리지 못하여 겸손한 언행을 못 한다면
인내에 관해 명상하는 척한들 무엇하리?

내면에서 분노와 오만을 정복하지 못했다면
짐짓 자기 제어가 잘 되는 척한들 무엇하리?

자기 마음 가장 깊은 곳에 다르마를 체화하지 못한다면
경과 탄트라를 줄줄 꿰고 있다고 잘난 체한들 무엇하리?

마음 깊은 곳에서 무량한 보리심을 일으키지 않는다면
대승의 신봉자라고 떠들어댄들 무엇하리?

자신의 서원과 인연들을 온전히 순수하게 간직하지 않는다면
밀교 진언의 금강승을 실천한다 주장한들 무엇하리?

스스로 자극받아 윤회가 지긋지긋해지지 않는다면
고적한 곳에서 수행하는 척한들 무엇하리?

사물의 실재에 대한 집착을 진심으로 반대 방향으로 바꾸지 않는다면
훌륭한 다르마 수행자라고 뽐낸들 무엇하리?

정직하게 자신의 마음을 증인 삼지 않는다면
남 보기에 선한 사람으로 통한들 무엇하리?

세속의 여덟 가지 관심사에 넌덜머리 내지 않는다면
비길 데 없이 뛰어난 수행자라 자처한들 무엇하리?

위세와 명성에 대한 욕심에서 오는 산만한 마음을 버리지 못했다면
주위에 제자가 가득한들 무엇하리?

영예와 허영과 편파를 탐하는 마음을 버리지 못했다면
남을 위하는 척한들 무엇하리?

안중에 오로지 자기밖에 없다면
너그럽게 베푸는 척한들 무엇하리?

그대의 이타주의에서 이기적 욕심이 온전히 배제되지 않았다면
남들에게 선행한다 주장한들 무엇하리?

스승과 그 가르침에 탄복하지 않았다면
꾸며낸 믿음을 유지한들 무엇하리?

자기 안에 깊은 확신을 체험하지 못한다면
남의 조언을 받은들 무엇하리?

내면에서 부정적 감정을 적처럼 여기지 않는다면
외부의 치유제가 있은들 무엇하리?

염오, 이욕 그리고 죽음의 불가피성을 마음에 지니지 않는다면
깨달음에 이르겠다고 열성을 피운들 무엇하리?

고독하게 수행에 몰두하지 않는다면
가르침을 듣고 숙고했다 한들 무엇하리?

세상일이 넌더리 나고 역겹다면서도 여전히 장기 계획 같은 것이나 세
우고 있다면
외따로 떨어져 명상한들 무엇하리?

진정한 마음의 스승을 만나지 못했다면
정신적 도반과 함께하고 있는 양 행동한들 무엇하리?

그대가 진실로 무량한 헌신을 체험하지 못한다면
스승께 헌신하는 척한들 무엇하리?

스승의 축복이 그대 가슴에 스며들지 않는다면

해탈로 가는 길에 들어선들 무엇하리?

세상일을 끊고 수행할 수 없다면
현상들의 궁극적 본성을 안다 한들 무엇하리?

꾸밈없이 순수한 안목을 얻지 못했다면
대단한 열성을 과시한들 무엇하리?

신실하고 열렬한 존경심을 체험하지 못한다면
정신적 도반을 추앙하는 척한들 무엇하리?

그대 자신의 깨어 있는 의식과 친숙해지지 않는다면
심오한 가르침을 받았다 한들 무엇하리?

이원론에서 해방된 내면의 확실함을 증득하지 못했다면
기껏해야 일반적 이해에 지나지 않는 견해는 무엇하리?

좋다고 택함과 싫다고 내침에 자재하게 머물며 명상할 줄 모른다면
개념적 준거를 사용하며 명상한들 무엇하리?

그대 자신의 인식이 실체 없이 빈 것임을 깨닫지 못한다면
불이, 곧 둘이 아님을 수행한들 무엇하리?

막힘없는 깨어 있음 – 공성이 절대체임을 인정하지 못한다면
수행 길의 과보에 이르려 애쓴들 무엇하리?

그대 마음에 유용한 해독제를 적용하지 않는다면
지식으로 헤아려 이러쿵저러쿵 떠든들 무엇하리?

여러 생각을 떨치지 못한 채
깨어 있는 의식의 허공에 그 생각들이 녹아들게 두면서 정화하지 않는
다면
이중으로 헛것인 좋은 생각들이 무슨 소용 있으리?

해로운 생각들이 고개를 드는 즉시 제거하면서
다섯 가지 독을 정화하지 않는다면
무위의 공성이 무슨 소용 있으리?

견해, 명상, 행위에 관해 내면적 확신이 없다면
이 성지 저 성지를 헤매 다닌들 무엇하리?

지성을 소진하고 그 적나라함 속에서 사물의 진짜 본성을 포착하지 못
했다면
그대 자신을 완성된 요기로 여긴들 무엇하리?

깨어 있음 – 공성 안에서 계속 쉴 줄 모른다면

대단한 명상 수행자로 자처한들 무엇하리?

현상에 고유한 실체가 전혀 없음을 인정하고
그 투명함을 깨닫지 못한다면
마음의 본성을 설파한들 무엇하리?

모든 것을 끊을 만큼 윤회에 넌더리 내지 않는다면
홀로 호젓하게 명상한들 무엇하리?

그대가 희망과 근심을 버리지 못하고
계속 고통이 두렵고 미래가 걱정된다면
수승한 깨달음을 증득했다고 뽐낸들 무엇하리?

세심한 행동으로 마음을 훈련하지 못했다면
해탈한 요가 수행자로 행동한다고 주장한들 무엇하리?

그대가 인적 없는 야생의 장소에서 헤매지 않는다면
은거와 서원이 무슨 소용 있으리?

그대가 금생의 야망을 바람결에 흘려보내지 않는다면
겉모습만 좋은 수행자로 보인들 무엇하리?

그대가 명성을 과신하고 겉모습에 자만한다면

외양만 훌륭한 라마인 것이 무슨 소용이리?

그대가 사회생활로 생겨나는 산만함을 떨쳐 버리지 않는다면
모든 이의 칭송을 받은들 무엇하리?

이제, 그대가 해탈의 길에 매진함으로써
과거 스승들의 본보기를 따를 순간이 왔노라.

나 진심으로 그대에게 이 조언을 했노라.
그대 마음을 안쪽으로 돌리라. 그러면 내 말이 진실임을 알게 되리.

유익한 첫 단계는 윤회에 등 돌리는 것.
두 번째 단계는 사물을 실재한다고 여기는 오류를 척파하는 것.
마지막 단계는 깨어 있는 의식의 부동의 왕국을 정복하는 것.
이렇게 하면 그대는 그대 자신에게 또 모두에게 좋은 일을 자연스럽게
이루게 되리라.

**아다만틴 게송의 형식을 빌려 쓰여진 '나 자신에게 주는 조언'의
제3장은 이렇게 결론을 맺는다. 이 장은 금생의 사물에 대한 집착
을 뒤집는 것을 다루고 있다.**

— 롱첸 랍잠(1308~1363)

❖

그릇된 육바라밀

적수를 짓밟고, 가까운 사람들을 방어하고, 농사나 장사를 하면서 만나는 고통은 꾹 참아 내면서 마음수행과 연관된 고초는 견디지 못하는 것, 이것은 인내에 대해 잘못된 개념을 갖는 것이다.

금생의 행복, 안녕, 번영을 열망하면서 참된 길을 실천하기를 열망하지 않는 것, 이는 열망에 대해 잘못된 개념을 갖는 것이다.

물질적 부는 즐기면서 공부, 깊은 숙고, 명상을 즐기지 않는 것, 이는 즐김에 대해 잘못된 개념을 갖는 것이다.

마음수행 길의 실천의 어려움을 관통하는 사람들에게는 연민을 느끼면서 해로운 행위를 범하는 사람들에게는 연민을 느끼지 못하는 것, 이는 연민에 대해 잘못된 개념을 갖는 것이다.

자신에게 딸린 사람들로 하여금 금생에서 명성을 추구하는 길에 들어서게 하면서 마음수행 길에는 들어서게 하지 않는 것, 이는 간절한 서원에 대해 잘못된 개념을 갖는 것이다. 원수의 불행은 기뻐하면서 윤회하는 존재들과 열반에 이른 존재들의 행복과 미덕을 보고는 기뻐하지 않는 것, 이는 이타적 기쁨에 대해 잘못된 개념을 갖는 것이다.

— 셰첸 걀삽(1871~1926)

2. 내면의 악마 몰아내기

기원전 4세기 초에 사꺄무니 붓다가 지금 보드가야가 있는 곳의 보리수나무(산스크리트로는 '보디'나무. 그 아래에서 붓다는 정각을 얻었다. 학명은 ficus religiosa)의 긴 가지 아래에서 명상할 때, 그는 깨달음에 이르기 전 몇 달 동안 네 악마(마라)의 지독한 공격을 받았다. 불교에서 말하는 악마란 외부에 존재하는 무서운 존재나 유령, 그런 것이 아니라 우리가 세상을 보는 그릇된 인식에 의해 생겨난 내면의 힘을 말한다. 이 힘이 상당히 강해서 수행자에게 심각한 장애를 초래한다.

이 글에서는 네 악마를 언급한다. 오온(업에 의해 유전된 심신의 요소들로서 임시로 우리라는 존재를 구성한다. 이 오온이 고통의 받침대를 이룬다)이라는 악마, 자아라는 악마, 죽음이라는 악마, 마음을 어지럽히는 감정이라는 악마가 그것이다.

이 네 악마가 겉으로는 누가 봐도 마음 밖에 있는 여러 다른 모습으로 나타나며 붓다에게 최종 공격을 가할 때, 붓다는 사물의 궁극적 본성을 알고 있으며 무량한 연민심을 지녔기에 꿈쩍도 하지 않으며 깨달음에 이른 것이다.

부정적 감정의 악마는 보통 일정 강도 이상에 이르러야만 우리에게 보인다. 우리는 분노가 폭발하고, 질투에 피가 마르고, 무명 때문에 눈이 먼다. 그러나 사실 이것들은 우리가 무의식중에 오래전부터 계약을 맺고 그럭저럭 함께해 온 원수이다. 이 원수는 심지어 덕이 있으며 합리적이고 논리적인 외양을 띨 수도 있다. 분파적 사고에 바탕을 둔 증오 같은 것이 그 예이다.

　이 악마 – 장애가 가장 강력히 자신을 드러낼 때는, 우리가 마음수행에서 진전을 보아 우리 마음속에서 깊은 전환이 일어날 때이다. 어느 스승은 재담(才談) 형태로 이렇게 말했다. "악마는 수행에 정체를 보이는 사람들에겐 굳이 관심을 가지지 않는다."

　보통 매사가 그렇지만, 그 일에 건 것이 많을수록 따르는 위험도 큰 법이다. 그러므로 우리가 내면적인 수행의 길을 걸을 때 우리의 진전을 가로막는 온갖 세력을 대면하게 되는 것은 당연한 일이다. 이런 장애는 올바르게 관리하면 모두 수행의 촉매 역할을 하고 성취로 전환될 수 있다. 그러나 우리의 수행 자체를 중단시키고 다른 길로 빠지게 할 수도 있다.

오직 지혜의 명철함, 공평무사한 이타주의, 참스승에 대한 믿음, 깨달음에 이르겠다는 불굴의 의도만이 이 장애들 - 그 겉모습이 미묘하든 거칠든 - 을 물리칠 수 있다.

❖

'악마'의 근원은 우리 자신의 마음.

마음이 현상을 붙들고 거기에 집착하면

마음은 '악마의 먹이'가 된다.

마음이 스스로를 '대상'으로 여기면, 독에 물든다.

― 마찍 랍된(1055~1153)

❖

파드마삼바바가 냥 벤 틴찐 장포*에게 했던 조언

다르마 수행자들은 하늘의 별만큼이나 많다. 그러나 그들 중 '악마'가 갖다 놓은 장애물을 아는 사람들은 해와 달보다 더 드물다. 이런 장애가 없다면 해탈에 이르는 일이 연중 공덕행을 성취하는 것보다 더 쉬울 터이다. 그러므로 이 악마들의 정체를 제대로 알고 그 음모를 미리 꺾을 필요가 있다.

우선, 그대들이 비록 윤회의 고통스러운 세상에서 포로가 되어 살지만 아마 다르마에 대한 믿음은 조금 있을 것이다. 그러나 거친 현실에 대한 집착의 악마 그리고 게으름의 악마가 그 믿음을 휩쓸어 가는 것이 사실이다. 적은 미워하고 소중한 이들에게는 집착하고, 경쟁심에 몰입하고 세속의 활동에 여념이 없어 더 이상 죽음은 생각지 않고 수행은 항상 나중으로 미룬 채 헛된 세상사에 몰두한다. 이것이 이른바 '악마'이다.

이 악마와 대면하려면, 그대들 마음속에 불퇴전의 믿음을 불러일으킬 만큼 제대로 된 스승을 찾고, 무상과 죽음을 깊이 생각하여 불굴의 용맹심을 일으키고, 부수적인 활동들은 떨쳐 버리고 오직 다르마의 큰 과업에 전념하라.

그러면 '태도를 전환시키는' 악마가 나타날 것이다. 이 악마는 때로

---

* 티베트에 불교를 도입한 스승 파드마삼바바의 수제자 중 한 사람으로 8세기 티베트 왕 띠송 데첸의 장관을 지낸 인물이다.

친구나 친지의 모습을 띠고 나타난다. 그리고 그대에게 다르마 수행을 그만하라고 설득하며 이 목표에 이르는 것을 가로막는 온갖 장애의 원인이 될 것이다. 또 어떤 때는 이 악마가 적에 대한 공포, 경쟁심 혹은 물질적인 부의 모습으로 나타날 수도 있다. 이 악마는 그대의 삶을 낭비하도록 부추길 것이다. 항상 수행은 내일 또 모레로 차일피일 미루며, 그대는 마침내 윤회의 늪에 꼼짝 못하고 매몰될 것이다. 이 악마를 굴복시키려면, 스승과 삼보를 믿고, 남의 의견을 묻지 않고 그대 스스로 결심을 해야 한다.

그대가 스승 곁에 머물러 있을 때, 또 다른 악마가 나타나 그대로 하여금 스승을 의심케 하고 스승과 맞먹으려는 생각을 하도록 부추긴다. 그 악마가 그대 안에 들어왔다는 표시는, 그대가 더 이상 스승의 장점을 보지 않고 그의 별것 아닌 단점들만 보게 되며, 스승이 특별한 목적 하에 하는 일에 대해 그릇된 생각을 가지며, 게다가 마음을 닦는다는 핑계하에 배를 채우고 재물을 받는 쪽으로 일을 주선하는 것이다. 다르마를 지향하여 길을 떠나서 이처럼 지옥행 길을 택하는 것은 악마에 떠밀려 가는 일이다. 이 악마를 무찌르려면 스승이 바로 붓다라는 생각을 키워 가라.

이때 '퇴행의 악마'가 나타난다. 그대는 오직 성행위, 돈, 사업, 남을 속이고 치부하는 수단 같은 것만 생각한다. 이 악마가 그대 안에 들어왔다는 표시는, 그대가 다르마 수행을 포기하고 도반도 승복도 그 밖의 것들도 몰라라 한다는 것이다. 그대는 더 이상 가르침을 귀담아 들을 마음이 없으며 그대 행동의 동기는 세속의 집착과 혐오이다. 그대는 술과 관능적 쾌락에 목이 마르며, 붓다의 말씀에 등을 돌린다. 이 악마를 굴복시키려면 다르마를 수행하고 그대에게 영감을 주는 심오한 가르침에 꾸준히 집중하고 다르마에 등 돌리게 하는 성행위나 일체의 활동을 떨쳐 버리고 옛 스승들의 삶을 생각하겠다는 결심을 키우는 것이 중요하다.

그때 나타나는 악마는 '시들한 수행자의 악마'이다. 이 악마가 마음속에 들어왔다는 표시는, 그대가 이러저러한 가르침을 받았다며 오만해지는 것이다. 실제로는 그 가르침의 의미를 모르고 제대로 이해하지도 못했으면서 말이다. 그대는 다르마의 몇몇 단편만 알 뿐이지만 도시와 마을에서는 비밀스러운 가르침을 아는 양 펼쳐 보인다. 심오한 가르침을 받을 때마다 그대는 이미 전에 들은 것이라고 말한다. 이렇게 다르마의 궁극적 의미에 이를 수 없다는 것은 악마에 끌려간 것이다. 그 치유법으로는 여전히 그리고 항상 이미 들은 가르침에 대해 깊이 생각하는 것이다. 그리고 그 의미를 사무치게 마음에 새겨야 한다.

이어서 나타나는 악마는 '이득과 특권을 위한 지식을 추구하는 악마'이다. 이 악마는 제자나 도움을 주는 사람의 모습을 띠고 있다. 그대는 수행에 전념하지 않고 유식하다고 뽐내며, 그대 자신의 고견을 갖고 부에 갈증을 낸다. 이때 그대를 불법 수행 길에서 멀어지게 하는 장애가 나타난 것이다. 이 악마를 길들이려면, 오랫동안 고적한 은거 수행처에 머무르겠다는 서원을 세우고, 불법 수행 외에 다른 것은 일체 하지 말라.

이때 나타나는 악마가 '철학적 이론의 악마'이다. 그대는 자신의 견해와 남들의 견해를 나누어 편향적인 분별을 한다. 그러면 다르마는 마음의 다섯 가지 독의 모습을 띤다. 이때 치료법은 다른 사고 체계에

대한 일체의 시기심을 버리고, 모든 것을 평정심으로 순수하게 받아들이는 훈련을 하는 것이다. […]

일단 그것에서 해방되면, 그대가 공성에 대해 명상할 때 '적으로 변신한 공의 악마'가 나타난다. 아무것도 없다고 그대는 말할 것이다. 그리고 행동에 선과 악을 마구 섞을 것이다. 그대에게는 더 이상 삼보에 대한 믿음도 중생에 대한 연민도 없다. 이때는 긍정적 행위를 좀 더 많이 하라. 그리고 부정적 행위는 하지 말라. 순수한 견해와 헌신하는 마음을 길러라. 그리고 공성의 불가분성, 연민의 상호의존성을 알아차리는 훈련을 하라.

그러면 또 '연민의 악마'가 적으로 나타날 것이다. 그대는 스스로 해탈하지도 못했으면서 성급하게 남에게 선행을 베풀려고 서두를 것이다. 그리고 자신의 내면 수행은 나중으로 미룰 것이다. 이 허물을 고치기 위해서는, 열망의 형태로 깨달음의 보리심을 계발하라. 그리고 남을 위한 참여에는 당분간 너무 힘을 쏟지 않도록 하라.

요컨대 완전한 깨달음에 이르지 못한 한, '악마'라는 장애는 끊임없이 나타난다는 말이 있다. 그러나 그대가 일체의 물질적 관심사를 버려두고 오롯이 '깨달음으로 가는 길의' 수행에만 전념한다면, 그 어떤 장애도 그대를 가로막지 못할 것이다.

— 젯쭌 닝뽀(1585~1656)

부록

—

- 티베트불교 깨달음의 여덟 계보 •
- 이 책에 소개된 주요 인물(가나다 순) •
- 인용 글의 출처 •
- 감사의 말 •
- 옮긴이의 말 •

불교가 티베트에 들어온 것은 기원후 5세기이지만, 이 나라에 뿌리내린 것은 그로부터 2세기가 지난 다음이었다. 처음 7세기에 송첸 감뽀 왕이 이 나라를 다스리던 때와 특히 8~9세기 띠송 데첸 왕이 샨타락시타 스님에 이어 스승 파드마삼바바(연화생蓮華生 보살)를 초청한 이후에는 그러했다. 파드마삼바바는 삼예 사원을 다 짓고 나서 왕과 수많은 제자들에게 금강승의 입문을 전했으며, 존재의 본질과 연관되는 가르침을 베풀었다. 그의 지휘하에 티베트 역경사들은 수많은 인도 학승들과 함께 삼장(三藏) — 붓다의 말씀 전체 — 전부 그리고 탄트라와 그 주석서, 부수적인 의례에 관한 글 등 헤아릴 수 없이 많은 책들을 티베트어로 옮겼다.

후세에 사람들은 이렇게 번역이 처음 시작되던 시기의 가르침을 보유한 사람들을 닝마빠, 즉 '옛날 사람들'이라 불렀다. 불교 가르침 전체는 아홉 개의 '수레'[乘](산스크리트로 '야나yāna')로 나뉘는데, 각 '수레'마다 불교 철학과 정신적 수행의 서로 다른 측면이 들어 있다.

'수레'라는 표현은 수행의 목표인 완전한 깨달음에 이르게 하는 길 전체를 가리킨다. 수레의 다양함과 차제는 서로 다른 존재들의 타고난 성향과 능력의 다양성에 해당한다. 각 수레는 이전(以前)의 수레를 포함하는 하나의 단계를 형성한다. 닝마빠 전통에 따르면, 모든 수레들은 대원만 혹은 족첸의 '금강석같이 굳은, 빛나는 핵심'에서 절정에 이른다. '원만'이란 정신이 그 본성상 저절로 깨달음의 모든 품성들을 갖추고 있다는 것이다. '대'란 이러한 원만함이 본래 현상 전체를 포용한다는 사실을 표현한다.

닝마 전통이 전해지는 방식은 주로 세 가지가 있다. 원전을 통해 장시간에 전해지거나('까마'), 보장(寶藏)에 의해 단기간에 전해지거나('떼르마'), '순수하고 심오한 시각'에 의해 직접 전해지는 것('다낭')이다.

11세기에 역경사들이 인도에서 새로운 글들을 가져왔을 때, 두 번째 단계가 왔다. '새로운' 시기(사르마)라거나 '새로운 번역'이라 불린 이 시기는 위대한 역경사 린첸 장뽀(957~1055)와 함께 시작된다. 이때 괄목할 만한 석학들과 위대한 성인들이 나타나면서 새로운 철학 유파와 정신적 계보가 생겨났다.

오늘날 티베트불교에는 닝마, 까규, 사꺄, 까담겔룩 등 네 개의 주요한 전통이 있으며, 이 네 전통은 티베트의 철학적이고 명상적인 풍부한 유산의 전승을 면면히 이어 가고 있다. 다른 계보가 네 가지 더 있다. 즉 샹빠 까규, 쬐, 쉬체, 칼라차크라, 오겐 넨드룹, 이 네 가지인데 이들은 종종 서로 연관되면서 이어졌다. 이 모든 전통들은 이른바 '깨달음 계보의 여덟 가지 큰 수레'를 이룬다.

까담빠-혹은 '지고한 가르침'-의 계보는 아티샤 디빵까라(982~1054)가 시작했다. 이 계보는 '마음 수련'(로종)을 강조하는데, 로종은 주로 포기와 연민에 호소한다. 아티샤는 벵갈에서 태어나 수많은 스승들에게서 배웠다. 예언을 받고 그는 인도네시아까지 가서 12년 동안 자신의 주된 스승으로 여긴 현자 세를링빠에게서 가르침을 받으며 공부했다. 인도로 돌아온 그는 큰 불교대학인 비크라마실라 대학의 총장이 되었다. 뒤이어 예세 외 왕과 창춥 외 왕의 초청을 받고 티베트에 와서 죽을 때까지 살았다. 그의 수많은 제자 중 가장 뛰어난 사람인 돔뙨빠 귀아웨 중네(1004~1064)는 스승이 가르친 차제도를 널리 펴면서 그가 남긴 작업을 계속했다.

까담빠 계보는 나중에 '겔룩빠'-'덕 높은 전통'-라 불리게 된다. 이 계보는 간덴 사원에서 비범한 스승 쫑까빠 롭상 탁빠(1357~1419)가 빛을 발한 덕분에 태어나게 된다. 쫑까빠는 위대한 개혁을 추진한 사람이었다. 이 개혁의 목적은 사원의 계율 존중과 경전 공부를 강화하는 것이었다. 그가 쓴 많은 글 중에 『대차제도(大次第道)』는 초기불교(히나야나)와 대승불교(마하야나)의 단계들을 명확히 밝혀 준다. 그의 두 수제자는 걀삽 제(1364~1432)와 케둡 제(1385~1438)였다. 제1대 달라이 라마가 되어 달라이 라마의 계보가 오늘날까지 티베트 역사에 한 획을 긋게 한 사람은 케둡 제의 환생이다.

인도의 큰스승인 비루빠의 '도와 과보'(람드레)라는 가르침에 입각한 사꺄 전통은 카리스마 있는 역경사 도크미 로싸바(993~1077?)에 의해 티베트에 소개되었다. 이 가르침을 전한 계보는 사꺄라 불린다. 사꺄를 글자 그대로 해석하면 '잿빛 땅'이라는 뜻이다. 창건자인 다섯 스승들-꾼가 닝뽀(1092~1158), 소남 체모(1142~1182), 젯쭌 탁빠 걀첸(1147~1216), 사꺄 빤디따(1182~1251), 최걀 팍빠(1235~1280)-이 세운 사원이 있는 장소 주위의 풍경 색깔 때문에 이렇게 불렸다고 한다.

사꺄 빤디따는 문수사리 보살(지혜를 상징하는 보살)의 화신이라 여겨지는데, 그는 그 시대를 떠올리면 반드시 생각해야 할 큰스승 중 한 사람이 되었다. '도와 과보' 가르침의 기초는 윤회와 열반이 근본적으로는 하나라는 형이상학적 견해이며, 도란 네 가지 입문에 의해 업을 순숙하게 하는 일이며, 과보는 다섯 가지 지혜를 활짝 꽃피우는 일이다. 이 가르침의 중심 주제는 '네 가지 집착―이 생의 일들에 대한 집착, 재생의 순환에 대한 집착, 자기중심적 욕망에 대한 집착, 개념적 고착에 대한 집착―에서 벗어나는 일'이다.

까규의 계보 즉 '구전 가르침'의 계보는 인도의 마하싯다 혹은 깨달음을 이룬 큰스승들인 띨로빠(988~1069), 나로빠(1016 또는 1060~1100)로 거슬러 올라간다. 역경사 마르빠(1012~1097)는 나로빠의 가르침을 듣기 위해 티베트에서 인도로 세 번이나 위험한 여행을 했다. 그의 제자로는 영웅적인 젯쭌 밀라레빠(1040~1123)가 있는데, 그는 이 제자에게 호된 시련을 겪게 한 후 자기가 받은 정신적 가르침과 입문 과정 전체를 전수해 주었다. 밀라레빠는 12년간 남다른 금욕 생활을 했던 비범한 삶 때문에 티베트에서 가장 유명한 수행자가 되었다. 밀라레빠의 가르침은 훌륭한 깨달음의 노래 형식으로 아낌없이 전해져 오늘날 아직도 강력한 영감의 원천이 되고 있다.

밀라레빠의 수많은 제자들 중에는 레충빠(1084~1161), 감뽀빠(1079~1153)가 있다. 감뽀빠는 팍모 두빠(1110~1170)와 제1대 까르마빠 그리고 두좀 켄빠(1110~1193)의 스승이었다. 까규빠 안에서 주류 네 계보와 비주류 여덟 계보가 생겨났는데 그중에는 까르마 까규, 디궁 까규, 탁룽 까규, 둑빠 까규가 있다. 이 계보의 가르침에는 특히 나로 육법 – 생열(生熱) 요가, 환신(幻身) 요가, 꿈[夢] 요가, 광명(光明) 요가, 중음(中陰, 죽음과 다음 생 사이의 중간 단계) 요가, 죽음의 순간 의식의 전이(轉移) 요가 – 이 있다. 이 가르침들은 마하무드라[大手印]에서 절정에 이른다. 마하무드라는 대수인 혹은 '커다란 상징'인데, 이는 정신의 궁극적 본성을 안정되게 인식하면 이 본성 속에 현상 전체가 포함되어 우리가 보는 모든 것에 '도장'이 찍힘을 뜻하는 표현이다.

상빠 계보는 콩뽀 날죠르(990년경 탄생)가 창립했다. 오늘날에 이르기까지 뛰어난 정신적 스승들 덕분에 그 특별함을 지켜 왔지만, 이 계보는 그 역사를 통한 전수상 까규 전통과 밀접하게 연관된다.

'시간의 수레'라는 심오하고도 복잡한 전통은 칼라차크라 탄트라에서 나온 것인데, 오늘날도 아직 생생하게 살아 있다. 이는 수많은 다른 전통의 추종자들이 전수하고 행해 온 것으로서, 광범위한 글들에 영감을 주었다. 하지만 특별한 수행 체계를 정립한 유파를 낳지는 않았다.

쬐 수행은 티베트에 요기니* 마찍 랍된(1055~1153) – 티베트불교를 대표하는 여성 인물 중 가장 위대한 사람 중 하나 – 에 의해 도입되었다. '쬐'라는 말은 '내리쳐 끊어 버린다'는 뜻이다. 여기서 끊어 버린다 함은 자아

---

* 여성 요가 수행자를 말한다. - 옮긴이 주

에 대한 집착과 거기서 기인하는 다른 형태의 의존에 대한 집착을 끊어 버린다는 말이다. 쉬체 수행 혹은 (고통의) '평정' 수행으로 말하자면, 이는 빠담빠 상계(1117년 죽음)가 널리 폈다.

마하싯다 오겐빠(1230~1309)의 전통이 살아남은 것은 잠양 켄체 왕뽀(1820~1892)와 잠괸 콩툴(1813~1899), 19세기의 '큰 등대들'이라는 별명이 붙은 두 위대한 스승들 덕분이다. 이들의 일은 티베트에 아직도 존재하는 모든 전통들을 모으는 것이었다. 마하싯다 오겐빠 전통은 실제 수행에서 더 이상 그만의 독자적 계보가 없었다.

현재의 달라이 라마가 종종 말했듯이 티베트 전통은 조화롭게 불교의 차제적이고 보족적인 세 수준 즉 초기불교, 대승불교, 금강승불교를 하나로 묶는다. 게다가 이 세 개의 승은 세 가지 기본적 수행에 해당된다. 즉 포기, 연민, 순수 시각 이 셋이다.

소승(히나야나Hinayāna)의 토대이며 그러므로 다른 두 승의 토대이기도 한 포기는 여기서 윤회의 고통에서 해방되고픈 열망을 가리킨다.

대승(마하야나Mahāyāna)의 핵심인 연민은, 수행자로 하여금 깨달음을 이루어 윤회 속에서 무명에 꽉 잡혀 헤매는 모든 중생을 해방시키겠다는 서원을 하게 한다.

금강승(바즈라야나Vajrayāna)의 특별한 견해인 순수 시각은, 모든 중생에게 불성이 있음과 모든 것은 본래 순수함을 인정하는 것이다.

걀세 톡메(1295~1369)

티베트 중부에서 태어난 그는 아주 어릴 때부터 무한한 연민심을 보였다. 남의 고통을 보면 저절로 슬퍼하고 남의 행복을 보면 기뻐했다.

14세에 그는 윤회하는 삶에서 누리는 즐거움이 실은 고통일 뿐임을 깨닫고 수행자로 살겠다는 서원을 세웠다. 16세에 모든 종파의 많은 스승에게 가르침을 받는다. 비할 바 없는 정진력을 갖추고 총명한 그는 많은 경론을 속히 깨치고 내면적 수행도 빠른 진전을 보았다. 그러자 그는 제자들을 가르치고, 또 가르침의 심오한 의미를 밝히는 주석서를 집필하기 시작한다. 그가 큰 난관을 겪던 시기에 쓴 『보살행에 관한 37송』은 대승 수행의 길 전체를 요약하는 내용이다.

수많은 사람이 그의 선함과 나무랄 데 없이 온전한 품성과 사람들 각각의 근기를 감안하여 교화하는 능력에 끌려 그를 찾아왔다. 보살행을 완벽하게 실천한 그는 자신이 지닌 모든 것을 서슴없이 베푼 나머지 스스로는 먹을 양식도 없을 정도였다. 그는 거의 누워 자는 일이 없었고, 밤이나 낮이나 앉은 자세를 유지했다. 남들이 앓는 병을 그가 자기 몸에 가져가

대신 앓아 준 사례가 여러 차례나 뚜렷이 나타났다. 그리고 그를 만나기만
해도 사람들의 마음속에 신심과 자애와 연민이 생겨나곤 했다. 그가 누구
에게 심한 말을 하는 것을 들은 사람은 아무도 없었다.

걀와 괴쌍빠(1189~1258)

가장 훌륭한 요가 수행자 중 한 사람이며, 둑빠 까규 종파에 속하는 은
거 수행자이자 큰스승이다. 그는 오랫동안 동굴 특히 카일라쉬 산 주변의
동굴에 살며 세속사를 온전히 단념한 수행자로 이름이 높았다. 이타적 자
애, 연민, 순수한 시각에 관한 그의 글은 특별히 마음을 울린다.

젊은 시절에는 재능 많고 유혹적인 예술가로 살았다. 음악과 춤, 노래
를 하는 악단과 함께 방방곡곡을 누비며 공연하고 다녔다. 그러다 16세에
라싸에 몇 번 가서 사람들의 깊은 신심을 직접 보고 느낀 뒤 세속 활동에
염증을 느끼고 불교의 가르침을 배우기를 원했다. 수많은 책을 섭렵하며
공부하고 큰스승들의 가르침을 받았는데 특히 까담, 쉬체, 까규의 전통을
공부했다. 그러다 짱빠 갸레라는 라마의 이름을 듣고 깊이 헌신하는 마음
이 들었으며 결국 그를 스승으로 모시는 제자가 된다. 그가 이 스승의 거
처에 갔을 때 스승은 "너 왔구나! 놀랍다!"라고 했다고 한다.

그는 적정처에서 여러 해 동안 명상을 하였고 아무리 어려운 난관도
견딜 수 있는 힘을 지녀, 장애를 장애로 여기지 않았다. 스승이 세상을 떠
나자 그의 가르침을 철두철미하게 지키리라 다짐한다. 스승이 남긴 조언
은 "세속의 모든 잡사를 버리고 산속 깊이 고적한 곳에 머물라"는 것이었

다. 그는 특히 카일라쉬 산 부근의 여러 동굴에서 명상하며 여러 해를 보낸다. 랄룽에서는 오두막집에서 수행하던 중에 호수가 범람하여 그의 집이 물에 잠겼다. 그러나 그는 몸의 절반이 물에 잠긴 채로 명상 상태를 그대로 유지했다.

말년에는 수도원을 설립하여 수많은 제자를 가르쳤다. 카일라쉬 산 순례의 전통이 그로 인해 시작되었고 산을 도는 순례 코스도 그가 갔던 길을 따라 생기게 되었다.

구루 최키 왕축(1212~1270)

닝마빠의 숨겨진 정신적 보물*을 드러낸 큰스승. 티베트 남부의 로닥에서 태어나 13세에 자기가 발견하도록 되어 있는 보물 목록을 찾아냈다. 그는 또 보장의 전통에 대해 최초의 연대기도 저술했다. 그의 수행 도반인 조모 멘모 역시 보장을 드러낸 여성이었다.

그가 이렇게 발견해 낸 숱한 글들 중에는 '수행 한 바퀴'라는 것도 있는데 이는 아직도 해마다 파드마삼바바를 기려 닝마빠 수도원들 대부분에서 거행하는 성스러운 춤 의식에 기초로 쓰인다.

---

* 보장(寶藏)이라고도 한다. 티베트불교에서 불교 전통을 이어 가기 힘든 시기에 불교 경전이나 논서, 성스러운 물건 등을 숨겨 보관한 것을 가리키는 말이다. - 옮긴이 주

깡규르 린포체(롱첸 예셰 도르제, 1897~1975)

티베트 동부의 캄 지방에서 태어나 아주 어렸을 때부터 정신적으로 놀랍도록 뛰어난 점들을 보였다. 어느 날은 한 무리의 순례자와 함께 동굴에서 은거 수행하던 미팜 린포체를 찾아갔다. 미팜 린포체가 그를 가리키며 "이 아이는 누구요?"라고 물었다. 수행승들이 "마을의 어린 소년입니다"라고 대답했다. 그러자 미팜은 '어린 소년 중에 훌륭한 스승이 되는 아이들이 있다'는 생각이 들었다.

그는 아주 어린 나이에 리보체 수도원에 들어갔다. 이곳은 비분파(非分派) 운동의 본산이었다. 여기서 그는 잠양 켄체 왕뽀의 수제자 중 한 사람인 제둥 틴레 잠파 중네의 제자가 되어 공부했다.

전통적 학습을 마친 후 깡규르 린포체는 캄 지방의 오지에 가서 9년간 은거하며 명상했다. 그런 다음 몇 달 동안 걸어서 중부 티베트의 탁룽 수도원으로 갔다. 거기서 하안거 기간 동안 수행승들이 공식적으로 그에게 청하여 '깡규르' - 붓다의 말씀을 티베트어로 번역하여 엮은 총 103권의 전집 - 를 암송하라고 했다. 그것을 암송하고 내용을 설명하면서 그의 학식이 입증되어 '깡규르' 린포체라는 별명을 얻게 된 것이다. 그는 일생 15차례나 이 전집 내용을 암송하여 전수하였다.

그는 숨겨졌던 보장들을 찾아냈으며, 직메 링빠의 「소중한 성품의 보물」 같은 중요한 글들에 주석을 달았다.

1955년 깡규르 린포체는 중국의 티베트 침공이 임박했음을 예감하고 아내와 어린 자녀들과 함께 인도로 떠날 결심을 한다. 노새를 타고 떠나면서 싣고 간 유일한 재산은 책 수백 권이다. 1960년 다르질링 부근에 정착하여 1975년 별세할 때까지 그곳에 살면서 끊임없이 제자들을 가르쳤다. 서양인 제자들이 무척 많았고, 그래서 티베트불교가 서양에 전해지는 토대를 세운 최초의 티베트 큰스승으로 꼽히게 되었다.

그의 아들들이자 정신적 후계자인 탁룽 체툴 뻬마 왕걀 린포체와 직메 켄체 린포체, 랑돌 린포체는 그의 가르침을 전 세계에, 특히 프랑스 도르도뉴 지방에 세워진 샹트루브 연구소를 중심으로 전하고 있다.

나가르주나(1세기)

한역명은 '용수(龍樹)'다. 인도 대승 전통의 위대한 스승. 84인의 마하싯다 – 대단히 높은 깨달음의 경지에 이른 인도의 스승 – 가운데 한 사람으로 꼽힌다. 그는 붓다의 가장 심오한 교설 특히 '반야바라밀다(초월적 지혜)'에 관한 교설에 가장 중요한 해설과 주석을 붙인 사람 중 하나다. 많은 철학서와 의학서를 저술했다고 한다. 가장 중요한 저작으로는 『중론송(中論頌)』『공성에 관한 70송』이 있다.

뇨슐 켄 린포체(잠양 도르제, 1932~1999)

티베트 동부 출신의 닝마빠 스승. 어린 시절부터 다르마에 각별한 관심을 갖고 25인의 스승 밑에서 법을 공부하고 수년간 은거하여 명상에 전

넘했다. 그는 특히 스승인 셰둡 뗀뻬 니마로에게 '족첸'의 핵심 가르침의 위대한 전수'를 전해 받고, 이를 자신의 수행과 설법에 그대로 적용했다. 그리고 많은 제자들(동시대 큰스승들도 포함)에게 이 내용을 전했다.

중국이 티베트를 침공한 1959년에 가까스로 티베트를 벗어나 인도에 망명한 후, 캘커타 거리에서 걸식을 할 만큼 어려운 시절을 보내기도 했다. 그러다가 다시 설법을 시작하여 때로는 다른 라마들에게, 또 수많은 대중을 상대로 법을 전했다. 여러 수도원과 연구소에서 큰스승들에게 초청을 받고 그가 배워 체득한 특별한 가르침을 전하기도 했다.

그는 말년을 서양, 특히 프랑스에서 보냈다. 세상을 떠날 때까지 프랑스 도르도뉴 지방에 살면서 3년의 수행 기간을 정하고 여러 명상 수행센터에서 설법했고, 서양의 다른 불교 명상센터의 초청에 응하기도 했다.

도둡 뗀뻬 니마(1865~1926)

아주 어릴 때부터 '선왕(先王) 도둡첸의 환생'이라고 인정받은 그는 5세에 왕위에 올라, 많은 것을 교육받았다. 특히 유명한 『입보리행론(入菩提行論)』을 족첸 수도원에서 빠뚤 린포체에게 직접 배웠다. 8세에는 수많은 승려와 재가자 앞에서 이 내용을 몸소 가르쳤다. 당시의 가장 훌륭한 스승들 문하에서 공부하였고 쉼 없이 제자를 가르치기 시작했다.

병 때문에 말년은 외딴 수행처에서 공부하고 수행하고 논서를 저술하

---

* '대원만'을 뜻하는 티베트불교의 수행법. 본문 여러 곳 참조.

면서 보냈다. 그의 논서는 석학들도 상찬하는 뛰어난 저술이다. 그러나 이때는 이미 주요한 제자들에게 직접 설법은 하지 않았다. 쉼 없이 정진하는 그에게 수행이 언제 끝나느냐고 동생이 묻자 "내가 온전한 깨달음에 이르면 끝난다"고 대답했다.

두좀 린포체 직달 예셰 도르제(1904~1987)

띠송 데첸 왕(7세기)의 직계 자손인 그는 특이하게도 자신의 전생(前生)의 존재, 즉 자신이 그 환생으로 태어나게 될 사람이 아직 살아 있는 동안에 태어났다. 그 사람은 죽기 전에 자신의 조력자들에게, 자신의 환생으로 태어난 아이가 어느 곳에 있을 것이라는 정확한 지침을 주었다. 그 조력자들이 아이를 찾기 위해 그 장소에 갔을 때 이미 3세였던 아이는 그들을 알아보고 이름을 불렀다.

14세부터 그는 '보장 모음' 내용을 공적으로 전수하였다. 이 전수는 여러 달이나 걸리는 긴 작업이었다. 그 자신이 보장들의 발견자로서, 빠른 시간 내에 석학으로 또 비범한 정신적 지도자로 유명해졌다. 그가 지은 책들과 그가 전해 오는 글들을 모아서 집대성한 책이 25권에 이른다. 게다가 그는 티베트불교 닝마빠의 최고 지도자 역할도 맡았다. 이렇게 영향력 있는 티베트불교 지도자로서 특기 사항은 말년을 프랑스의 도르도뉴 지방에서 보내다가 1987년 1월에 작고했다는 것이다.

디궁 꾀빠 직뗀 곤뽀(1143-1217)

'린첸 팔' 혹은 '직뗀 숨곤'이라는 이름으로도 알려진 인물. 티베트 동부에서 태어나 아주 어려서부터 비범한 면모를 보였다. 8세에 명상하다가 윤회와 열반의 모든 현상이 거울에 비친 모습처럼 실체 없는 외양일 뿐임을 보았다.

수많은 사람이 그를 보러 와서 가르침을 들었다. 어느 날 그는 팍모 둡빠의 이름을 듣고 그가 자기의 스승임을 곧바로 알았다. 그 길로 티베트 중부 지방까지 길고도 험한 여정을 거쳐 그 스승을 만나러 가서 스승 곁에 2년 반 동안 머물렀다. 스승은 그에게 가르칠 수 있는 것은 전부 가르쳤으며 그를 자신의 계승자로 지명했다. 팍모 둡빠가 세상을 떠나자 그 자리에 있던 모든 제자의 눈에, 고인의 심장에서 빛나는 바즈라[金剛] 혹은 금강석 같이 단단한 왕홀(王笏)이 생겨났다가 디궁 꾀빠의 심장에 들어가서 녹는 모습이 보였다. 이에 디궁 꾀빠는 가진 것을 모두 보시하고 집을 떠나 7년 간 한 동굴에서 정진했다. 나중에 그는 디궁 장추블링 수도원을 세웠다. 이는 디궁 까규빠의 가장 큰 수도원이었다. 그는 이곳에서 제자들을 가르치며 여생을 보냈다.

딜고 켄체 린포체(1910~1991)

오직 티베트에서만 교육받고 수행한 티베트의 정신적 스승 세대를 마지막으로 대표하는 인물. 그는 티베트에서 은거 수행처에 머물며 22년을 보냈다.

'족첸'의 가르침을 전하는 주요한 스승 중 하나인 파드마삼바바가 여러 곳에 숨겨 놓은 보장을 발견한 사람이기도 하다. 비분파 운동의 대표자로서 불교의 각 계파의 교설을 전하는 데 뛰어난 능력을 발휘한 것으로 유명하다. 우리 시대의 라마들 중 그의 가르침을 받지 않은 이가 거의 없다. 그리고 그의 가르침을 받은 티베트 라마들 – 현재의 제14대 달라이 라마도 그중 하나 – 은 그를 대단한 스승으로 추앙한다. 켄체 린포체는 그 기념비적 존재와 단순성, 존엄성, 유머 감각을 통해 사람들에게 끊임없이 영감을 준 인물이다.

그는 1910년에 티베트 동부의 덴콕 골짜기에서 태어났다. 아버지는 그 지방의 고위 관리였다. 어린 나이에 그는 수행 생활에 온전히 헌신하고 싶다는 마음을 표현했다. 아들이 다른 방향으로 잘되기를 바랐던 아버지는 출가를 결사반대했다. 그러나 아들의 신변에 대한 걱정 때문에 고집을 꺾을 수밖에 없었다. 그가 존경하던 라마승들이 아들이 출가하지 않으면 단명할 거라고 예언한 것이다.

딜고 켄체 린포체는 11세에 스승 셰첸 걀삽 뻬마 남걀(457쪽 참조)을 만났다. 스승은 그를 보고 첫 켄체 린포체*인 잠양 켄체 왕뽀 린포체(1830~1892)의 지혜가 환생한 존재임을 알아보았다. 그는 또 다른 큰스승 50여 명 밑에서도 공부를 했다.

15세부터 28세까지는 거의 동굴이나 산중의 외딴 은거 수행처처럼 고요한 곳에서 명상하면서 대부분의 시간을 보냈다. 때로는 노천의 튀어

---

* '켄체'란 법맥을 말하고, '린포체'는 주로 환생 라마에게 붙이는 존칭어다. – 옮긴이 주

나온 바위 절벽 아래에서 명상하기도 했다. 그러다가 종사르 켄체 최키 로되(1896~1959) 문하에서 몇 년을 보냈는데, 이 스승 역시 첫 켄체 린포체의 환생이었다. 이 스승에게 많은 가르침을 받은 후 그는 남은 생은 홀로 명상에만 전념하고 싶다고 말했다. 그러나 스승은 "네가 받은 소중한 가르침을 남들에게 전할 때가 왔다"고 말했다. 그때부터 딜고 켄체 린포체는 앞선 두 명의 '켄체 린포체'가 그러했듯이 지칠 줄 모르는 불굴의 힘을 발휘해 중생을 이롭게 하는 일에 힘썼다.

중국의 침공 후 티베트 땅을 떠난 그는 히말라야, 인도, 동남아시아, 서양 곳곳을 다니면서 수많은 제자에게 법을 전하였다.

거처가 어느 곳이든 상관없이, 새벽 동이 트기 전에 일어나 몇 시간 동안 기도하고 명상한 뒤에 밤늦도록 이어지는 여러 활동에 전념했다. 날마다 놀라울 만큼 많은 일을 아주 고요하고 침착하게 해치우곤 했는데, 겉으로는 아무런 노력이 들지 않는 것만 같았다.

또 부탄, 티베트, 인도, 네팔의 여러 탑, 사원, 수도원을 꾸준히 세우고 보수했다. 특히 그는 부탄 왕실을 비롯해 부탄 국민이 가장 존경하는 스승이 되었다. 말년에 티베트에는 세 번 갔는데, 갈 때마다 200여 사원, 수도원의 개보수에 동참했다. 특히 삼예 사원과 민돌링 사원의 개축에 동참했다.

네팔에서는 자신의 새로운 거처에 셰첸 수도원의 풍요로운 전통을 이식했다. 중국이 티베트의 서적과 도서관을 체계적으로 파괴한 후 단 한두 권만 남게 된 서적이 많다. 린포체는 몇 년 동안 티베트불교 교설의 비범한 유산 중에 골라, 능력 닿는 대로 책으로 간행하는 일에 전념했다.

1975년에는 처음으로 서양에 갔고, 그 뒤로는 일정 시간 간격을 두고 다시 방문했다. 그는 여러 나라, 특히 프랑스에서 설법했고 서양을 찾을 때는 프랑스의 도르도뉴 지방에 거처를 잡았다.

1991년 그에게 첫 병마의 징후가 나타났다. 석 달 반 동안 마지막 은거 수행을 마친 뒤 그는 몇몇 제자들을 방문했는데 제자들도 은거 수행처에 있었다. 제자들을 찾아간 목적은 그들에게 태어남과 죽음, 겉으로 나타난 일체의 모습을 뛰어넘는 궁극적 스승에 대해 이야기해 주려는 것이었다. 그리고 얼마 후, 병의 새로운 징후가 나타났다. 1991년 9월 27일 황혼 무렵, 그는 시봉하는 사람들에게 자신을 똑바로 앉혀 달라고 부탁했다. 다음 날 새벽에 그는 호흡을 멈추었고 그의 마음은 절대 허공으로 녹아들었다.

그가 저술한 글을 수록해 묶은 전집은 모두 25권이며 내용은 명상에 관한 설법, 주석들, 그리고 명상 시편들이다.

라뜨나 링빠(1403~1478)

파드마삼바바의 숨겨 놓은 보장을 발견한 닝마빠의 스승. 티베트 남부 로닥에서 태어나 아무 노력 없이도 무엇이든 다 깨치는 신동으로 인정받았다. 10세에 명상 중 파드마삼바바를 보는 체험을 했다. 30세부터는 티베트 남부 지방 전역에 감추어진 파드마삼바바의 보장들을 25개나 찾아냈다.

그가 설법하거나 수행할 때면 그의 몸을 둘러싸고 특별한 표징이 나타났다고 한다.

그는 닝마빠 전통의 탄트라를 전 42권으로 집대성했는데, 지금은 찾을 수 없는 저작이지만 추후 이와 같은 방식으로 집대성을 하는 데에 토대가 되는 작업이었다.

그의 정신적 계보는 본인의 자녀들 그리고 제6대 까르마빠 등 당대의 큰스승들에 의해 계승되었다.

라쉰 남카 직메(1597~1650)

티베트 남부에서 태어난 티베트불교의 큰스승이며 숨겨져 있던 보장의 발견자이다. 그는 '족첸' 수행에 통달한 스승 밑에서 17년간 공부하고 그 뒤엔 티베트 동부와 서부의 오지 중에서도 가장 외딴 곳에서 몇 년간 명상하며 스승 밑에서 증득한 바를 더욱 갈고 닦았다. 이렇게 오지에 들어가 수행할 때 숨겨진 보장들을 찾아내 세상에 드러냈다. 그 보장 중 가장 잘 알려진 것이 『금강석같이 굳은 정수의 구름에 대한 자발적 계송』이다.

랑리 탕빠(1054~1123)

까담빠의 유명한 스승으로, 가장 잘 알려진 저술은 『마음 수련에 관한 8절(八節)』이다. 지금도 티베트불교의 모든 종파에서 이 책의 내용을 실천하고 있다.

그가 태어나고 또 태어나는 덧없는 세상에 가득 찬 중생의 끝없는 고통을 생각하면서 대비심(大悲心)을 보인 일화는 유명하다. 이때 그의 태도는 수행 초심자들이 윤회하는 삶의 불완전함에 대해 깊이 숙고하는 전범으로 삼을 만큼 심오했다. 이러한 특성 때문에 그는 '비통한 얼굴'이라는 별칭을 지니게 되었다. 결코 웃는 모습을 보이는 법이 없었다고 하는데, 단 한 번 예외가 있었다. 그의 제단에 놓였던 터키옥(玉)을 생쥐가 가져가려 하는 모습을 보았을 때라고 한다. 결국 그 보석을 옮길 힘이 없던 생쥐는 다른 생쥐를 불러왔고, 그는 생쥐 두 마리가 터키옥을 옮기느라 끙끙대는 모습을 보며 웃음을 터뜨렸다고 한다.

롱첸 랍잠(롱첸빠, 1308~1363)

닝마빠의 가장 뛰어난 스승이며 주석가. 경전과 탄트라의 모든 교설, 특히 '족첸'의 가르침에 관한 저술 250여 권을 남겼으며 역사와 문학 등 세속의 주제를 다룬 저술도 있다. 가장 중요한 저작 중에는 『마음의 네 가지 정수』 『일곱 보물』 『쉼(休) 삼부작』 등이 있다.

가장 훌륭한 스승들 문하에서 공부하여 모든 가르침을 완벽하게 터득하였다. 더없이 엄혹한 조건에서 수년간 명상 수행하는 동안, 배운 바를 내적으로 체득하였다. 낡은 부대 하나를 의복 겸 요 겸 명상용 방석으로 삼고 그 외 아무것도 지닌 것이 없었다. 사람이 이를 수 있는 가장 높은 경지의 깨달음에 이르렀다. 그의 수행 편력(遍歷)과 명상 체험과 저술을 목록으로 작성한다면 끝이 없을 것이다.

그가 티베트불교에 기여한 바는 주로 닝마빠의 교설과 수행 전체를 집대성하고 조직화하고 체계화한 것, 특히 '족첸'의 교설을 그 누구보다도 명확하게 밝혔다는 것이다.

리진 직메 링빠(1729~1798)

닝마빠의 가장 훌륭한 스승이자 문인이며 숨겨진 정신적 보물의 발견자이다. 아주 어려서 과거 생들을 다 기억했다. 6세에 수행자로 살겠다는 원을 세우고 많은 가르침과 전수된 교설을 받아들이기 시작했다. 13세에는 평생의 스승이 될 리진 툭촉 도르제를 만났다.

26세에 길게 은거에 들어가 이 기간에 롱첸빠의 『일곱 가지 보장』을 공부하고 이 스승에게 대단한 신심을 느꼈다. 두 번째 은거 수행하는 동안 롱첸빠의 모습이 그의 눈앞에 나타났다. 그러자 직메 링빠는 '불멸의 핵심의 정수'의 의미를 깨달았다. 이 '불멸의 핵심의 정수'란 파드마삼바바가 숨겨 둔 보장 중에서도 그가 깨달아 밝히기 직전에 있던 주요한 보장이었으며, 이후로 닝마빠가 가장 중심으로 삼아 수행하는 핵심 가르침이 된다. 그는 이 가르침을 널리 펴고 체링 종 수도원을 세우고 수많은 주제에 관해 저술했다. 그는 종교적인 것과 세속적인 주제를 망라해서 다루었는데, 특히 『소중한 품성의 보물』*이라는 책은 닝마빠의 점수(漸修)에 관해 운문으로 쓴 뛰어난 글이며 이 글에 대해 스스로가 달아 놓은 주석의 글 두 편이

---

* 파드마까라 출판사에서 이 제목으로 2009년에 출간되었다.

함께 있다.

마찍 랍된(1055~1153)

티베트불교의 대표적 큰스승들 중에 여성으로서 가장 잘 알려진 인물, 매우 일찍이 불교에 관심을 갖게 되어 주요한 두 스승 – 담빠 상계, 소남 닥빠를 만났다. 이들은 가르침을 머리로 이해하는 것보다 수행을 통해 그 의미를 내면화하는 것이 중요하다고 강조했다. 이리하여 마찍 랍된은 스승들이 전해 준 가르침을 내적으로 증득하기에 이르렀다.

근 100년에 이르는 긴 삶의 여정 중 젊었을 때는 우선 여성 요가 수행자로 살며 인도의 요가 수행자와 결혼하여 다섯 자녀를 두었다. 그 뒤에는 수도원에 들어가 본격적으로 수행 생활을 하였다. 마침내는 장리 캉마르에 있는 한 동굴에 자리 잡았고, 그녀를 중심으로 한 수행 공동체가 형성되었다.

티베트불교의 모든 종파에 큰 영향을 준 많은 가르침과 수행의 창시자로서, 특히 '쬐' 수행을 만들어 냈다. 이는 자아에 대한 집착을 끊어 내는 수행인데 그녀는 이 수행을 위해 음악적 선율까지 지어냈으며 이 수행법은 아직도 티베트불교의 모든 전통에서 행해지고 있다.

미팜 린포체(1846~1912)

다른 이름으로 미팜 촐레 남걀 혹은 잠펠 계뻬 도르제라고도 불린다. 티베트 동부 짜추카 출신으로 아주 어린 나이에 드물게 뛰어난 품성을 보였다. 6세에 책들을 몽땅 외우고 10세에는 이미 저명한 저자가 되었다. 여러 차례 은거 수행을 하였고 증득의 징표도 숱하게 보였다.

잠괸 콩툴 로되 타예, 잠양 켄체 왕뽀와 매우 가까웠으며 이들의 격려를 받아 뛰어난 논서와 주석서를 저술하였다. 그의 저술의 내용은 특히 닝마빠의 철학과 수행에 관한 것뿐만 아니라 경전과 칼라차크라 수행에서 나온 가르침도 담고 있다. 편향 없는 절충적 정신의 소유자로서 의학, 그림, 점성술, 문법, 시 등 다양한 주제에 관해서도 글을 썼다. 그의 전집은 총 27권에 달한다.

빠뚤 린포체(1808~1887)

티베트 동부 출신의 이름 높은 닝마빠 스승. 특히 비분파 운동에 헌신했으며 대비심이 지극하고, 단순 소박한 삶을 살았던 인물로 널리 알려졌다. 족첸 수도원 연구소에 몇 년 살았던 기간을 제외하면 주로 동굴, 숲, 외딴 곳의 은거 수행처에서 살았다. 여행할 때는 신분을 드러내지 않고 유목민 복장을 걸치고 이동했다.

젊었을 때 기본이 되는 저작들을 대부분 다 암기했고, 심지어 롱첸빠의 『일곱 가지 보물』이라는 두꺼운 책 내용도 외웠다고 한다. 그래서 아무리 복잡한 주제에 관해서도 어떤 문서의 도움도 없이 머릿속에 암기한 내용만으로 몇 달 동안 발표를 할 수 있었다. 그가 세상을 떠날 때 지닌 것이라고는 샨띠데바의 『입보리행론』 한 권과 탁발용 발우 하나가 전부였다고 한다.

어린 시절부터 총명한 지성과 선한 품성 그리고 남다른 지적 능력을 보였다. 그는 샨띠데바 등 여러 큰스승들의 환생으로 인정받았다. 그리고 그의 전생에 해당하는 스승이 세운 수도원의 원장에 추대되었다. 그 직후 그는 일생의 스승이 될 직메 걀웨 뉴구를 만난다. 이 스승은 수년간 자말룽 계곡 오지의 만년설이 쌓인 외딴 곳에서 홀로 명상 수행을 하였다. 수행처를 찾아 든 그가 발걸음을 멈춘 곳은 바람이 몰아치는 산비탈이었고, 거기엔 동굴 하나 없었다. 그는 땅이 움푹 꺼진 곳을 거처로 정하고 산에 자라는 잡초로 연명하며 살아남았다. 시간이 가면서 이 주목할 만한 금욕 수행자의 명성은 멀리까지 퍼졌다. 수백 명이 제자가 되겠다고 모여들어 그의 거처에 천막을 치고 자리를 잡았다.

빠뚤 린포체는 직메 걀웨 뉴구 말고도 당대의 손꼽히는 라마들을 대부분 만나 그들과 함께 공부하였다.

수도원 책임을 맡고 있던 전임자의 조카가 죽자 빠뚤 린포체는 여생을 거처도 재산도 없이 지내기로 결심했다. 수도원 일을 정리하고 그는 홀쩍 떠나 유랑에 들어갔다.

족첸 수도원 부근의 가파른 산과 숲 우거진 계곡에는 빠뚤 린포체가 초년에 자주 들렀고 말년에 다시 찾던 은거 수행처들이 곳곳에 있다. 그는 많은 저서를 남겼는데 그중에는 유명한 『쿤짱 라메 셸룽』*도 있다. 그는 강도들에겐 강도짓을 그만두라고 하고, 사냥꾼에게는 살생하지 말라고 설득하기도 했다.

그가 설법을 하면 듣는 모든 이의 마음이 편안해지고 마치 명상에 깊이 잠긴 듯, 앉아 있어도 전혀 힘들지 않았다고 한다. 사람들은 그의 입에서 나온 단순한 말 몇 마디만으로도 수행 생활에 관한 새로운 직관들이 샘솟았다고 한다. 그는 설법할 때 정곡을 찌르는 표현을 썼으며, 그의 설법을 들은 사람들은 바로 그것을 개인 삶에 적용할 수 있었다. 폭넓은 지식, 따스한 축복, 내면적 깨달음의 심오함을 갖춘 그의 설법은 둘도 없는 훌륭한 내용이었다.

그와 짧은 시간이라도 함께 보낸 사람들은 누구나 그가 오직 다르마에 관해서만 이야기했다고 술회했다. 그는 설법 시 과거의 큰스승들의 삶에 대해 얘기하곤 했지만 세상사에 대한 잡다한 이야기로 넘어간 적은 한 번도 없다고 한다. 어쨌든 그는 말이 별로 없었고 일단 말을 하면 가능한 한 직설적인 방식으로 이야기했기 때문에, 때로 아첨을 좋아하는 사람들 입장에서는 귀에 거슬리기도 했다고 한다. 그와 함께 자리하는 사람들에게는 우선 두려움과 존경심이 들었고, 그의 조언을 진정 필요로 하는 사람들만이 그에게 다가갈 용기를 낼 수 있었다. 그러나 그를 자주 접한 사람들이라면 누구나 도저히 그의 곁을 떠날 수 없었다고 한다.

그를 시봉했던 소남 체링은 스승의 마지막 모습을 이렇게 그린다.

---

* 프랑스어로 번역된 책 제목은 『대원만의 길』(파드마까라 출판사, 1997년 2판 인쇄). 한국에서는 『위대한 스승의 가르침』이라는 제목으로 번역되었다. – 옮긴이 주

"햇살이 퍼지기 시작하면 스승님은 옷을 벗고, 금강좌 자세로 다리를 꼬고 똑바로 앉아 양손을 양 무릎 위에 놓았습니다. 잠시 후에는 똑바로 앞을 바라보며 양손의 손가락을 서로 부딪쳐 딱 소리를 내고, 두 손으로 평등 수인을 짓고 원초의 순수함으로 빛나는 내면의 너른 공간에 들어갔는데, 그 상태는 죽음의 완벽한 승화라 할 수 있었습니다."

뻬마 링빠(파드마 링빠, 1450~1521)

롱첸 랍잠의 환생으로 여겨진 그는 부탄의 역사상 가장 영향력 있는 스승 중 하나로 꼽힌다. 그는 부탄에 수많은 사찰과 수행 공동체를 세웠고 파드마삼바바의 보장 30여 개를 찾아 널리 알렸다.

당시의 사람들은 그가 보장을 찾았다는 것이 혹시 거짓이 아닌지 의심했고, 심지어 그를 사기꾼 취급하는 사람들까지 있었다. 어느 날 그가 강물이 흘러가며 움푹 패인 지형을 이룬 곳에서 보장을 찾아내려 한다는 소문이 돌았다. 그 지방을 다스리는 군수가 혹시 뻬마 링빠가 이 일을 신비화하지 않을까 생각하여 증인으로 사람들을 잔뜩 불러 모았다. 그리고 "만약 당신이 정말로 보장을 찾아 드러내 보인다면 내가 상을 내리겠소. 아니라면 내 지역에서 이런 속임수를 꾸민 데 대한 벌을 내릴 것이오"라고 말했다. 이에 뻬마 링빠는 대답하기를 만약 자기가 파드마삼바바의 보장을 정말로 찾아낸 사람이라면 횃불을 켜서 들고 물속에 잠겨 들어가 다시 나올 때 횃불이 여전히 타고 있을 것이라고 했다. 만약 거짓이라면 자기는 그대로 물에 빠져 죽으리라는 것이었다. 그는 횃불을 붙이고 물속으로 들어갔다. 시간이 지나자 사람들은 그가 죽었다며 울기 시작했다. 심지어 군수도 이런 큰일을 벌인 것을 부끄럽게 생각할 정도였다. 그러나 뻬마 링빠는 물에서 다시 나왔고, 한 손에 든 횃불은 여전히 활활 타오르고 있었다. 다른 한 손에는 작은 상과 함(函) 하나를 들고 있었다. 이날부터 아무도 뻬마 링빠를 의심하지 않았다. 이 일은 메바르초('타오르는 횃불의 호수'라는 뜻)라는 곳에서 일어났는데, 그 호수는 지금도 많은 사람이 순례하는 명소가 되었다. 뻬마 링빠는 수많은 제자를 두었으며 그의 명성은 부탄뿐만 아니라 티베트 전역까지 널리 퍼졌다.

사꺄 빤디따(1182~1251)

티베트불교의 가장 위대한 석학 중 한 사람으로 지혜를 상징하는 문수사리 보살의 화현으로 여겨진다. 그의 시대에 연구된 정신적·세속적 모든 분야 - 예술, 의학, 산스크리트, 그 밖의 외국어들 - 를 두루 섭렵하고 통달했다. 사꺄빠의 거목인 그는 문법, 논리학, 의학, 천문학 등 인도 전통 학문의 티베트 전수에 핵심 역할을 했다.

산스크리트로 된 방대한 경론을 번역했으며 스스로도 책 100권을 집필했다. 그중에 대표적인 것으로는 세 가지 서원에 대한 주요 설명이 있는데, 이 책은 티베트 문학에 지대한 영향을 미쳤고 이에 대한 주석서가 매우 많이 쓰였다.

워낙 법력이 뛰어나고 명성이 자자하여 몽골 황제 칭기즈칸의 손자인 고단 칸 황제가 그를 초청했다. 거절할 경우 티베트를 침공하겠다는 암암리의 위협이 내포된 초청이었다. 그는 고단 칸 황제에게 정신적 가르침을 베풀었을 뿐만 아니라 황제의 불치병까지 치료해 주어 황제의 스승이 된다. 그리하여 티베트를 외세의 침략에서 건져 내고 몽골과 중국에 가르침을 널리 폈다.

사꺄무니 붓다(기원전 5세기)

역사 속에 실존했던 붓다. 신이나 성인으로서가 아니라 더할 나위 없는 현자로 혹은 궁극의 진리를 깨달은 이[覺者]의 화현(化現)으로 추앙받는다. 널리 알려진 그의 생애를 간추려 보면 다음과 같다.

사꺄무니는 샤꺄 왕국의 수도 카필라바스투(현재의 인도와 네팔 국경에 위치했던 도시)에서 싯다르타 왕자로 태어났다. 아시따 선인(仙人)은 장차 이 아기가 위대한 제왕이 되거나 대단한 현자가 될 것이라고 예언했다. 젊은 시절에는 왕자로서 호사스러운 삶을 누렸다. 결혼하고 아들 라훌라도 얻었다. 29세에 병자, 노인, 죽은 사람, 고행하는 수행자를 보고 인간이라면 누구나 겪는 고통의 실체가 무엇인지를 확실히 알아차렸다. 그는 왕자의 지위를 버리고 정신적 추구의 길에 전념하기로 하고, 출가하여 떠돌며 걸식하는 삶을 이어 갔다.

그는 당대의 이름 높은 두 스승들 문하에 들어가 공부했지만 그들의 가르침으로 만족할 수 없었다. 그는 6년간 극한의 고행에 몰두했지만 몸을 혹사한다 하여 내면의 자유에 이를 수 있는 것이 아님을 확인했다. 고타마 싯다르타는 고행을 단념하고 나무 밑에 가서 앉았다(이 나무는 훗날 '깨달음의 나무'라 하여 '보리수'라는 이름을 얻게 된다. 이 장소는 오늘날 인도 비하르 주에 있는 도시 보드가야다). 위없는 깨달음에 이르기 전에는 그곳을 떠나지 않겠다는 서원을 세웠다. 마라*의 끈질긴 공격을 이겨 낸 어느 새벽, 그는 35세의 나이에 더할 나위 없는 깨달음에 이르러 '깨달은 이' 즉 붓다가 되었다.

사르나트의 녹야원에서 사성제에 관한 첫 법문을 하였다. 그에게 한 무리의 제자들이 모여들었고 제자의 수는 빠른 속도로 늘어났다. 이후로 붓다는 쉬지 않고 설법을 하였는데, 듣는 사람 중에는 일반인도 있었고 그의 설법에 감복하여 모든 것을 버리고 따르는 사람도 있었다.

81세에 붓다는 일체가 무상하다는 마지막 설법을 한 후, 고통을 여의고 열반에 들었다.

붓다의 말씀을 모아 티베트어로 번역하여 엮은 책을 '깡규르'라 하며 총 103권이다.

샨띠데바(685~763)

인도의 큰스승인 84인의 마하싯다 중 한 사람. 인도 서부의 왕실 가문에서 태어나 부친의 왕위 계승을 포기하고 나란다 불교대학에서 수행자로서 서원하고 그곳에서 숨은 석학이 되어 낮에는 잠을 자고 밤에는 일을 하면서 남모르게 논서 두 권을 지었다. 『대승집보살학론』과 『집경론』이다. 그의 동료들은 그를 무지하다고 여겨 마구 멸시했다. 또 어떤 사람들은 그

---

* 무명(無明) 그리고 자아에 대한 집착의 화현인 악마. 욕계 천상인 타화자재천에 거한다. - 옮긴이 주

를 지나치게 높은 자리에 앉혀 놓고 대중 강설을 하라고 재촉했다. 그 목
적은 오직 하나, 그를 우스운 존재로 만들어 나란다 대학에서 쫓아내려는
것이었다. 그런데 그의 강연을 들은 청중은 놀라서 입이 떡 벌어졌다. 그
강설의 내용이 바로 『입보리행론』이었다. 그의 주요 저작인 이 책은 훗날
티베트에서 주석이 가장 많이 달리고, 연구가 가장 많이 된 책이다.

그 후 샨띠데바는 수행자로 평생 살겠다는 서원을 접고 나란다 대학을
떠나 여기저기 떠도는 요가 수행자로 살아가면서 불교 아닌 외도 스승들
과 논쟁하고 기적을 비롯한 온갖 방편을 써서 중생을 제도했다.

샵까르(툭둑 랑꼴, 1781~1851)

티베트 동부 출신의 방랑 시인이자 요가 수행자. 닝마빠의 큰스승인
그는 정식 교육을 받지 못한 유목민 가정에서 태어나 성장했고, 시적으로
대단히 아름다운 게송을 통해 가르침을 베풀었다. 그의 게송은 지식이 아
니라 진정한 내적 체험에서 우러나온 시였다. 그래서 그는 밀라레빠와 비
슷한 점이 많으며 사람들은 그를 밀라레빠의 환생으로 여겼다.

겸손하고 연민심이 크기로 이름난 그는 티베트와 네팔 등 가는 곳마다
가축들을 일부러 사서 풀어 주었고, 주민들에게 동물을 사냥하지도 죽이
지도 말라고 설득했다. 그 자신이 라싸에 있는 유명한 조워 린포체 상(像)
앞에서 더 이상 육식을 하지 않겠다는 서원을 했는데, 이는 고기 이외의
다른 식품을 접하기 힘든 환경의 티베트인으로서는 극히 드문 일이었다.
여러 차례 그는 자기가 머무는 지역의 여러 부족이 서로 맞서 싸우는 치열

한 전투를 평정했다.

그는 계속 이리저리 옮겨 다녔고, 동굴에 들어가 살기도 했는데 특히 설산(雪山) 비탈에 있는 밀라레빠가 명상하던 여러 동굴에서 살았다. 결코 한곳에 오래 머무는 법이 없었는데, 코코노르 호수 한복판에 있는 섬 속의 은거 수행처에서는 5년이나 머물렀다. 이것이 가장 길게 머문 것이다.

그는 수많은 제자에게 종종 밀라레빠가 했던 것처럼 게송을 읊어 주었다. 그의 저작은 매우 심오한 가르침을 담은 14권의 전집으로 지극히 명료한 문체로 쓰였다.

셰첸 걀삽(1871-1926)

닝마빠의 대학자이자 정신적 스승으로, 티베트 동부에서 일어난 비분파 운동을 널리 전파한 2세대에 속한다. 이 운동의 목적은 각 종파의 가르침과 특성은 그대로 존중하되 그들을 갈라놓는 편파적 견해를 넘어서자는 것이었다. 이 운동을 처음 시작한 잠양 켄체 왕뽀, 잠괸 콩툴, 빠뚤 린포체, 미팜 린포체 등이 그의 스승이었다. 셰첸 테니 다겔링 수도원의 '걀삽(관리자라는 뜻)' 이름을 차례로 이어 받은 환생자들 중에 제4대로 공인받은 그는 아주 어린 나이에 바로 전 '걀삽'의 빈자리에 올랐다.

그는 매우 완벽히 공부했고 20여 년간 깨달음에 이르는 길의 모든 면을 다 실천했다. 그가 이 수행의 열매를 거두었을 때 티베트 사람들의 관용적 표현대로 '그의 지혜의 보물이 쏟아져 나왔다'. 그의 가르침이 워낙 수준 높다 보니 티베트 동부의 가장 훌륭한 스승들이 그의 제자로 배우려고 모여들었다.

그는 일생의 대부분을 셰첸 수도원 위의 산에 있는 은거 수행처에서 보냈고, 그곳에서 철학과 불교 수행의 다양한 측면에 관해 매우 명석하고도 심오한 주석서들을 집필했다.

그의 전집은 전 13권인데 티베트 문학 작품 중에서도 가장 다양한 글 모음으로 꼽힌다. 이 전집은 불교적인 주제뿐만 아니라 역사, 문법, 시, 점성술, 그 밖의 전통적 학문 분야도 망라한다.

소남 린첸 감뽀빠(1079~1153)

티베트 동부에서 태어난 그는 처음에 의사였고 결혼하여 두 자녀를 두었으나 전염병으로 가족이 모두 죽는 불행을 겪는다. 그는 빈사의 아내 곁에서 여생을 다르마에 바치겠다는 서원을 한다. 26세에 출가 수행자로 살겠다고 서원하고 까담빠 스승들 밑에서 불교 공부와 수행을 시작하지만 마음의 본성을 보는 깨달음에 이르지 못한다.

32세에 밀라레빠의 이름을 듣고 강한 신심이 나서 거의 의식을 잃을 지경이 된다. 곧바로 밀라레빠를 친견하고 그의 제자가 되어 금강승의 가르침을 받는다. 그 가르침을 10년간 실천 수행하여 수승한 증득에 이른다.

수많은 제자를 지도하는 일로 여생을 보내고 유언장이라고 할 만한 저서 『해탈의 소중한 장식』을 남겼다. 이 책에서 그는 까담빠 전통을 이은 점수의 길과 밀라레빠에게 전수받은 마하무드라 – 궁극적 실재의 위대한 인 – 에 관한 가르침을 결합시켰다. 수제자로 훗날 제1대 까르마빠가 된

두좀 켄빠(1110~1193)가 있다.

아상가(한역명 무착無着, 6세기)

대승불교 교설의 가장 중요한 해설자로 손꼽힌다. 동생인 바수반두(한역명 세친世親)와 함께 유식(唯識) 철학을 정립했다. 『미륵의 5대 가르침』이라는 책을 썼는데, 이 책은 무착이 미래 붓다인 미륵(彌勒)에게 받은 가르침을 수록했다고 하여 이 같은 제목이 붙었다. 그의 저서들은 특히 모든 존재에게 불성(佛性)이 있다고 보고 이 불성을 다룬 것이다. 티베트불교의 4대 종파인 닝마빠, 겔룩빠, 샤까빠, 까규빠의 가장 수준 높은 교학 과정에서 이 책의 내용을 가르친다. 이 책의 내용을 두고 붓다의 생각을 그대로 표현한 것이라고 보는 이들이 있는가 하면, 또 책 내용이 임시적인 의미나 해석의 여지가 있다고 보는 이들도 있다.

아티샤(일명 디빵까라 슈리냐나, 982~1054)

인도 벵갈 왕실 출신의 석학이자 걸출한 수행자. 초기에는 인도에서 금강승 스승들 문하에서 공부하다가 수마트라로 가서 12년간 스승 곁에 머물렀다. 이때 스승에게 보리심과 마음 닦는 법을 배워 자신의 수행 생활의 핵심으로 삼았고, 훗날에는 이를 핵심으로 한 가르침을 베풀었다.

1040년 티베트 왕의 초청을 받아 티베트에 가서, 불법 전파의 제2기

*에서 핵심적인 역할을 하며 여생을 보냈다. 특히 마음 닦는 법에 대한 가르침을 널리 전했다. 그는 출가 비구들의 수행 생활이 규율을 엄격히 지키던 예전 모습으로 돌아가야 한다고 주장했다. 그가 저술하거나 번역한 책만 200권이 넘는다. 가장 유명한 저서는 『보리도등론(菩提道燈論)』으로, 티베트불교 겔룩빠의 차제적 수행[漸修]의 연원이 되었다. 그의 수제자는 티베트불교 까담빠를 세운 돔뙨빠이다.

용게이 밍규르 린포체(1975~)

직메 켄체 린포체와 마찬가지로 용게이 밍규르 린포체도 '툴쿠' 세대에 속해 있다. 툴쿠란 과거의 티베트 스승들의 환생이라고 인정받은 존재들을 말하며, 중국의 티베트 침공으로 그 이후에는 모두 티베트 밖으로 망명하여 교육 받았다. 그는 네팔에서 태어났고 툴쿠 우르겐 린포체의 아들이다. 인생 대부분을 은거 수행처에서 보낸 수승한 명상 수행자인 그는 3세에 용게이 밍규르 도르제 – 파드마삼바바가 숨겨 놓은 보장을 발견한 사람 – 의 환생이자 깡규르 린포체(437쪽 참조)의 환생으로 공인받았다.

그는 아주 어린 나이에 이미 명상하는 삶에 마음이 이끌렸고, 13세엔 자진해서 3년씩 두 번의 은거 수행을 했다. 특유의 유머 감각과 더불어 가장 난해한 불교 개념도 단순하고 적확하게 가르치는 능력으로 그의 세대

---

* 티베트에서 말하는 재전법륜 시기. 티베트인은 불법 전파의 시기를 부처님의 최초 설법인 초전법륜(初轉法輪), 그다음 재전(再轉)법륜, 삼전(三轉)법륜, 이렇게 세 시기로 나눈다. – 옮긴이 주

사람들이 가장 높이 평가하는 스승이 되었다. 지금 그는 전 세계에서 초청을 받고 있으며 두 권의 저서를 냈다. 그중 첫 번째 책은 자신의 개인사를 술회한 책이다.*

그의 특징 중 하나는 어린 나이에 현대 과학에 관심을 가졌다는 것이다. 그중에서도 뇌과학에 특별한 관심을 기울여 2002년부터 앙투안 뤼츠 등 저명한 연구자들이 이끄는 실험에 동참하는 등 적극적으로 협력했다. 뤼츠의 연구 목표는 명상 수행이 뇌 기능에 미치는 영향을 결정적으로 밝혀내는 것이었다. 숙련된 명상 수행자 여러 명과 용게이 밍규르 린포체 자신이 이 실험에 참여해 얻어낸 결과를 바탕으로 세계적 뇌과학자 리처드 데이빗슨은 "우리도 기대하지 못했던 획기적인 결과를 얻었다"**고 말했다.

잠괸 콩튤 로되 타예(1813~1899)

티베트 동부의 '뵌뽀'*** 전통의 가문에서 태어난 그는 자라면서 불교 교육을 받았다. 어린 시절부터 비범한 모습을 보였고 열린 마음의 소유자였던 그는 모든 학파의 스승들 밑에서 공부하여, 총명한 지성 덕분에 빠른

속도로 숱한 가르침의 내용을 터득했다. 그중에는 의학 공부도 있었다. 그는 글 쓰고 명상하고 가르치며 일생을 보냈다. 겸손한 성품으로 높은 지위에 올라도 하인을 두지 않았다고 한다.

그가 불교에 주로 기여한 바는 잠양 켄체 왕뽀 - 그는 그의 스승이자 제자였다 - 와 함께 했던 비분파 운동(457쪽 '셰첸 걀삽' 소개 참조)이다.

엄청난 박식함으로 많은 저서를 남겼는데 그중에서도 『다섯 가지 위대한 보물』은 90여 권의 진정한 불교 백과사전이라 할 만한 저술이다. 티베트의 주류, 비주류 계보를 총망라하여 주요한 가르침의 내용을 집대성한 책이다.

제5대 달라이 라마(아왕 롭짱 갸초, 1617~1682, 별칭은 '위대한 5대')

걸출한 정신적 스승이었을 뿐만 아니라 명철한 지도자이기도 했다. 몽골의 수장인 구시리 칸의 스승이 되어 왕을 도와 티베트의 여러 지역을 통일하였다. 역대 티베트 달라이 라마 중에서 가장 큰 정치력을 행사한 사람이다. 그가 정비한 티베트의 행정 체제는 1959년 중국이 티베트를 침공하던 시기까지 거의 그대로 유지되고 있었다.

1645년 송첸 감뽀 왕(609 혹은 613~650)이 왕궁을 세웠던 라싸의 언덕에 거대한 포탈라 궁을 신축했고, 이곳은 티베트 정부의 중심지가 되었다. 그는 착포리 의술학교도 창립했다. 이 학교는 1959년 티베트를 침공한 중국 군대에 의해 없어질 때까지 매우 활발하게 운영되었다. 예지력을 지닌 스승이었던 그는 불교의 다른 종파들에게도 치우침 없는 공평한 태도를 보였다.

제7대 달라이 라마(껠상 가초, 1708~1757)

학식 높은 선비이자 시인이자 명상가로서, 그의 단순하고 소박한 삶은 동시대 사람들에게 큰 울림을 주었다. 전임 달라이 라마인 제6대 달라이 라마 창양 가초의 유명한 다음과 같은 예언 시 덕분에 그의 탄생지가 사람들에게 알려졌다.

흰 황새, 아름다운 새야,
네 날개를 빌려다오!
나 멀리 가지 않으리.
언젠가 돌아오리,
리탕 가는 길로.

몽골과 만주의 분쟁으로 인해 정치적인 힘을 상실했지만, 그는 수행에 전념하고 탄트라에 관한 주석서를 집필했다. 라싸로 돌아올 수 있게 되자 그는 현재 티베트 정부의 국무회의에 해당하는 '까샥'을 창설했다.

제14대 달라이 라마(뗀진 가초, 1935~)

현재의 달라이 라마인 그는 1935년에 태어나 2세 때 제13대 달라이 라마 툽텐 가초의 계승자로 인정받았다. 티베트의 포탈라 궁에 살다가 24세 때 중국이 침공하여 라싸에서 큰 저항이 일어나자 모국 땅을 떠나야만 했다.

인도에 정착한 그는 다람살라에 자리 잡자마자 티베트의 정신적·문화적 유산을 보존하는 일에 힘을 쏟았다. 티베트불교의 모든 전통으로부터 보편적 존경을 받는 그는 큰 통합자로서 티베트불교 모든 종파의 교설을 실천하고 전파하는 데 힘쓰고 있다. 특히 이타적 자애심과 연민의 중요성을 강조하며, 종종 '선한 마음, 그것이 나의 종교'라고 선언한다. 전 세계에 티베트의 대의명분을 대변하는 그는 자신의 현실 참여를 '정의를 위한 싸움'이라고 표현한다. 티베트 망명 정부 내에 민주적 체제를 적극 도입했다.

30년 전부터는 과학 분야의 전문가들과 많은 대화를 통해 신경과학 연구 프로그램을 만들었다. 이 프로그램들의 목적은 수행이 뇌에 미치는 영향을 단기적·장기적으로 연구하는 것이다.

온 세계에 평화와 우애, 보편적 책임 의식과 비폭력 정신을 고취시키고자 하는 꾸준한 노력으로 1989년 노벨평화상을 받았다. 스스로 '소박한 불교 승려일 뿐'이라고 자처한다.

젯쭌 밀라레빠(1040~1123)

티베트의 걸출한 수행자 중에서도 가장 이름난 수행자이자 시인. 까규빠의 창시자인 '역경사 마르빠'*의 수제자였다.

---

* 마르빠(1012~1097)는 티베트불교 까규빠의 큰스승으로, 11세기에 티베트 제2차 불교 전파(사르마

티베트 서부, 네팔 부근에서 태어났다. 아버지는 그가 7세 때 세상을 떠났고 집안의 재산을 관리하게 된 친척들은 그와 그의 어머니, 누이를 학대했다. 절망한 어머니는 그들에게 복수하려고 아들을 멀리 보내 흑마술(黑魔術)을 공부시켰다.

마술을 전수받은 밀라레빠는 친척들을 무려 35명이나 죽게 만들었고, 그 다음에는 우박 폭풍을 일으켜 추수할 곡식을 모두 망쳐 놓았다. 그러나 그는 금방 자신의 행위를 후회했다. 삶의 의욕을 잃고 그가 쌓은 악업을 씻도록 도와줄 불교 스승을 찾다가 닝마빠 스승의 제자가 되었다. 스승은 그가 마르빠와 인척 관계라는 것을 알고 그를 찾아가 만나도록 했다. 마르빠는 목숨을 걸고 인도에 가서 인도의 큰스승 나로빠의 가르침을 티베트에 들여와 그것을 번역한 인물이었다. 나로빠가 가르친 내용은 인도의 현자 틸로빠에게서 전수받은 것이었다.

마르빠는 자기를 만나러 온 청년 밀라레빠가 비범한 인물이며 자신의 후계자가 될 것임을 직감으로 알아차렸다. 하지만 겉으로는 전혀 티를 내지 않았으며 밀라레빠가 예전에 저지른 악행을 알고 있었기에 우선 밀라레빠의 의지를 시험해 보고 과거의 죄업을 씻어 내는 일에 집중했다. 밀라레빠로 하여금 차츰 가르침과 수행을 받아들일 준비를 시키기 위해 6년간 매우 힘든 시련을 거치게 했다. 그 후에는 자신이 배운 가르침의 내용을 모두 그에게 전수하고 그를 외딴 산중으로 보내 수행하게 했다.

여러 해 동안 밀라레빠는 아무것도 없는 곳에서 수행하면서 가벼운

빠)에 큰 역할을 하였다. 산스크리트로 된 많은 불교 경전을 티베트어로 번역한 공헌으로 '역경사 마르빠'라 불린다.

무명옷 한 벌만 걸치고(그의 이름 '밀라레빠'는 '무명옷을 입은 밀라'라는 뜻이다), 야생 쐐기풀만 먹으며 지냈다. 밀라레빠 자신의 말로도 그렇게 연명하다 보니 온몸이 시퍼런 색으로 변했다고 한다(그를 그린 그림 몇 점도 몸이 그런 색을 띠고 있다).

그는 한 생에 깨달음에 이르렀고, 수많은 제자를 가르쳤으며 운문으로 된 게송으로 널리 알려졌다. 그의 게송은 나중에 『밀라레빠 십만 송』이라는 제목으로 묶여 나왔다. 그의 제자 중 가장 잘 알려진 인물로는 그의 계보를 이은 수행승 감뽀빠(458쪽 참조), 제자이면서 밀라레빠에게 여러 가르침을 전했고 재가(在家) 수행자의 전통을 이은 레충빠 등이 있다.

젯쭌 타라나타(1575~1634 혹은 1635)

조낭빠 – 지금은 사라진 티베트불교 종파 – 의 스승. 당대의 가장 뛰어난 문인이자 역사학자이자 수행자로 꼽힌다. 1세에 "나는 꾼가 될촉의 환생이다!"라고 큰소리로 외쳤다고 한다. 4세에는 스승 꾼가 될촉의 환생자로 공식적으로 인정받아 스승이 주석하던 수도원에 들어갔다.

티베트 라마들뿐만 아니라 티베트에 온 인도 스승과 석학들에게 엄청나게 많은 가르침을 받았다. 저술 활동도 왕성하게 하여 다양한 주제(의학, 천문학, 명상, 탄트라, 철학, 역사, 산스크리트)에 관해 책을 20여 권이나 썼다. 조낭빠의 마지막이자 대표적인 사상가로서 조낭빠 전통을 복원하는 일에 힘을 쏟았으며 특히 공성에 관한 조낭빠의 철학적 입장을 옹호하였다. 또 위대한 번역가였으며, 그가 번역한 여러 글이 '깡규르' – 붓다의 교설을 티베트어로 번역한 글 모음 - 에 수록되었다. 말년의 스무 해를 몽골의 칼카 족이 사는 곳에서 지내며 불법을 전파하였다.

주르충 셰랍 탁빠(1014~1072)

닝마빠의 이름난 스승. 아주 어린 나이에 남달리 뛰어난 총명함을 보였다. 13세에 출가하여 붓다의 가르침에 입문했으며 10여 년간 밤낮으로 은거 수행을 하였다.

정신적 증득의 수준이 워낙 높아서 급속히 유명해졌으며 그래서 수많은 스승, 심지어 다른 종파의 스승들에게도 존경을 받았다. 그리고 내적인 깨달음에서 오는 놀라운 능력 때문에도 이름이 널리 알려졌다. 그는 자신이 증득한 바를 거의 매일 남들에게 표현했는데 이는 남들에게 자랑하기 위함이 아니라 신심을 불러일으키고 보다 효과적으로 법을 널리 펴기 위함이었다. 당대의 증언에 따르면 그는 허공으로 자유자재로 다닐 수 있고 하루에 세 차례나 멀리 떨어진 장소에서 설법할 수 있었다고 한다. 아주 짧은 기둥을 길게 늘이기도 했으며, 호수 위를 걷거나 자유자재로 바위를 투과할 수 있었다. 어느 날 그의 스승이 바위 위에서 춤을 추다가 그 바위에 발자국을 남겼다. 그는 스승에 대한 존경심으로 그 바위에 절을 하다가 머리 위로 틀어 올린 상투와 기다란 귀고리의 흔적을 바위에 남겼다.

그는 유언장에 해당하는 '개인적 조언 총 8장'*을 저술했다. 여기서 그

---

* 이 조언들은 영어로 번역돼 『주르충빠의 유언(*Zurchungpa's Testament*)』이라는 제목으로 파드마까라 번역

는 수행자가 직접 실참에 적용할 수 있는 구체적 표현을 통해 수행 -특히 '족첸' 수행-의 여정에서 제대로 진전을 보기 위한 핵심 주안점을 제시하고 있다.

직메 켄체 린포체(1964~)

깡규르 린포체의 차남으로, 켄체 최키 로되의 환생으로 인정받았다. 부친인 깡규르 린포체, 딜고 켄체 린포체, 두좀 린포체 등 동시대의 탁월한 스승들에게 교육받았다. 영어와 프랑스어를 자유롭게 구사하며 심오한 가르침과 겸손한 성품으로 존경받고 있다. 전 세계 5대륙을 꾸준히 다니며 제자들을 가르쳤다.

짜툴 아왕 뗀진 노르부(1867~1940)

닝마빠의 석학이자 요가 수행자. 티베트 남서부 출신으로 에베레스트 산 근처에 롱푸 도냑촐링 수도원을 세워 그곳에 주석하며 수많은 제자를 가르쳤다. 또 셰르파 지방에 여러 수도원을 창설했다. 명민한 지성과 대단한 힘으로 그 지방에서 유명해져 사람들은 그를 '롱푸의 붓다'라 불렀다. 1924년 에베레스트 첫 원정대원들은 그를 만나 대단한 인상을 받았고 그

위원회에서 출간됐다. 단행본으로는 미국 스노우라이언(Snow Lion) 출판사에서 2006년에 출간됐다.

뒤로 다른 원정대도 역시 그러하였다.

그의 저서들 중 몇 권은 중국의 티베트 침공 때 멸실되기도 했다. 지금까지 보존된 저서는 총 9권이다.

켄체 최키 로되(1893~1959)

티베트 동부 지역의 라마로서 당시의 티베트불교에 가장 큰 영향을 준 인물. 잠양 켄체 왕뽀의 환생으로 공인받은 그는 공부를 시작했던 카톡 수도원에서 어린 나이에 라마 지위에 올랐다. 15세에는 쫑사르 수도원에 원장으로 초빙되었다. 여러 종파의 많은 큰스승 문하에서 공부했다.

1955년, 중국의 침공이 빚은 분쟁으로 엄청난 파괴가 자행될 것임을 예감하고 쫑사르 수도원을 떠나 인도의 시킴 지방으로 피신하였다. 그곳에 거주하며 여생을 쉬지 않고 많은 교화를 베풀었다.

코닥빠 소남 걀첸(1170~1249)

사꺄빠의 스승. 티베트 서부의 딩리에서 태어나 다른 종파의 가르침도 받았다. 특히 유명한 벵갈 출신 스승 위부티찬드라의 가르침을 받았다. 카일라쉬 산기슭에서 5년간 명상 수행을 하고 나서 수승한 증득에 이르렀다.

그는 코닥 수도원을 창립하였다 하여 코닥빠라는 이름으로 널리 알려졌다. 특히 명상에 통달하고 수행 진전에 장애가 되는 요소들을 극복하는 방법을 터득한 것으로 잘 알려졌다. 이를 수많은 제자들이 배우려고 모여들었다.

정신적 성취를 읊은 게송으로 그는 수도원 외부의 티베트 지도자들, 모든 종파의 수행자들, 심지어 몽골의 왕실에까지 명성이 자자하게 되었다. 담백하고 간명한 그의 게송은 티베트에서 통상적으로 기준으로 삼는 인도의 시(詩) 작법 - 교과서에서 강제적으로 부과하던 전통적인 문학적 장식 - 과는 뚜렷이 구분되었다. 또 그가 일생의 대부분을 보낸 지역의 압도적이고 적막한 풍경에서 받은 느낌이 자유롭게 표현되어 있다. 그의 가장 유명한 제자 걀와 양곤빠는 둑빠 까규빠의 한 분파의 창시자로, 티베트 불교 전체에 대단한 영향을 끼쳤다.

탁빠 걀첸(1147~1216)

사꺄빠의 석학이자 큰스승. 어린 나이에 정신적으로 매우 성숙한 징조를 보였다. 여느 아이들과는 행동거지가 달랐는데, 음식이나 그 밖의 세속적 즐거움에는 전혀 집착하지 않았다. 겨우 걸음을 뗄 나이에 이미 외딴 곳에 머무르며 공부하는 것을 좋아했다.

8세에 수행자로 살겠다는 서원을 했고 12세에는 수많은 청중 앞에서 헤바즈라 탄트라를 주석하여 모두를 놀라게 했다. 13세부터 세상을 떠날 때까지 그는 사꺄빠 수도원에서 금강승의 교설을 강의하는 책임을 맡았다.

그는 끊임없이 여러 스승에게 수많은 가르침을 배우고 누구보다 부지런히, 하루에 몇 시간밖에 잠을 자지 않고 수행했다. 당대에 그를 지켜본 사람들은 그가 게으름 피우는 것을 본 적이 없으며 언제나 공부, 수행, 가르침에 몰두하였다고 전한다.

그는 저술도 남겼는데, 단순하고 우아한 문체로 누구나 이해하기 쉬운 많은 저작을 남겼다. 탄트라, 명상 수행, 역사, 점성술, 의학 등 다양한 주제를 다루었다. 그는 또한 재능 있는 전통 예술가로서 특히 만다라, 동상, 탑 등을 작품으로 남겼다.

세속의 재물에는 전혀 집착하지 않았던 그는 가진 것이 있으면 남들에게 정기적으로 다 나누어 주었다. 따르는 제자들에게 공양물을 많이 받았으나 세상을 떠날 때 가진 것이라고는 명상 때 깔고 앉는 방석 하나와 수행자의 의복뿐이었다고 한다.

테르닥 링빠(1646~1714)

닝마빠 정신적 보물의 발견자이며 큰스승. 그는 닝마빠 6대 수도원 중 하나인 민돌링 수도원을 설립했고 사라질 위기에 처한 교설들을 보존하고자 노력했다. 그중에는 최초의 '옛 탄트라 모음'을 이루는 옛 전통의 탄트라들이 있고, 또 잠괸 콩툴 로되 타예가 엮은 '보장 모음'에 기초가 된 가장 중요한 정신적 보물 앤솔로지도 있다. 그의 전집은 총 16권으로 되어 있다.

테르닥 링빠는 딸 하나를 두었는데, 딸 밍규르 팔된 역시 깨달음이 매우 수승한 수행자였다. 그녀는 민돌링 사원의 전통과 가르침을 전수하는 데에 큰 역할을 했으며 닝마빠의 가장 영향력 있는 여성 수행자였다. 그녀는 젯쭌마 계파를 창시한 민돌링의 성녀로 불렸다. 훗날 1969년 태어난 칸도 린포체가 그녀의 환생으로 인정받고 있다.

파드마삼바바(8~9세기)

인도의 큰스승. 티베트에 불교가 처음으로 전해지는 데에 큰 역할을 했으며 특히 금강승 전파에 핵심적 역할을 했다. 티베트인에게 '소중한 스승' 혹은 '제2의 붓다'라는 별칭으로 불린다. 헤아릴 수 없을 만큼 많은 '구루 요가(230쪽 설명 참조)'와 밀교 만트라(진언) 수행이 그의 이름을 부르거나 그를 생각하면서 하는 수행이다.

8세기에 띠송 데첸* 왕이 그를 티베트로 초청함으로써 그는 불교 교설을 티베트 땅에 확실히 전하고 티베트 최초의 불교 수도원인 삼예 사원을 세울 수 있었다. 그는 탄트라불교의 많은 수행과 가르침을 티베트에 전했다. 특히 수많은 '보장'들을 히말라야 산맥 지방 전역에 숨겨 두었는데 이는 훗날 때가 오면 그의 뜻을 이을 후세 사람들이 찾아서 세상에 드러내도록 한 것이었다. 이 보물 중에는 현대에 와서 뛰어난 수행자들에 의해 발

---

* 띠송 데첸 왕(704?~797, 재위 기간은 740 혹은 755~797)은 티베트 송첸 감뽀 왕의 5대 아래 후계 자이며 티베트 얄룽 왕조의 38대 왕. 티베트에 불교를 결정적으로 받아들인 군주로서, 인도에서 샨타락시타, 파드마삼바바 등의 수승한 수행자를 초청했으며 불교를 국교로 선포했다. 그의 재위 기간에 티베트 군사력이 가장 강성했다.

굴된 것들도 있다. 이를 발굴한 사람들은 '테르톤(보장 발견자)'으로 불리며, 파드마삼바바의 수제자들이 환생한 존재로 간주된다.

　파드마삼바바의 일생에 대해서는 수많은 성인전(聖人傳)이 쓰였다. 이 전기 내용들은 물론 서양의 역사 서술 기준에는 부합하지 않는다. 그의 일생은 수많은 상징적 일화들로 점철되는데 이 일화들은 그 자체로서 가르침이라 할 수 있으며, 외적 사건보다는 내면적 수행의 길을 서술한 것이라 볼 수 있다. 파드마삼바바를 다룬 많은 전기 중에서 그의 108게송이 들어 있는 전기를 프랑스어로 번역한 『파드마의 말씀』*이라는 책은 매우 시적인 번역으로 파드마삼바바에 대해 알 수 있는 좋은 참고 자료가 될 것이다.

---

*　귀스타브 샤를 투생(Gustave-Charles Toussaint)이 프랑스어로 번역한 『르 딕 드 파드마(Le Dict de Padma)』.

■ 인용 글의 출처

1 딜고 켄체 린포체, 『깨어남의 문턱에서(*Au Seuil de l'Eveil*)』(Padmakara, 1991)

2 나가르주나(용수), 신상환 역, 『친구에게 보내는 편지』(도서출판 b, 2012) p.68 제55
  번 게송.

3 (쌍따옴표 안의 문장) 딜고 켄체 린포체, 『깨어난 존재들의 마음의 보물(*Le Trésor du
  coeur des êtres éveillés*)』(Le Seuil, coll. 《*Points Sagesse*》, 1996) 67쪽.

4 (이 글 전체) 『파담파 상계의 100가지 조언(*Les Cent Conseils de Padampa Sangyé*)』
  (Padmakara, 2003) 제33번 게송의 해설.

5 딜고 켄체 린포체, 위의 책 73쪽.

6 툽텐 진파(Thupten Jinpa), 고르고 영역/ 카트린 생길리(Catherine Saint-Guily) 불역,
  『순수한 시각의 노래, 티베트의 신비한 시 모음(*Chants de la vision pure, une anthologie de la
  poésie mystique tibétaine*)』에서 뽑은 시.

7 사꺄무니 붓다, 『우다나바르가』. 다르마트라타(Dharmatrata)가 4세기에 불경에서 뽑아
  엮은 게송 모음.

8 제7대 달라이 라마 켈상 갸초, 글렌 멀린(Glenn Mullin) 역, 『정신적 변화의 노래(*Songs
  of Spiritual Change*)』(Ithaca, Snow Lion Publications, 1982), 46쪽.

9 사이러스 스턴즈(Cyrus Stearns), 『고 절벽의 은자 : 어느 티베트 신비주의 수행자
  의 영원한 가르침(*Hermit of Go Cliffs : Timeless Instruction of a Tibetan Mystic*)』(Wisdom
  Publications, 2000), 303쪽에 들어 있는 티베트어 글을 번역한 것.

10 밀라레빠, 이정섭 역, 『십만송』(시공사, 2000)

11 직메 링빠, 『소중한 품성들의 보물(*Le Trésor de précieuses qualités*)』(Editions Padmakara,
  2010), 42쪽, 깡규르 린포체와 롱첸 예셰 도르제 해설.

12 툽텐 진파, 고르고 영역/ 카트린 생길리 불역, 위의 책에 실린 시 '복잡함의 부재에 관한
  동의(Accords sur l'absence de complications)'에서 발췌.

13 샨띠데바, 파드마까라 번역위원회 역, 『깨어남을 향한 걸음(*La Marche vers l'Eveil*)』
  (2007), 제1장, 28쪽/『입보리행론』(담앤북스, 2013)

14 딜고 켄체 린포체, 『연민의 핵심(*Au coeur de la compassion*)』(Editions Padmakara, 1995), 52쪽.

15 나가르주나(용수), 위의 책, 제44번 게송에 깡규르 린포체가 붙인 해설.

16 딜고 켄체 린포체, 위의 책, 102쪽.

17 딜고 켄체 린포체, 『깨어난 존재들의 마음의 보물』128~129쪽.

18 제7대 달라이 라마 켈상 갸초, 위의 책.

19 딜고 켄체 린포체, 위의 책, 51쪽.

20 위의 책, 182쪽.

21 위의 책, 66쪽.

22 밀라레빠, 위의 책.

23 에릭 뻬마 쿤상(Erik Péma Kunsang) 역, 『다키니의 가르침(*Dakini Teaching*)』(North Atlanic Books, 2nd edition, 2004), 20쪽.

24 샨띠데바, 위의 책, 제8장 제129~130 게송.

25 마티외 리카르와 카리스 뷔스케(Matthieu Ricard, Carisse Busquet) 역, 『샵까르, 어느 티베트 요가 수행자의 자서전(*Shabkar, autobiographie d'un yogi tibétain*)』(Albin Michel, 1998), 제2권 218~219쪽.

26 딜고 켄체 린포체, 위의 책 74쪽.

27 위의 책 15, 16, 53, 60, 79쪽.

28 제7대 달라이 라마 켈상 갸초, 위의 책, 41쪽에서 가져와 재구성.

29 샨띠데바, 위의 책, 제3장 제18~22 게송.

30 나가르주나, 위의 책, 122~123쪽.

31 제14대 달라이 라마 텐진 갸초, 『행복의 정신적인 길(*Voie spirituelle du bonheur*)』(Presse du Chatelet, 2002, Le Seuil, 『*Points Sagesse*』, 2004)에서 요약 발췌/ 임희근 역, 『달라이 라마, 나는 미소를 보냅니다』(고즈윈, 2011).

32 딜고 켄체 린포체, 『연민의 핵심』, 121~127쪽 요약.

33 팔덴 예셰, 『걀세 톡메 전기』

34 직메 링빠, 위의 책, 96쪽.

35 『대원만의 길(*Le Chemin de la Grande Perfection*)』(Editions Padmakara, 1987), 302쪽.

36 위의 책에서 인용.

37 『미팜 린포체 시리즈의 전집 확장본(*The expanded redaction of the complete works of 'Ju*

Mi-pham Series)』(Shechen Publications, 1984), 제27권.

38 직메 링빠, 위의 책, 343~347쪽.

39 위의 책, 349쪽.

40 위의 책, 349쪽.

41 샨띠데바, 위의 책, 제5장 12~13번 게송, 제6장 1~2번 게송. 10, 22, 41, 107~108
쪽.

42 직메 링빠, 위의 책, 397~398쪽.

43 밀라레빠, 위의 책.

44 직메 링빠, 위의 책, 402~408쪽

45 위의 책, 427~429쪽

46 라뜨나 링빠 린첸 팔(Ratna Lingpa Rinchen Pal), 『재발견한 라뜨나 링빠의 가르침 모
음(*Collected Rediscovered Teachings of Ratna gling pa*)』(Takloung Tsétrul Péma Wangyal,
1977~1979), 제1권 190쪽.

47 딜고 켄체 린포체, 『깨어난 존재들의 마음의 보물』, 81~83쪽.

48 직메 링빠, 위의 책, 252~253쪽.

49 위의 책, 222~231쪽.

50 딜고 켄체 린포체, 『축복의 샘(*La Fontaine de grâce*)』(Editions Padmakara, 1995)

51 『대원만의 길(*Le Chemin de la grande perfection*)』(Editions Padmakara 제2판, 1997)

52 직메 링빠, 위의 책, 231~236쪽.

53 딜고 켄체 린포체, 위의 책, 104쪽.

54 위의 책, 88쪽.

55 미팜 린포체 법문집, 『신타마니(*Cintamani*)』(Tarthang Tulku, Varanasi, 1967), 129쪽.

56 딜고 켄체 린포체, 위의 책, 136~137쪽.

57 『미팜 린포체 전집 확장본』에서 발췌.

58 딜고 켄체 린포체, 『연민의 핵심』, 136, 151쪽.

59 마티외 리카르와 카리스 뷔스케 역, 위의 책, 제2권 210~211쪽.

60 『파담과 상계의 100가지 조언』, 제51, 52, 55, 74 게송 해설의 발췌.

61 사이러스 스턴즈, 위의 책.

62 마티외 리카르와 카리스 뷔스케 역, 위의 책, 제1권, 105쪽.

63 위의 책, 92~93쪽.

64   위의 책, 70, 93쪽.

65   위의 책, 제2권, 56쪽.

66   『보살 수행에 대한 37가지 자세(*Trente-sept Stances sur la pratique des bodhisattvas*)』, Editions xylographique, monastère de Thubten Choeling, Solokhumbu, Népal에 대한 해설.

67   제7대 달라이 라마 켈상 갸초, 위의 책.

68   위의 책, 54쪽.

69   (티베트어 원본을) 크리스티안 뷔셰(Christiane Bucher)와 최키 셍게(Tcheky Sengué) 영역(*Ecitions Claire Lumière*, Collection Tsadra, 2003), 나왕 장포(Nawang Zangpo) 불역, 『불멸의 노래(*Chants de l'immortalité*)』 중에서.

70   미팜 린포체 법문집, 『신타마니』, 191쪽.

71   마티외 리카르와 카리스 뷔스케 역, 위의 책, 제2권, 278~280쪽.

72   딜고 켄체 린포체, 『깨어난 존재들의 마음의 보물』, 169~170쪽.

73   마티외 리카르와 카리스 뷔스케 역, 위의 책, 제2권, 178~182쪽.

■ 감사의 말

이 책이 있도록 해 준 모든 분들께 깊이 감사합니다.

이 책에 쓰인 모든 것은 내 정신적 스승들, 특히 깡규르 린포체, 딜고 켄체 린포체, 두좀 린포체, 툴식 린포체, 뻬마 왕갈 린포체, 직메 켄체 린포체 그리고 지금까지 언급한 스승님들의 말씀에 따르면 이 시대에 가장 깨달음을 성취한 티베트불교 스승인 달라이 라마 존자님의 배려와 지혜 덕분임은 말할 필요도 없습니다.

나로 하여금 이 노력을 계속할 수 있게 늘 격려해 준 나의 친구이자 충실한 편집자, 니콜 라테스에게도 감사합니다. 닐 출판사의 남녀 친구들과 글을 최종 형태로 만들어 주시고 여러 점들을 명확히 하도록 나를 도와주신 로베르 라퐁, 프랑수아즈 들리베에게 감사합니다. 이 책의 장정을 맡아 준 조엘 르노다와 친절하고 유능하게 나를 항상 도와주고 옆에서 함께해 준 크리스틴 모랭과 카트린 부르게에게도 감사합니다.

이 책에서 나온 인세는 필자가 티베트, 네팔, 인도, 부탄에서 이끌고 있는 서로돕기프로젝트에 전액 기부됩니다. 이 노력에 동참하고 싶은 분들은 필자가 이러한 목적으로 창립한 단체인 카루나 – 셰첸(www.karuna-schechen)과 접촉하시기 바랍니다.

■ 옮긴이의 말

『티베트 지혜의 서』는『수행의 길 ─ 티베트의 가장 아름다운 글 모음』
의 한국어판입니다. 이 책의 번역·출간과 더불어 감사할 분들이 많습니다.

먼저 소중한 글들을 묶어 프랑스어로 번역하시어 멀리 떨어진 한국까
지 불법의 이 향기가 미치게 하신 그리고 한국 독자들을 위해 기꺼이 글을
써 주신 마티외 리카르 스님께 감사드립니다.

이 책의 번역을 처음 제게 의뢰해 주신 고세규 님께 감사합니다. 이 번
역 작업을 마칠 수 있었던 곳인 불영사의 모든 분들, 제가 조용히 이 작
업을 마칠 수 있게 그 절까지 불러 주시고 보살펴 주시고 매끼 공양과 약
품까지 챙겨 주신 청강 스님과 당시 불영사 주지였던 일운 스님, 원주 여
영 스님과 다른 스님들, 공양주 보살님과 진실행 님 그리고 밤에 내 방 바
로 앞인 듯 '소쩍소쩍' 하며 우짖어 제게 삶의 무상함을 깨우쳐 준 소쩍새
에게도 감사합니다. 그때 채 못다 끝낸 이 원고와 원서만을 싣고 불영사로
혼자 운전해 가면서 잠을 쫓기 위해 불렀던 '청산에 살리라'라는 노래도
어제인 듯 기억납니다.

그리고 이 원고의 출간에 적극 동의해 주신 담앤북스 대표님, 인연의

작용으로 이 원고를 만나 정성스러운 손길로 이 책이 세상 빛을 보게 해 주신 편집자님들 – 박혜진 님과 이연희 님 – 께도 감사합니다. 이분들이 아니었으면 이 책이 출간될 수 없었을 것입니다. 옮긴이가 미처 모르는 내용을 여쭈어 보면 바로 도와주신 담정 신상환 님과 손수 인명 발음을 다 확인해 주신 용수 스님께도 감사드립니다. 수많은 분들의 도움으로 티베트불교의 아름다운 글들을 모은 이 책이 한국어로 전해지게 되었습니다.

그사이 많은 일들이 있었지만, 이 책에 의하면 다 세속에 부는 바람일 뿐이며, 우리가 이 책에서 간직해야 할 것은 오직 이승의 시공 개념으로 멀리 떨어져, 티베트수행자들이 지녔던 그리고 모진 바람을 맞으며 고스란히 지켜 왔던 불퇴전의 마음, 굳건한 수행력이라 생각합니다.

모쪼록 불자들의 수행과 궁극적 열반에 도움이 되기를 바라는 마음으로, 이 책을 세상에 내놓습니다. 혹시 내용 중에 실수가 있다면 티베트어와 티베트불교를 잘 알지 못하는 옮긴이의 잘못입니다. 부족한 것이 있더라도 글 속에 담긴 수행의 진정성을 감안하여 읽어 주시면 좋겠습니다.

2018년 2월
임희근

티베트 지혜의 서

초판 1쇄 발행 2018년 3월 10일

엮은이 마티외 리카르
옮긴이 임희근

펴낸이 오세룡
기획 · 편집 이연희, 정선경, 박성화, 손미숙, 최상애
취재 · 기획 최은영, 권미리
디자인 북디자인 우진(woojin_a@naver.com)
　　　　고혜정, 김효선, 장혜정
홍보 · 마케팅 이주하

펴낸곳 담앤북스
주소 서울시 종로구 사직로8길 34(내수동) 경희궁의 아침 3단지 926호
대표전화 02) 765-1251　**전송** 02) 764-1251　**전자우편** damnbooks@hanmail.net
출판등록 제300-2011-115호

ISBN 979-11-6201-072-3 (03220)

정가 17,500원